大学生思想政治教育系列丛书

“三全”育人视阈下大学生“五爱”教育思政品牌实践

郭凤臣　郑　岩　刘家伸◎著

中国纺织出版社有限公司

内 容 提 要

本书紧密围绕“五爱”教育教学实践，通过对“五爱”教育教学实践的价值解读和调研分析，在“三全”育人视阈下，结合大量的教学一线案例和数据，从理论体系、时间体系、方法体系、保障体系四个方面，探索树立新时代“五爱”教育教学实践新模式。全面分析“五爱”教育在“三全”育人视阈下的重要价值，通过创新体制机制、教育理论、教育实践，不断拓展育人平台，为“五爱”教育实践凝聚更多共识，让学校师生对“五爱”教育形成更加深刻的理解，赋能新时代“三全”育人理念的创新和实践，最终达到提升思想政治教育感染力、向心力的目的，为高校辅导员工作的不断创新发展提供一定的理论参考价值和实践支持。

图书在版编目（CIP）数据

“三全”育人视阈下大学生“五爱”教育思政品牌实践 / 郭凤臣，郑岩，刘家伸著. -- 北京 : 中国纺织出版社有限公司，2024.6

（大学生思想政治教育系列丛书）

ISBN 978-7-5229-1749-8

Ⅰ. ①三… Ⅱ. ①郭… ②郑… ③刘… Ⅲ. ①大学生－思想政治教育－研究－中国 Ⅳ. ①G641

中国国家版本馆 CIP 数据核字（2024）第 087456 号

责任编辑：刘 茸　　责任校对：寇晨晨　　责任印制：王艳丽

中国纺织出版社有限公司出版发行
地址：北京市朝阳区百子湾东里 A407 号楼　邮政编码：100124
销售电话：010—67004422　传真：010—87155801
http://www. c-textilep. com
中国纺织出版社天猫旗舰店
官方微博 http://weibo. com/2119887771
三河市宏盛印务有限公司印刷　各地新华书店经销
2024 年 6 月第 1 版第 1 次印刷
开本：787 × 1092　1/16　印张：12.25
字数：228 千字　定价：88.00 元

序

大学是实施大学生思想政治教育的核心场所，其中辅导员的职责之一就是为大学生提供思想政治教育。大力推动高校辅导员在大学生思想政治教育中的引领角色，创建一种实施有力的“开放、多元、全面”的教育方法显得至关重要。

辅导员立体化教育系列著作主要包括《心路》《辅导员随笔》《辅导员工作案例微电影》《辅导员立体化工作过程》《我的100个大学生100个故事》《“三全”育人视阈下大学生“五爱”教育思政品牌实践》等。

本系列丛书是作者提出的辅导员育人载体路径上立体化的具体成果。在符合教育环境大背景的前提下，在辅导员工作内容的范畴之内，起到教育大学生的作用。其特点：形式多样化，有声音、文字、视频、图片等；储存信息量大；与德育课程紧密衔接；师生能够互动，大学生接受度高；栏目设置灵活；传播迅速，收视阅读率高。

本系列丛书内容丰富、形式新颖、切合实际、可操作性强，体现了与时俱进意识和科学发展观的思想，是高校辅导员必备的读物，对辅导员的工作有着深远意义。

更新高校辅导员德育工作理念：力求把比较简单、枯燥、注重抽象说教的平面灌输式德育教育方式变得更加生动、形象、真切，增强德育教育的吸引力、感召力和影响力，提升育人的效果。

丰富高校辅导员德育工作理论：通过对辅导员立体化德育体系进行系统全面的研究，包括在内涵、特征、方法、途径等方面的进一步深化和拓展，是将传统德育向现代德育转化的新开拓，把相对平面的德育模式向立体的德育模式转变的新思路，使立体化德育理论进一步丰富。

完善高校辅导员德育工作途径：高校辅导员立体化德育的实施途径，形成育人资源整合，促进高校德育教育形成多渠道、全方位、立体化共同作用的综合影响，进一步增强德育教育实效性。有利于提高育人效果：高校辅导员立体化德育相较于平面化德育来讲更生动、更形象、更具体、更真切。克服了简单、枯燥、抽象说教的弱点，以增强德育的吸引力和德育的实效性，有利于德育教育资源的整合；高校辅导员立体化德育强调全方位、多渠道、系统影响和综合作用。有利于开辟多种教育渠道，进一步发挥家庭、社会、学校和个人的教育影响，充分发挥高校“十大育人”体系的功能。促进高校德育多渠道、全方位、立体化、系统化，完成德育实施过程。

有利于扩大德育教育的覆盖面和渗透力：高校辅导员立体化德育充分利用小说、电影（微电影）、戏剧、微信公众号、APP端手机数据库后台、辅导员网站、特色校园文化、辅导员周记、辅导员随笔等现代传媒手段，方便快捷、生动形象、应用广泛，可以大大增强教育的覆盖面和渗透力。

丰富新形势下高校辅导员工作的理论，促进高校思想政治教育理论的不断丰富和发展。为高校辅导员工作的不断创新发展提供一定的理论参考价值和实践支持。结合新形势下高校辅导员工作实践，提出若干具体的且有可操作的“立体化育人”工作模式，可为高校辅导员思想政治工作实践提供参考。

陈景翊

2024年1月于长春

前言

“三全”育人视阈下大学生“五爱”教育实践是一本系统阐述“五爱”教育理论和实际的专业书籍，并为更好实现“三全”育人效果提供路径和思路的书籍。

为深入贯彻落实全国高校思想政治工作会议、全国教育大会精神和高校大学生思想政治工作会议精神，以习近平新时代中国特色社会主义思想为指导，紧紧围绕立德树人根本任务，以“三全”育人为主线，以大学生“五爱”教育工程建设为着力点，以“五个聚焦”夯实思想政治工作，紧密结合“十大育人”体系，通过以新思政观引领综合改革，构建“校院两级”一体化育人体系，打通育人“最后一公里”，将思想政治工作融入学校办学治校全过程，落实到教职员工职责规范之中，探索形成协同协作、同向同行、互联互通的工作机制，不断完善“三全”育人格局。

“五爱”教育有强烈持久的传承性，具有强大的生命力。可复制性强，能实现可持续性发展。实践性强，能够收到道德教育的“润物细无声”的效果，“五爱”教育载体形式众多，内容丰富，它源自“道德讲堂”，又向堂外延伸，做好“五爱”教育，能够推动大学生思想政治工作规范化，增强大学生思想政治教育工作的实效性，为辅导员职业化、专业化发展及政策制定提供参考依据。

本书依托于职业院校思想政治教育研究基地，是基地科学研究阶段性成果，是共青团中央实践育人项目“新时代共青团实践育人品牌项目创新路径和机制研究——以×校‘五爱’实践育人工程为例”的研究成果。由郭凤臣负责书稿的组织编写、写作提纲的起草、撰写部分文稿和全书统稿工作，参加本书撰写工作的有郑岩和刘家伸，本书在编写和实践过程中，得到了学校领导的关心和支持，得到了学校的赞助，得到了同事们的帮助和理解，在此表示衷心的感谢！

在本书编写过程中，参考了中外专家学者的著作和相关文献，在此一并表示真诚的感谢！由于作者水平有限，书中难免有不足之处，恳请专家和读者批评指正！

著者

2024年1月于长春

目录

第一章

大学生“五爱”教育的绪论

第一节

开展大学生“五爱”教育的研究背景

习近平总书记在全国高校思想政治工作会议上强调，高校思想政治工作关系高校培养什么样的人、如何培养人以及为谁培养人这个根本问题。要坚持把立德树人作为中心环节，把思想政治工作贯穿教育教学全过程，实现全程育人、全方位育人、努力开创我国高等教育事业发展新局面。[1]目前，我国高校思想政治工作正处于一个重要的转折阶段，全国高校思想政治工作会议是一次具有里程碑意义的重要会议，充分体现了以习近平总书记为核心的党中央对高校思想政治工作的高度重视，为做好高校思想政治工作指明了前进方向。

大学生自觉、自律、自强、自立性参数的比例逐渐削弱。进入21世纪，新时代网络化普及覆盖无疑成了所有大学生的“新生活”替代品。网络化虽然给人民生活带来了许多的便利，但同时也摧残着当代大学生的身心健康。

在现今互联网时代里，当代大学生群体无论何时何地都离不开网络信息的传递与共享，这种共享既有利于社会发展，同时也对大学生思想政治教育工作提出了新要求，对于这种利弊共存的文化模式，大学生需要从自身出发，对此做出相应的判断。

从心理学角度解释当代大学生的现状。很多大学生在日常的学习和生活中遇到的心理问题虽然与其成长环境息息相关，但更多地源于其在接受教育过程中所受的影响和限

[1] 黄超，丁雅诵．培养担当民族复兴大任的时代新人［N］．人民日报，2021-12-10（26816）．

制。在面对新兴事物时，旧有的思维定式和认知偏差会悄无声息地影响他们的内在心理和外在行为。

总的来说，学术界已经提出了强化大学生社会主义核心价值观教育的研究方向，我们必须紧密地将这些研究与实际工作相结合，持续地汇总和总结工作经验。这样做能够更加全面、系统地探讨问题。本书中大学生“五爱”教育指的是爱己、爱家、爱校、爱党、爱国，就是进一步加强核心价值观教育，弘扬中华传统文化，是落实“三全”育人的具体体现。

第二节 开展大学生“五爱”教育的基本思路

以习近平新时代中国特色社会主义思想为指导，紧紧围绕“立德树人”根本任务，以“三全”育人为主线，以大学生“五爱”教育工程建设为着力点，以“五个聚焦”夯实思想政治工作（图1–1）。❶

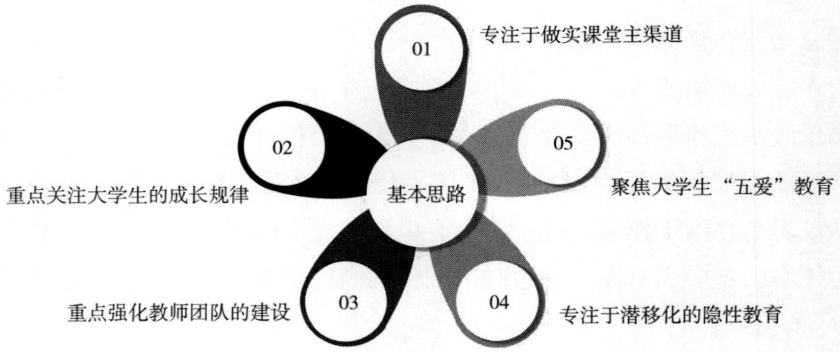

图1–1 以“五爱”教育工程建设为着力点，以“五个聚焦”夯实思想政治工作

（1）专注于做实课堂主渠道，着力提高思政课的质量、进行思政课程改革和教学方法的改革，以此来提高教育教学的整体质量。

（2）重点关注大学生的成长规律，强化课内与课外、校内与校外以及网络与线下的协同作用，以此来推动大学生的全面发展。

（3）重点强化教师团队的建设，充分发挥教师的积极性、主动性和创新性，始终坚持“育人者先育己”理念，并在增强育人意识和能力上持续发力。

❶ 郭凤臣，陈景翊，郑岩，等. 构建“五爱”教育为载体的大学生实践育人体系——吉林工程技术师范学院“五爱”教育工程［J］. 吉林工程技术师范学院学报，2021（6）：10-14.

（4）专注于潜移默化的隐性教育，推动在管理、服务和文化等领域的人才培养模式的创新，并在全员、全程以及全方位的人才培养上付出努力。

（5）聚焦大学生“五爱”教育，深入开展主题教育工程，构建心理健康、诚实守信、价值观培养、创造力提升和人格健全五大项目的平台，使专业教育和实践教育有机融合，更好、更全面地提升育人效果。

第三节 开展大学生“五爱”教育的总体规划（图1-2）

一、以新思政观引领综合改革

在新的历史背景下，我们以习近平新时代中国特色社会主义思想为基础，准确理解并掌握思想政治工作的重要性，汇集所有培养人才的资源，以推动大学生的成长，并在日常事务管理中贯彻执行思想政治工作方针，使其贯穿所有高校教师的基本职责中。

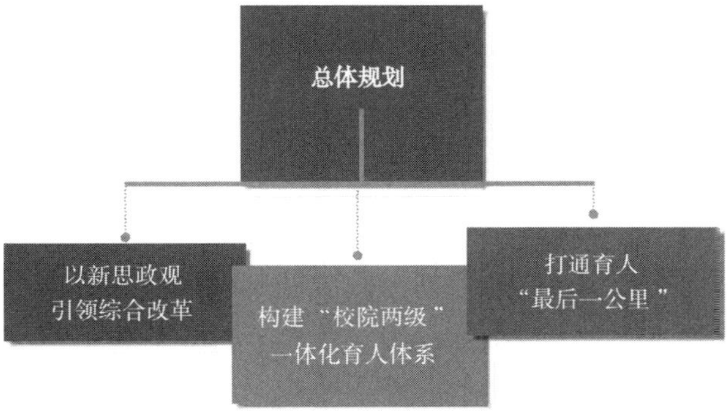

图1-2　大学生“五爱”教育总体规划

二、构建“校院两级”一体化育人体系

全面统筹办学治校各领域、教育教学各环节、人才培养各方面的育人资源和育人力量，从体制机制完善、项目带动引领、队伍配齐建强、组织条件保障等方面进行系统设计，实现各项工作的协同协作、同向同行、互联互通。在学校层面，以课程育人、科研育人、实践育人、文化育人、网络育人、心理育人、管理育人、服务育人、资助育人、组织育人等“十大育人”体系为基础，推动将学校思想政治工作融入人才培养各环节，构建宏观的一体化育人体系；在学院层面，根据各项工作内在的育人元素和育人逻辑，

结合学院特点和特色，夯实育人基础，丰富育人内涵，打造育人品牌，构建微观的一体化育人体系。[1]

三、打通育人“最后一公里”

通过深入探索各类群体和岗位的教育要素，并将其作为职责和考核的重点，融入整体的制度设计和具体的操作环节中，致力于消除大学思想政治工作中的盲点和断裂。真正将所有工作的焦点和目标放在提高教育效果上，真正做好教育的大事情，发出教育的最强音，使教育教学更富有热情，思想引导更有力量，立德树人更有效率，使学校的思想政治工作更好地适应和满足大学生的成长需求、时代的发展需求以及社会的进步需求。需要持续提高工作的科学性。需要真正实现“三全”育人的最后一环，并建立起可以转化和推广的综合育人体系和模式。

第四节 开展大学生“五爱”教育的意义

“五爱”教育理念对大学生的培育具有深远的影响力，它代表着对社会主义核心价值观的深度理解与推广，也是落实2016年底召开的“全国高校思政工作会议”的重要举措之一，旨在增强思想政治教育教学的吸引力和针对性，并根据大学生的成长轨迹来调整教育教学的方式和策略，这是贯彻落实“立德树人”根本任务的关键环节，同时也是道德教育的主要内容。

“五爱”教育有着深远且持续的影响力。可复制性强，能够实现可持续性开展。其现实性和实践性特征显著，实现了道德教化中“潜移默化”的效果，且具有多种教学媒介，它起始于“道德讲堂”并扩展至课堂之外，内容多元而丰富，推动了大学生的思政工作标准化进程，提升了其有效性，同时也为辅导员的专业和职业进步与发展提供了借鉴与指导。

一、大学生“五爱”中的爱是爱的深化和爱的回归

在事物的本质中向着事物自身的反面运动，这既是辩证法则的体现，也是爱的深化表现；事物朝向本源的方向运动是循环的运动观点，也是爱回归的本质。发自于内心深处的情感挥发，是指爱的产生源自个体主动的态度，这是爱的必要条件。基于关系而

[1] 郭凤臣，陈景翊，郑岩，等. 构建“五爱”教育为载体的大学生实践育人体系——吉林工程技术师范学院“五爱”教育工程［J］. 吉林工程技术师范学院学报，2021（6）：10-14.

言，爱的产生必定始于自己与他人、自己与生物、自己与非生物、自己与自我之间的关系，这是爱的充分条件。基于内心的爱是所有生物与生俱来的，是人以及所有生物的本性特质，也是生物生存与延续的自然法则；基于爱的关系，就包括爱与被爱；爱是自己的无私给予，爱必定让自己感到快乐；而被爱只是自己的内心感受，被爱不一定会让自己感到快乐。这是自己与自我关系中爱与被爱的解释，因为爱是生物自己与自己的反面相互转化的内心体验。如果自己内心感受不到自我爱自己，痛苦就会阻止对快乐的传递，爱与被爱就会停止互动；如果自己内心感受到了自我爱自己，快乐就会强化对快乐的传递，爱与被爱就会循环延续。

二、大学生“五爱”是爱的不同层次和不同表现形式

“五爱”代表着爱的多样性和各种展示形式。唯物辩证法主张，矛盾是无处不在的，它体现在事物内部和事物间的对立与统一两个层面。因此，每一种爱都具有独特性，既有差异也有关联，这更深入地阐明了它们的差异，并体现在它们的相互排斥、相互冲突、相互作用、相互依赖之中。互相排斥展示了战争的一面，互相依赖揭示了和谐的一面。无论哪个事物，其对立性是无法避免的，而和谐性则是相对的。只有在特殊环境下，两者才能达到和谐。“五爱”所体现的是，只有小爱才能塑造大爱，从关心自我、家庭、学校、党和祖国开始，这不仅是做人的基础，也是成功的基础。从“微小的爱”升华为“宏大的爱”。“宏大的爱”塑造并保持了我们共享的生活、学习、进步的氛围，缺少“宏大的爱”，“微小的爱”将面临威胁，爱将无法得到安全的保障，也将无法长久存在。它们既是对立的，又是一致的。

三、大学生“五爱”教育是促进大学生心理健康发展的重要手段

就心理学的发展来看，大学生的生命历程具有其独特的心理特质。他们正处于成年的开端，关注的是他们在多种生活场景下的成长，核心的人类行为包括寻求亲近感和防止孤单感。基于心理学原理，人类的心理理解源自感知和观察产生的感情与感受，然后转变为思考过程，最终塑造出个性特点。而性格则由三个部分组成：本我、自我和超我，其中包含了对自身认识及满足愉悦感的内在需求，接受生活中的自己，同时受到来自社会、家庭等外部因素的影响，从而构建出了超我这一人性元素。超我就蕴含了一个人的思维模式。在人类的发展历程中，性格是由家教塑造，在学校展现，并在社会上逐渐完善。“五爱”的教育理念正是针对大学生的个性特征而设计的，注重他们在家庭、校园及社会的多元化发展的影响。基于他们早期的自我认知基础之上，借助家庭的引导、学校的培养和社会的支持，让“五爱”教育的实践能为大学生带来良好的教育体验、知识提升、感情共鸣与精神上的鼓舞，并以此推动他们的思想观念向正确方向转变，促进其从大学生到社会成员的社会化进程。

四、大学生“五爱”教育是立德树人与社会主义核心价值观的培养体现形式

在大学生“五爱”教育中，立德树人是主线，宣扬社会主义核心价值理念是重要任务。二者之间是辩证统一的关系。社会主义核心价值观培育与立德树人的关系，在主体上就存在着不同，培育社会主义核心价值观主要是针对大学生而言，而立德树人则是针对学校和教师，两者之间有着重要的关系却在主体上存在不同。高校教师承担着教书育人的重要责任，也扮演着领路人的重要角色，“立德树人”的关键在于教师，教师的师德既包括文化素养也包括道德素养，道德素养是“立德树人”中“德”的重要部分。社会主义核心价值观培育与立德树人是相辅相成，共同促进的关系。在大学生价值观的不明确、不成熟时就需要具备高尚品德的教师进行教育与引导，帮助大学生树立正确的价值观；同时大学生树立正确的价值观是对教师教学能力与个人道德的肯定。大学生正确价值观的确立不仅需要教师、大学生的努力与实践，也需要学校的推动与促进。[1]

五、大学生“五爱”教育是传统文化教育和文化自信的具体表现

中华民族道德理论的发展历程表明，以孟子“五伦”为标志，形成了“以人为本”的伦理道德观，千年之后，宋代以“八德”为标志，形成了“以家为本”的伦理道德观，一直影响到明清，以致影响到朝鲜、韩国等东亚各国。[2] 清末民初，孙中山以新“八德”为标志，形成了“以国为本”的伦理道德观。“三个为本”分别成为不同时期道德教化的着重点，反映了不同时代对道德发展的必然要求。道德是历史的产物，又推动历史的不断进步。中华人民共和国成立后，又从一个全新的视角相继提出集体主义、爱国主义、社会主义，家庭美德、社会公德、职业道德等新含义，进而又鲜明地提出了“以人为本”的思想。“人”“家”“国”，这“三个为本”在当代的辩证统一，必将反映当今人际关系的新伦理、新道德，并作出新概括，从而建构与小康社会相适应的道德典范。

[1] 郭凤臣，陈景翊，郑岩，等．构建“五爱”教育为载体的大学生实践育人体系——吉林工程技术师范学院“五爱”教育工程［J］．吉林工程技术师范学院学报，2021（6）：10-14．

[2] 王殿卿．传承中华美德与培育公民道德［J］．思想·理论·教育，2005（6）：4-7．

第二章
大学生“五爱”教育的相关理论

这部分是本研究的理论基础，将分析大学生“五爱”教育中所涉及五个方面的爱之间的哲学关系。“大爱”代表着不同层次与形式的爱，它们相互依赖并逐步递进，缺一不可。若缺乏对“大爱”的理解，则“小爱”就会受到侵害，真正的爱也将无从谈起。二者之间存在辩证统一的关系。“大爱”的教育则是传统文化教育理念的具体体现，是文化自信的具体表现。

第一节
大学生“五爱”教育的理论体系

这部分是本研究的主要内容之一，将分析大学生“五爱”教育主要包含的内容、大学生“五爱”教育活动的形式及开展教育的载体等（图2–1）。[1]对于大学生来讲，“爱己”就是珍爱生命，对自己的言行举止负责，对自己的人生发展负责；爱家就是热爱自己的家庭，爱自己的亲人。爱校就是爱同学、爱老师、爱班级、爱学校；爱党就是党性教育。爱国倡导所有能够促进民族团结、国家统一的思想和精神，这是爱的升华，是更高级、更广泛、更深沉的爱。

一、知仁爱己

古人云：“君子自爱，仁之至也。”“人若知爱，则应慎护自己。”如果一个人只懂得去爱别人而不懂得怎样爱自己，那么就很难做到真正地爱自己。在内心深处，我们要认识到学会

[1] “五爱”即爱己、爱家、爱校、爱党、爱国。

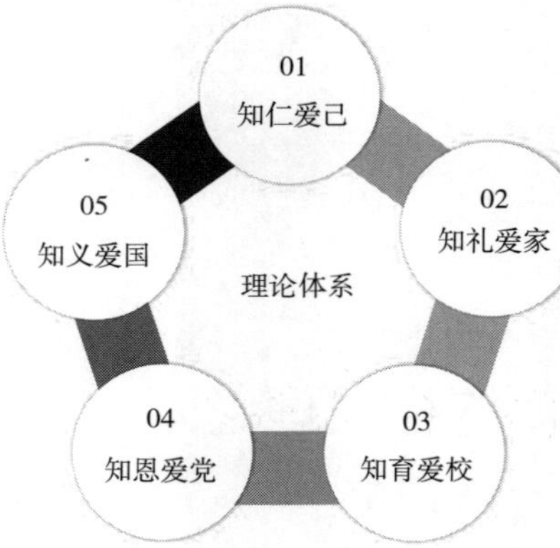

图2-1 大学生“五爱”教育理论体系

自我尊重与自我保护的重要性，只有这样才有可能进一步谈及独立自主的能力、坚忍的意志品质和自信。我们要关爱自己的精神世界，让自己能够坦然地接受并拥抱真实的自我。

“爱己”：通过记录生命轨迹，感受生命的坚韧；通过生命挫折教育，磨炼大学生的生命意志；通过品味生命美好，培育大学生的审美情操；通过关注生命安全，构建大学生的和谐关系；通过书写精彩人生，引导大学生合理规划人生；通过认识生命价值，提升大学生对生命信仰的认识。例如，参照《习近平用典》修身律己篇章内容，选拔优秀大学生代表，录制“习语青思”专题播报微视频。组织开展心理情景剧，大学生编演出自己的生活，引导大学生关注心理健康，构建和谐关系。[1]

二、知礼爱家

“家”文化的深厚内涵在中国传统文化里占据了重要位置，它被视为每个个体心中的核心价值观念，并且已经深入每一个中国人骨髓当中，塑造了他们的世界观。对家庭的热爱不仅是对自己亲人和家庭的关注与关照，也是一种履行其身为家庭一员义务的行为。从大学生的角度来看，这意味着他们需要通过实际行动来回馈家庭，以积极向上的态度激励家庭，因为家庭是他们精神的庇护所、情感的源泉和灵魂的安息地。用法国哲人蒙田的话来说，能与家人和平共处是一种人生成功的重要标志。我们应该珍视与家人共同度过的欢乐时光，使我们的爱心充满力量。此外，大学生们也需要为构建温馨的家庭环境而努力，不仅是为了满足个人情感需求，更是在推动社会的和谐发展上发挥作用。唯有当个体的家庭幸福美满时，整个社会才会繁荣昌盛。

我们应借助感恩教育的手段来理解家庭的深远影响，它对于个人发展至关重要，因

[1] 郭凤臣，陈景翊，郑岩，等. 构建“五爱”教育为载体的大学生实践育人体系——吉林工程技术师范学院“五爱”教育工程[J]. 吉林工程技术师范学院学报，2021（6）：10-14.

为缺乏家庭支持与关怀会阻碍其成长及进步的步伐。与此同时，我们还需大力倡导并传播家的理念，以延续优秀的传统文化。另外，我们可以透过记录日常生活的细微事件，传递出爱的能量。例如，开展“我的家训家规家风故事”的活动，引导大学生撰写他们的家庭历史，并将这些作品转化为在线主题资料。借助特殊节日，例如五一劳动节、母亲节、五四青年节等，推动一系列有关寄语父母、叙述亲情故事或共享家族格言等活动的举行，从而唤起大学生的感激之心和生命价值观。

三、知育爱校

学校见证了大学生们充满活力、激昂的青春岁月，孕育出精益求精、崇师尚学的精神。学校像茫茫大海上闪烁的灯塔，引领大学生的来时去路，照亮一代代人的初心与使命。爱校的理解包括两个层面。在微观层面，爱校意味着关心同伴、尊崇教师；在宏观层面，爱校则意味着珍视班级和学校的集体荣誉及利益，保持良好的学习氛围。爱校不仅可以增强大学生对学校、专业的认同感和归属感，还可以协助他们建立正确的价值取向，推动他们更优秀的个人成长。相反，如果违背学校的规章制度或者打扰他人的学习和日常生活，破坏校园的环境，破坏公共财产，那么这种行为就会被视为不爱校。对于同伴和教师的轻视，无疑是对他们的伤害。在一个缺乏关爱的环境中学习和生活，会极大地减少个人以及其他同伴的学习积极性和学习效果，并且可能对他们的身心健康产生负面影响。

“热爱学校”是大学生对自己的母校的认同感、归属感和荣誉感的融合，也是高校构建和谐校园的关键表现。高校应当坚持“以人为本，立德树人”的基本理念，积极推进校园文化的建设，通过校训、校歌、校史来提升校园的凝聚力，塑造优秀的学习风气和校园风貌。例如，举办一场名为“我的母校最美”的创新摄影比赛，其主题是捕捉校园的美丽风景和生活环境。通过一系列的照片来讲述故事，展示多样化的校园生活，并通过这种方式引导大学生积极创作学院宣传微视频。

四、知恩爱党

知恩爱党就是党性教育。为国育才，为党育人是高等学校培养大学生的目标和方向。党的十八大以来，以习近平总书记为核心的党中央对高校党建与大学生思想政治教育提出了重要论述和时代要求。紧紧依靠党的领导，坚持以人为本，做好大学生思想政治教育工作是实现全员育人、全程育人、全方位育人的根本。[1]大力弘扬社会主义荣辱观，倡导一切有利于民族团结、祖国统一、人心凝聚的思想和精神。教育和引导大学生

[1] 郭凤臣，陈景翊，郑岩，等. 构建“五爱”教育为载体的大学生实践育人体系——吉林工程技术师范学院“五爱”教育工程［J］. 吉林工程技术师范学院学报，2021（6）：10-14.

树立以热爱祖国、报效人民为最大光荣，以损害国家和人民利益、民族尊严为最大耻辱的观念。培养紧密围绕在党中央周围的有理想、有本领、有担当的时代新人。引领大学生深刻感受党和政府的关怀与温暖，明白珍视现在的幸福生活，心怀感激、积极学习、立志为国家服务。

2021年是中国共产党成立100周年。百年征程波澜壮阔，百年初心历久弥坚。从播下革命火种的小小红船，到领航复兴伟业的巍巍巨轮，在百年奋斗历程中，中国共产党领导人民取得了举世瞩目的辉煌成就，书写了波澜壮阔的历史画卷，留下了弥足珍贵的宝贵经验和精神财富。中国共产党的历史是一部丰富生动的教科书。

做好党性教育，要以学院和基层为主要载体，组织不同类别和形式的主题党日活动；组织大学生党员、入党积极分子讲党课，大学生给大学生讲党课，让大学生以不同的方式深入学习党的先进思想，更便于大学生接受。例如，利用吉林工程技术师范学院地处东北的优势，组织大学生学习东北抗联精神，不忘初心，以史为鉴。

五、知义爱国

爱国主义被视为一种激发并鼓励中国人齐心协力、向前迈进的标志，也是社会历史发展的主要驱动力之一，同时还是所有民族共享的精神基石。爱国是一种信念，是一股能量，一股源泉。爱家代表着对家庭的情感，而爱国则表现为对国家的深情厚谊，它是爱的提升，是更为广阔、深入的爱。为了更好地引导大学生了解五千年历史中孕育的优秀传统，我们必须始终铭记“以热爱祖国为荣，以危害祖国为耻”的理念，学习如何做人、学习如何生存。在面对涉及国家利益的问题时，我们要展现出爱国精神，坚决捍卫祖国的尊严，保护国家的利益，并且要敢于与破坏国家统一、破坏民族团结、危害社会主义事业的行为进行斗争。

“爱国”的概念需要从概念层面提升至实际行动与实际操作中，我们应该引导大学生不断加深对国家的认知，并培育其浓烈的爱国情怀。对于大学的爱国主义教育来说，其核心在于把理论付诸实践之中，例如，可以通过诗词朗读、歌声传递、志愿服务等各种形式来开展“祖国在我心间”的活动，同时也可以制作一些微视频。这些互联网艺术品能够有力地传播积极的价值观，更有效的推广主流思想，展现了我们学校对“五爱”教育的独特风采，并为其申请优秀网络文化作品及大学生服务优质项目的资格提供了保障。

第二节 “十大育人”体系与“五爱”教育体系的内在联系

一、“十大育人”体系基本内容

一体化育人，就是要全面统筹办学治校各领域、教育教学各环节、人才培养各方面的育人资源和育人力量，从体制机制完善、项目带动引领、队伍配齐建强、组织条件保障等方面进行系统设计，从宏观、中观、微观各个层面一体化构建育人工作体系，实现各项育人工作的协同协作、同向同行、互联互通。[1]打通“最后一公里”，就是要通过挖掘各群体、各岗位的育人元素，并作为职责要求和考核内容融入整体制度设计和具体操作环节，着力打通高校思想政治工作存在的盲区、断点，真正把各项工作的重音和目标落在育人效果上，切实做足育人大文章，唱响育人最强音，使高校思想政治工作更好地适应和满足大学生成长诉求、时代发展要求、社会进步需求，不断提升工作科学化水平。

教育部在2017年12月6日举行了新闻发布会，详细介绍了《高校思想政治工作质量提升工程实施纲要》（以下简称《实施纲要》)。《实施纲要》是质量提升工程的顶层设计，也是高校思想政治工作创新发展的蓝图。其主要思路是关注短板和弱项，坚定地将解决高校思想政治工作的不平衡和不充分问题作为目标，致力于建立一体化的育人体系，打通育人的“最后一公里”。

《实施纲要》包含四个主要部分，即目标导向、基本任务、核心内容以及执行保证。在这些主要内容中，详尽地设计了“十大教育体系”的执行内容、工具、途径以及方式。

二、“十大育人”本质内涵和现实意义

2017年12月4日，《高校思想政治工作质量提升工程实施纲要》（教党〔2017〕62号）（以下简称《纲要》）由教育部颁布。该《纲要》对“十大育人”体系的执行内容、媒介、途径以及策略进行了深入的设计。整体策略是专注于改进缺陷和薄弱环节，始终将解决大学的思想政治教学的不均衡和不足作为我们的目标，致力于创造全面的教学体系，力争打消教学层面的“最后一公里”。主要职责就是最大限度地利用课堂教学、科研、实践、文化、互联网、心理、管理、服务、资助、组织等各个领域的教学职责，深入探索教学元素，改进教学流程，提升教学评估和奖惩，加大执行的保证，真正建立起

[1] 玄凌．黑龙江省农林高校资助育人研究［D］．哈尔滨：东北林业大学，2023.

"十大育人"体系。

《纲要》也强调了构建一个内容全面、标准完备、运作科学、保障强大且效果显著的高校思想政治工作质量体系的重要性。"十大育人"内容之间存在交叉和融合，并且能够互相推动、互相影响。因此，增强各项内容的协同合作显得尤为关键。没有一项教育内容是单一的，因此我们在进行教育工作时需要遵循《纲要》的规定，专注于关键任务、重要群体、重要领域、重要区域和薄弱环节，强化优势，弥补不足。以"生态教育"的理念为导向，遵循"生态教育"的原则，进行合作，开展全面的教育活动，发挥优秀的教育内容来推动弱势的教育内容，最后实现全面教育的平衡。

三、"十大育人"体系与"五爱"教育实践关系

在全国高校思想政治工作会议上，习近平总书记阐述了"如何培养人、培养什么样的人以及为谁培养人"等核心议题。2018年，教育部在《关于开展"三全"育人综合改革试点工作的通知》文件中，首次提出了"三全"育人的理念。"全员育人、全过程育人和全方位育人"是"三全"育人的具体内容。在《纲要》中，教育部提出了"十大育人"的教育指导原则，强调了教育工作是一个全面的系统化工作，需要充分利用课堂教学、科研、实践教学、文化育人、网络育人、心理育人、管理育人、服务育人、资助育人、组织育人等多个方面的教育功能，真正建立起"十大育人"体系。[1]

为深入学习贯彻全国高校思政工作会议和全国教育大会精神，全面落实立德树人根本任务，深入推进构建"大思政"工作格局和"十大育人"体系，确保新时代"三全"育人工作取得实效，根据教育部党组和省教育厅文件精神，结合时代特点，提出了符合当代大学生发展的"大学生'五爱'教育"育人体系，即新时代高校大学生要立足于"五爱"，做到"爱己、爱家、爱校、爱党、爱国"，并根据新时代要求树立良好的道德情操和正确的价值观，在高校的日常中做到自尊、自爱、自立、自强。[2]

"十大育人"体系作为大学生"五爱"教育的实践路径，其主要体现在以下十个方面。

（一）课程育人方面

1. 基本任务

需要深化对习近平新时代中国特色社会主义思想的学习，并将其纳入教科书中，同时也要始终把"立德树人"作为主要的教育理念，来引导教师授课方式转变，优化和调整课程安排，更新专业教材内容，提升讲授技巧，增强管理力度等措施都需要持之以恒

[1] 周强. 新时代大学生心理健康教育的缺失与完善［J］. 高校辅导员学刊，2018（4）：88-92.

[2] 陈景翊，张东，郑鑫，等."三全"育人视阈下"五爱"教育实践路径［J］. 吉林教育，2021（17）：4.

的努力。要进一步明确每门学科都包含哪些道德伦理方面的信息及它们所能传达出的价值观观念，并将这些因素整合到每个阶段的讲解过程中，使其成为一种自然而然、潜移默化的过程，而不是刻意强加进去的行为模式。

2. 具体实践路径

“课程育人”主要发生在课堂中，这是培育人才的关键途径与核心区域，它对学校贯彻党的教育理念起着至关重要的作用，同时也是实施大学生的“五爱”教育的重点环节。只有通过这样的实践来实现大学生“五爱”的教育目标，才能保证教学品质，否则即使添加了“五爱”教育的内容也只是舍本逐末。因此，老师需要遵守教学相长的原则，尊重学生的发展轨迹，坚持使用有效的方式，优化教学方法，并持续改善教学质量。特别是在信息化知识的爆发时期，我们必须重视师生之间的互动，不能认为“只要我讲课就行，学生是否理解无所谓”，而是应该建立一种“教学共生关系”，更多地运用启发式、指导型、主动型的教学策略和技巧，增加课堂的吸引力，激发大学生的学习热情，让学生在一次次头脑风暴中学到扎实的知识。

在提升教学品质的同时，所有的教师都需要把大学生的“五爱”教育理念融入课堂之中，这里将其划分为三大类：思想政治课、除了思想政治课外的公共课和专业课。大学的思想政治课涵盖《道德修养与法律基础》《中国近现代史纲要》《马克思主义基本原理概论》《毛泽东思想和中国特色社会主义理论体系概论》这四门课程。“爱己、爱家、爱校、爱党、爱国”五个主题已经被这四门课程全面涵盖，只需要教师在授课过程中进行概括和强调。除了思想政治课外，所有的公共课都能够融入大学生的“五爱”教育元素。例如，对大学生进行严格的课程学习考核，既是为了他们未来的学业奠定坚实的基础，同时也是对学生的生命和青春的尊重，这就是大学生“五爱”教育中的“爱己”教育。我们要时刻要求大学生在课堂上专心听讲、深入思考、主动回答问题、避免闲聊、不浪费食物、主动保持教室清洁，这些都是推动优秀的校园风气、尊敬老师、重视教育、热爱学校的体现，这就是“爱校”教育的具体内容。在专业课程的研究上，我们将深入探讨“五爱”的内涵，包括该课程的发展历程、具有代表性的人物及其奋斗精神，以及他们在过去的国家建设和发展过程中的贡献、如何适应当前国家的需求、如何解决技术瓶颈问题、当前的挑战以及如何优化这门课程等。教师可以将科学、奋斗和爱国的理念融入课堂，讲好“科学无国界，但科学家有国家”的爱国科学家的生活经历，以及他们对科技的深入研究和对人类贡献的故事，这些都能很好地展示出“爱党”和“爱国”的教育理念。

最终，各个学科的教学计划和教材都需要依据大学生“五爱”教育的主题来调整，同时也需要对创新的内容做出相应的更改。教师应该在课堂上讲解这些知识点，而大学生也必须通过考试的方式去掌握它们，这样可以把这些课程的理论知识有效地融入大学的“五爱”教育中。

（二）科研育人方面

1. 基本任务

科研育人的核心职责是改进科研流程和步骤，优化科研评估准则，提升学术评估方式，推动成果的转化应用，引领教师和大学生确立正确的政治立场、价值观念、学术导向，培育教师和大学生对国家真诚报答、勇于创新的科学精神、开拓创新的进取精神以及严谨求实的科研态度。

2. 具体实践路径

要使大学的“五爱”教育活动和研究型人才培育相互融合，首要任务是确立教师的主导角色。高校应对科研团队建设管理相关规定进行调整，以教师的道德品质及大学生对于“五爱”教育的理解为建立科研团体的核心标准之一，并且保证“五爱”教育的观念始终贯穿所有的科学研究过程中，每个科研团体的人员都需要主动担负起推广“五爱”教育的职责，科研机构也要将“五爱”教育推广成效视作年度绩效考核的关键因素。

需要积极地引导大学生投身于科学研究的事业。建立本科生参加科技竞赛、科研训练考核制度，考核成绩纳入本科生毕业基本条件。大学生虽然在科研团队中是参与者，但却是科研育人工作中大学生“五爱”教育的主体。我们应该激励大学生参与科技创新组织并且接受科学研究训练，同时老师也应有步骤地指导他们积极探索相关领域的最前沿的研究成果，提升他们在理论与实际操作之间的结合能力，塑造团结合作的精神及协同工作的观念，从而提高他们的专业技术水平和综合素质。当大学生们在科学研究中展现出在老师的指引下积极寻找自我价值，努力学习以增长智慧时，意味着大学生的“五爱”教育所强调的“自尊”教育成果得到了充分的彰显。

一方面，可以采用邀请在科研工作方面有杰出表现的优秀校友或在各级各类科技创新大赛中取得优异成绩的同学举行座谈会、报告会等方式，来激发大学生参与科研工作的热情。另一方面，通过这种方式也能够刺激大学生们的爱校、荣校情怀，有利于良好校风学风的传承，以此来践行“爱校”教育。

此外，我们需要加大对杰出学者和卓越研究小组突出成就的教育推广程度。比如，我们可以定期地组织研讨会来分享学习钱学森、邓稼先、黄大年、南仁东等科学家的故事，以此鼓励大家在各个领域发扬无私奉献精神，全身心地投入工作中，并向他们致敬，因为他们在科技强国梦想中找到了自己的使命感，始终以服务国家繁荣、民族进步、民众福祉为己任的精神是他们终生奋斗的目标。以此加强对大学生们的“爱党”“爱国”教育。

（三）实践育人方面

1. 基本任务

实践育人的核心职责是将理论教育与实践训练相融合，整合各类实践资源，强化项目管理，增加实践内容，创新实践方法，扩大实践平台，完善支持系统，引导教师和大学生在亲身参与中提高实践技巧，培养家国情怀。

2. 具体实践路径

践行“全程育人”理念的最佳途径就是借助实践育人来进行大学生“五爱”教育。从大学生入学到毕业离校，开学到放假，以实践活动为载体贯穿整个大学生活，对大学生进行“五爱”教育。

大学生入学的第一课就是军训。大学生通过学校严格的军训强健体魄、磨炼意志力、提高集体主义观念等，提升了自身综合素质，体现出军训“爱己”教育的功效。另外，学校应通过军事训练课程来提高大学生对国防观念和国家安全的理解，从而增强大学生的思想政治觉悟，激发他们的爱国热情，实现爱国主义教育的目标。

在校期间，一方面鼓励大学生主动参加勤工助学，提升自己、锻炼自己，在无形中对大学生进行了“爱己”教育。同时，应以党组织、班集体及共青团组织作为平台，借助主题党日、团日活动开展志愿服务活动、实地参观和学习活动，以便实现更好的“五爱”教育效果。可在学校内开展的实践活动，宣传学校发展历史，校园安全宣传等，从而使大学生们能够从其中感受到“爱校”的精神内涵。参观学习活动应在红色教育基地、爱国主义教育场所等进行，通过大学生亲身的感官体验接受“爱党”“爱国”教育。

在寒暑假期间，学校可根据规定组织如“三下乡”等社会实践活动，例如开展以“铭记时代使命，书写人生华章”“百万师生追寻习近平总书记成长足迹”为主题的新时代社会实践特色活动。借助这些活动，积极推进大学生的“爱己”“爱党”“爱国”教育。此外，假期也是实施“家庭教育”的最佳时机。鼓励大学生多帮助父母分担家务，为他们做饭，感受到父母日常的辛劳，学习感恩和懂得回报；在空闲时间，多去拜访亲朋好友，积极参加家庭聚会，提升家庭的荣誉感，建立家庭和家族的观念；在邻居遇到困难时，要主动帮助，主动建立深厚的邻里关系等。

（四）文化育人方面

1. 基本任务

文化育人的基本任务是通过文化的熏陶来塑造人们的精神世界并以此为基础培育人们的思想道德品质。我们需要深度推进对中华民族优良传统习俗的理解与学习；对于中国共产党的历史及现代社会的进步理念也要有深刻的认识并加以实践推广。要坚定地把握住高等教育思想观念的主导地位，积极贯彻并且发扬我们的基本价值准则——即马克思主义的核心原则和社会的主流道德观。同时要改善学校的氛围营造良好的教学氛围，丰富学校文化的内涵，促进师生个人文化素养的提升。

2. 具体实践路径

校园文化建设是文化育人的良好载体。校园文化建设可分为校园体育文化建设和校园环境文化建设，前者是显性教育工程，后者为隐性教育工程。把大学生“五爱”教育融入校园体育文化建设和校园环境文化建设的各个方面是大学生“五爱”教育较为有效的实践路径。

将大学生“五爱”教育融入校园体育文化活动中。在“爱己”教育方面，通过开展积极向上、能展现大学生良好精神面貌的体育比赛、文艺会演等活动，以此达到提高大学生身体素质、陶冶高尚情操、树立正确三观的作用。在“爱家”教育方面，通过推行“我爱我家”的家庭照片与影片展览、“一封家书”文章征集等活动，以此来强化大学生的家庭意识，教育引导大学生如何深爱自己的家人并且关爱亲朋好友，学会感恩和回报。在“爱校”教育方面，我们需要利用各种形式的活动如校风校训知识竞赛、校歌大合唱等方式来挖掘学校的历史与传统元素对大学生的教育意义，从而确保他们能够初步地了解自己的学校，我们要积极推动教师和大学生们创作关于学校历史及成长历程的戏剧、舞蹈、音乐或是影视作品，并组织开展校园风光摄影比赛之类的各项活动，以此来展示他们对于学校的热爱。此外，为了更加强化这种“爱校”情感，可以加大力度推广学校的发展历程，同时邀请一些卓有成就的校友前来演讲，这样可以激起大学生们对自己母校的自豪感。在“爱党”教育方面，实施“红色教育资源库建设工程”，积极策划“继承红色基因，彰显国家荣耀”主题教育活动，引导师生参与创作以革命英雄人物为主角的舞台剧和以革命思想为中心的歌曲舞蹈，充分利用重要纪念日契机和主要文化基础设施进行红色文化教育。在“爱国”教育方面，我们执行了“中华经典朗诵项目”和“复兴中国传统文化计划”，并开展了诸如“尊重和弘扬中华民族的卓越文化遗产”和“传播和发展社会主义的核心价值理念”等多种文化活动。此外，我们也提供了一些关于社会主义核心价值观的教育示范，供大众借鉴，同时也挑选出一批热衷于实施社会主义核心价值观的典型人物，进一步推广。

把大学生的“五爱”教育融合到校园文化的构建中去。打造围绕大学生“五爱”教育为主题的校园基础设施提升工程，依据校园规划将校园分为“爱己”“爱家”“爱校”“爱党”“爱国”五大区域，每个区域都按相应的主题设计假山、雕像、花园、宣传标语等元素，将该区域内的道路及建筑物围绕相应主题命名，以此达到大学生“五爱”教育与校园文化环境的和谐统一，使大学生身处校园即可受到大学生“五爱”教育的熏陶和影响。

（五）网络育人方面

1. 基本任务

网络育人的基本任务是大力推进网络教育，加强校园网络文化建设与管理，拓展网络平台，丰富网络内容，建强网络队伍，净化网络空间，优化成果评价，推动思想政治工作传统优势同信息技术高度融合，引导师生强化网络意识，树立网络思维，提升网络文明素养，创作网络文化产品，传播主旋律、弘扬正能量，守护好网络精神家园。

2. 具体实践路径

在校内网站上设置专门的“五爱”教育板块或专题，构建大学生在线互动性讨论社区。同时，积极利用社交媒体来扩大影响范围。通过整合学校内的各个信息渠道，包括网站、微信、微博、视频短片、电视节目、广播电台和校刊等资源，构建起一个广泛覆盖、有强大影响力且具有教育引导属性的“五爱”教育网络体系。此外，注重提升各学院内部网站上的“五爱”教育内容质量，集聚优质内容，形成“五爱”教育传播矩阵。

根据大学生“五爱”教育的各个主题，深入推进网络主题教育活动，并设立了如学习党的重要方针和政策、中国梦、暑期社会实践、优秀家风展示、榜样的力量、大学生安全等主题教育网站。积极推动大学生“五爱”教育与辅导员博客、思想政治理论课教师微博、校级微博平台、校园微信公众号等网站和栏目的融合。

建立大学生“五爱”教育网络教学资源库，着力打造10门以上大学生“五爱”教育优秀网络课程。致力于开展各种展示学校形象的活动，利用重要节假日及事件作为平台，每年度都会举行一次大学生的“五爱”教育网络文化节，以便更深入地传播并深化“五爱”教育的观念，同时创造出具有明确主题、深邃思考和活跃气氛的微型影片和微型采访等网络文化的优秀作品。

强化大学生“五爱”教育网络工作队伍的构建。组建一支由网络技术专职工作者、工程专家、党校的专业人士与研究者、思政课程的教育工作者和辅导员共同构成的大学生“五爱”教育在线教学团队；同时实施网络“五爱”教育名师培育计划，旨在把一群有潜力的青年思想政治课程老师和导师打造为网络“五爱”教育名师。

（六）心理育人方面

1. 基本任务

将心理教育和道德教育相融合，深度打造教育、实践、咨询、预防和平台保障“五位一体”的心理健康教育体系。把心理健康教育课程纳入学校的全面教学计划，构建学校、学院、班级、宿舍“四级”的预警防控系统。

2. 具体实践路径

普及心理教育，夯实心理育人。心理育人是一种利用心理学知识达到教育目标的过程。换句话说，它是由教师根据受教育者的生理及心理状况，依据人类的心智发展法则和教育原则，采用不同的方法进行的心理健康教育，并系统化地指导他们如何处理内心的疑虑，激发他们的潜力，提高他们的品格素质，从而培养出具有远见卓识、能力和责任感的人才。当代大学生的心理健康不仅直接影响到他们的学业和生活习惯，也间接影响了他们在社交和人际交往方面的表现。因此，我们必须把心理教育融入“五爱”教育理念之中，强调自我关爱的重要性，以此作为生命的核心主题，努力塑造理性和乐观的心态，把心理健康教育作为切入点，举办各类训练和辅导项目。进一步完善学校心理服务体系，注重道德修养与人格养成相结合，关注班级中弱势大学生群体，给予人文关怀和心理支持，全面推动课堂教学、社会实践、心理咨询、预警防范、服务平台等五个方面的工作协同发展，形成学校、学院、年级、班级、寝室五大层面心理健康管理网络，制订详细的心理危机应对方案，深化与心理医院的合作，增强心理工作的前瞻性和针对性，为大学生的心理健康保驾护航。定期邀请专家讲授课程，并向大学生们提供个性化心理健康服务，运用积极心理学理念来提升心理健康服务质量，使大学生能够感受到积极的情感体验、人格特征和良好的人文环境氛围，从而感受到满足和幸福。这有助于推动师生心理健康能力与人文素养、科技知识能力的协调发展。

（七）管理育人方面

1. 基本任务

提升法治教育，增强科学的管理举措在道德保障中的作用，积极打造一个有效治理、管理到位、风清气正的教育环境。完善依法治校和管理育人的制度框架，严格控制教师招聘和人才引进的政治考核，将管理育人纳入管理岗位的考核评估范围。

2. 具体实践路径

完善交叉管理，提升管理育人。“管理育人”指的是高等院校的管理部门开展各项工作时以“育人”为核心并展现其全面性、间接性和渗透性的特点。以实现这一目标为导向，所有的高等院校都应把焦点放在大学生身上，因为他们的日常活动与他们的人才发展有着密切的关系。管理只是达成此目标的一种方式，而培育优秀人才才是终极目标。所以，为了强化大学生在“五爱”教育中关于“爱校”“爱国”的部分，我们需要在管理的实施过程中，从规则制定、校园氛围、实践教学这三个角度来加强对他们的“爱校”“爱国”教育。首先，我们要利用规则宣传、规范执行及行为习惯塑造等方式激发他们的自尊心和责任意识，从而稳固教育的正面影响。其次，我们在打造校园环境的时候要注重其整洁美观，同时还要具有文化底蕴，这样才能让师生们感受到美的享受，并能提升他们的道德品质和文明素养。此外，我们可以通过展示名人事迹、标语、校训的方式来装点我们的校园，设置校史馆、荣誉展厅等，这些都是能够在提高审美水平的同时也给同学们提供学习典范、奋斗动力和前行的力量。最后，我们会借助管理机制建立一种和谐的工作环境和人际关系，教师们的热忱服务、严格认真态度，以及不断进步的精神状态都能进一步加深大学生对学校的热爱之情。推动大学生的正确世界认知、生活态度及优良品德的发展，并鼓励他们互相学习与进步，这会使得这样的社群氛围对他们产生深远的影响，而在实际操作层面，我们采用诸如社区调研、学校建设工作、兼职、体育文化活动、公共服务和其他志愿服务等多种方式，让大学生理解国家情况和社会现状。

（八）服务育人方面

1. 基本任务

将解决实际问题和思想问题相结合，提供针对性的服务，提升供应能力，通过关心他人、帮助他人、教育他人、引导他人。充分利用后勤保障、图书资料、医疗卫生、安全保卫等各种服务岗位的教育功能，实行服务目标责任制，加强监督考核，选拔服务育人的优秀典型。

2. 具体实践路径

打造服务品牌，促进服务育人。“服务育人”这一概念有广义与狭义之分。从宽泛的视角看，它倡导一种以“大服务”为核心的教育观念，大学的各个职能部门都与大学生紧密相连，所有的工作环节都有服务大学生的含义，每一步都具备教育人的特性。大学的教职员工都被大学生尊称为“老师”，因此都有服务育人的责任。从狭窄的视角看，“服务育人”主要关注教辅部门和行政管理单位的职责和服务功能。通过创造高质量的环境来满足教师和大学生的学习和成长需求，使党和国家对教师和大学生的关心和重视得以充分展现，从而达到服务和教育人才的目标。

在大学生“五爱”教育中，大学生的内心是否真正地“爱校”，关键在于大学生是否真正满意目前所处的环境。“以大学生为中心”的服务理念应该被视为实施“服务育人”的重要前提。需要将大学生看作是教育的核心，充分关注他们的需求，尊崇他们的个人特点和爱好。借助规范的服务、优秀的服务团队、丰富的服务项目及简单的服务手段，全心全意地为大学生的学习、生活及职场提供优秀的服务，旨在打造舒适的学习及生活氛围。此外，我们也需要寻找一些备受大学生欢迎的管理方法，以此来搭建更加优质的发展平台，激发大学生奋发有为、积极上进的动力，从而促进大学生全面发展和学校培养目标的实现。

理解并满足大学生活动需求是关键的任务之一，我们应主动协助处理他们日常生活中合理的请求；同时关注他们的身心健康和人际关系的发展情况，提供必要的支持和服务以促进其全面的教育过程。通过指导与引领的方式来塑造良好的自律行为习惯及自主学习的态度，提高大学生的公民责任感和社会实践经验，进而强化他们在“五个热爱”中对自我的尊重观念，最后达到个人独立思考的能力增长和个人价值理念升华的目标。

强化体系构建，设立质量准则体系，推动标准化服务的关键在于构建符合实际情况的质量准则体系，尽可能让所有职位都遵循社会和行业的标准进行操作。实施分级量化评估，制定教学监督、后勤服务、大学生管理等常规管理评估指标体系，推动常规服务工作的规范化、标准化、科学化，使管理有规则可依，有依据可参考，同时定期对工作进行总结和分析，寻找管理的漏洞。适当调整相关的准则。

（九）资助育人方面

1. 基本任务

把“扶困”与“扶智”，“扶困”与“扶志”结合起来，建立国家资助、学校奖助、社会捐助、大学生资助“四位一体”的发展型资助体系，构建物质帮扶、道德浸润、能力拓展、精神激励有效融合的资助育人长效机制，实现无偿资助与有偿资助、显性资助与隐性资助的有机融合，着力培养受助大学生自立自强、诚实守信、知恩感恩、勇于担当的良好品质。[1]

2. 具体实践路径

构建和谐高校，完善资助育人体系。“资助育人”是指把大学生资助工作同人才培养目标结合起来，引导家庭困难大学生由原本的被动接受资助转变为积极地追求进步，让获得资助的过程变成他们实现自我发展的历程。

资助育人的理念是高等教育的社会主义核心价值观之一。如果我们能确保资助政策遵循诚实与关爱的原则，并实施精确且合理的大学生资助分配机制，同时采取既公开透明但又不损害受助者自尊心的执行方式，那么这些资助工作就自然地传达了公平、尊重和信用的价值观。这样的资助体系实际上已经成为一项有力的道德教育手段，通过无声的影响来塑造大学生的价值观和行为准则。所以，持续优化大学的资助项目对培养大学生深入理解大学生“五爱”教育中自我关爱、家庭责任、学校荣誉、对党的忠诚和公民义务等方面至关重要。

高校需要把重点由“资助”转移到“育人”上，完善并优化学校的“资助育人”内部管理系统。制定精确的资助政策，利用校园消费大数据来深入理解大学生的消费情况，特别是家庭困难大学生的生活费用支出情况，从而形成一套精细化的资助方案。建立一种包含政府补贴、兼职工作支持、公司捐赠与自我筹款等多种方式的全面发展的资金援助体系，以实现物资救助、品德熏陶、技能提升及心理鼓励之间的有机结合，形成长期有效的资助培育策略。另外，开展大学生“五爱”的教育项目，坚定地把资助教育的方向作为核心，激发大学生的进取精神和感激之情，努力打造出有责任心的受助者：他们能独立思考，诚实守信，知恩图报，并敢于承担责任。

高校需要强调品格的塑造和责任的培养，以此来营造出“资助育人”的学校文化环境。资助育人是立德树人工作的关键环节，必须将社会主义核心价值观融入整个资助育人的流程中，从而形成“资助育人”的精神、制度和环境文化。推广感恩的价值观，指导并教导接受援助的大学生懂得感恩、回报，激发他们对祖国和学校的热忱，坚守党的理想，激励他们积极投身社区志愿服务，主动传递、推广正面的力量，以此回馈社

[1] 郗望．高校精准资助工作的困境及分析［J］．决策探索，2018（14）：55.

会；倡导奋斗的精神，大规模推行励志教育，让贫困大学生能够学习珍视自我，实现自立自强，对自己的人生负责；深度推行社会责任感的教育，推动大学生对自我责任和社会责任的共同成长。引导被援助的大学生运用他们的知识和才能来改善他们的环境，使他们能够健康地发展、实现自我价值、敢于承担责任，并为家庭、社区以及国家做出贡献。

为贫困生自我发展提供综合支持，打造“资助育人”综合平台体系。建立起“资助育人”的多层次工作框架。对于大学校园内的兼职工作服务平台、实习实践训练基地、社区服务场所、志愿者活动中心、外校实习与实践场地以及创业就业设施等方面，应实施全面的管理计划并构建完善的基础设施，以对贫困大学生予以更高的重视度和优先权，从而为他们发展个人爱好、拓宽眼界、提高综合素养及增强实际操作能力创造更为有利的条件和环境，以此推动资助教育理念的成功落实。

（十）组织育人方面

1. 基本任务

把组织建设与教育引领结合起来，强化高校各类组织的育人职责。开展“不忘初心、牢记使命”主题教育，培育建设一批先进基层党组织，培养选树一批优秀共产党员、优秀党务工作者，推选展示一批党的建设优秀工作案例，培育建设一批文明社团、文明班级、文明宿舍。

2. 具体实践路径

团队组织建设，强化组织育人。高校组织育人是指将育人过程依托于组织进行，通过在大学生党支部、团支部、班级、社团等形式的集体中，按照一定的目标和要求举办活动，把特定的理念、思维模式与道德规范潜移默化地融合到活动中去，促使大学生在群体中提高精神文明素质，坚定理想信念，从而满足社会主义大学育人目标的要求。

每个大学生都处在大大小小的集体中，个人的发展离不开集体的发展，因此需要加强对大学生的“五爱”教育，通过组织育人，着力培育大学生的“爱家”“爱校”“爱党”“爱国”情感。

发挥党组织的核心作用，一方面，我们需要继续建立和完善大学基层党组织。要坚持做到只要有党员，就要有党组织，而只要有党组织，就能够充分发挥出组织生活和党员的先锋模范作用。另一方面，我们需要持续提升各种大学生组织的政治属性。在整个组织教育协同体系中，党组织必须始终处于关键位置，发挥其坚固的战斗堡垒和政治导向作用。只有这样，我们才能确保组织教育与大学教育的方向、目标和领导力保持一致，从而更好地培养出社会主义的合格建设者和可信赖的继承者。

推进大学生党支部、团支部和班级的协同育人工作，培育大学生的“爱校”情感。高校大学生组织中，党支部、团支部和班级是培养大学生集体主义的重要载体。一是坚持以党建带团建、促班建，加强对大学生党支部、团支部、班级委员会的指导，纳入基层单位年度工作计划，整体设计，同规划、同部署、同推动、同管理。二是合理设置大学生党支部、团支部和班委会，探索大学生党建工作向最活跃、最具创新能力的组织拓展，选拔优秀辅导员、骨干教师、优秀大学生党员担任大学生党支部书记。推行班级团支部和班委会一体化运行机制，试点实行班长和团支部书记交叉任职。三是建立大学生党支委、团支委和班委会定期沟通汇报、重大活动共同策划组织的协同工作方案。进一步巩固大学生党员发展过程中团支部推优的重要环节，充分调动各方有利因素，如大学生党支部指导开展理论学习，在涉及大学生切身利益、大学生品行鉴定等工作中充分吸纳大学生党支部的意见和建议，大学生团支部定期开展青年大学生思想动态和成长需求调研，班委会在做好日常服务的同时及时了解大学生的诉求。[1]

依托社团提升大学生德智体美劳综合素养，培育大学生“爱己”“爱国”情感。这些社团通常会从兴趣出发，涉及诸如哲学思考、科学研究、文化和运动、志愿者活动、社区参与和社会实践以及国际交流等多个领域，这覆盖了许多关乎个人品格发展所需的重要内容。大学生社团具备“自我教育”“自我管理”“自我服务”的教育特性。作为大学生学习和生活的关键部分，它们充满了活力并且易于被大学生接纳。在大学生社团中，他们强调了教育人才的目标，鼓励各种教师和大学生社团进行主题明确、健康有益、丰富多样的活动，以加强指导和引领思想。

第三节 “三全”育人视阈下的大学生“五爱”教育体系

一、“三全”育人体系基本内容

“三全”育人的整体改革目标，就是在习近平新时代中国特色社会主义思想的引领下，始终保持并增进党在高等教育过程中的主体地位，围绕立德树人根本任务，最大限度地利用中国特色社会主义教育的人才培养优势。我们将以理想信念的教育为中心，社会主义核心价值观作为指南，并且将全方位的人才培养能力视为关键，我们将努力增强工作的亲近感和针对性，并且加强基础设施、重视关键环节、制定规则、履行职责。整合打造出包含丰富知识、严谨规范、科学操作、强大保障以及卓越成果的大学思想政治工作架构，让这个架构能够连接到各个学科、教育、教材和管理领域，从而实现对所有人的全面、全流程和多角度的培养。

[1] 严帅，任雅才．新时代高校大学生组织育人的功能内涵与实施路径［J］．学校党建与思想教育，2019（9）：4.

高校要把立德树人作为根本任务，并将其融入思想道德教育、文化知识教育、社会实践教育各环节，把思想政治工作贯穿教育教学全过程，把思想价值引领贯穿教育教学全过程各个环节，形成教书育人、科研育人、实践育人、管理育人、服务育人、文化育人、组织育人长效机制。[1]

全员育人，是指由学校、家庭、社会、大学生组成的“四位一体”的育人机制。

全程育人，是指大学生一进校门到毕业，从每个学期开学到结束，从双休日到寒暑假，学校都精心安排思想政治教育，贯穿始终。[2]

全方位育人，是指充分利用各种教育载体，主要包括大学生综合测评和奖学金评比、贫困生资助与勤工助学、大学生组织建设与管理、校园文化建设、学风建设、诚信教育、社会实践等，将思想政治教育寓于其中。[3]

“三全”育人综合改革既是对当下育人项目、载体、资源的整合，更是对长远育人格局、体系、标准的重新建构。做好试点工作，不仅要巩固优势、扩大影响，更要破立并举、善于创新。通过改革试点，构建一体化育人体系，为办好中国特色社会主义大学、培养德智体美劳全面发展的社会主义建设者和接班人贡献力量。

二、“三全”育人体系内涵和现实意义

2018年5月，《关于开展“三全”育人综合改革试点工作的通知》由教育部办公厅发布，其中强调各地需要分类进行“三全”育人综合改革试点工作，并从宏观、中观、微观三个层面，努力打造一个综合性的育人体系。“三全”育人不仅具有深厚的内涵，还拥有理念指导和实践引领的特质。具体而言，“三全”育人强调的是育人支持系统，这是最具活力的育人元素，包括大学生自身、家庭成员、学校教职员工、社会力量等；“全过程育人”强调的是育人的时间和空间轨迹，这是最具塑造性的。从时间上看，包括从入学到毕业；从空间上看，包括对大学生进行教育、管理、资助帮扶等各个环节。“全方位育人”强调的是育人成效的全面性，“三全”育人不仅涵盖了立体的教育环境，如第一课堂、第二课堂和网络空间，也包含了全面的德育、智育、体育、美育和劳育。[4]

在宏观视角下，这是党和国家在新时代推动高等教育思想政治工作的战略指导方针。教育部推出的“三全”育人综合改革试点工作，不仅是对大学思想政治教育规律的深度概括，也是从实施大学道德教育这一基本职责出发，围绕“如何教育”这一核心主题进行的全面思考、系统规划和整体推动。“三全”育人被提升为教育的政策指南，其核心目标在于对教育管理机构以及大学当前的教育政策进行完善和提升。这需要大学在

[1] 徐丽云. 主旋律影片的大学生思想政治教育功能及其实现研究［D］. 石河子：石河子大学，2020.

[2] 安静. 内涵式发展视域下高校思想政治理论课教学质量提升研究［D］. 桂林：桂林理工大学，2020.

[3] 马瑞彬. 青年大学生历史使命培育研究［D］. 天津：天津工业大学，2021.

[4] 王艳平. 高校“三全”育人的特征及其实施路径［J］. 思想理论教育，2019（9）：103-106.

政治立场、政策指引以及价值观念等方面积极实施“三全”育人的改革，并在所有的办学管理、教育教学以及人才培养等领域中贯彻实施，以此来形成“十大育人”体系。

在中观视角下，“三全”育人的含义就是大学在承担职责、提供资金、组织发展、确保制度安全、进行评估监控等各个环节所创建的思想政治工作的架构。大学是否已经创建出一套具备科学性、公正性、实用性以及独特性的“三全”育人架构，并且在学科结构、教育结构、课本结构、管理结构的搭建过程中，都与“三全”育人的环境塑造、途径决定、模式塑造以及成果获取息息相关。大学作为执行“三全”育人的核心环节，必须最大限度地利用大学“三全”育人的组织结构和功能，以达到统一的培养目标、集聚教育资源、产生协同育人效应的目标。

在微观视角下，“三全”育人主要关注引领大学老师把这个思想和策略融入教育和教学的每个环节。仅当大学老师能够深刻认识到他们的教学任务，主动地将“全面发展”的观点融合到日常生活，同时也能够准确掌握“全面发展”的策略，“全面发展”的目标才可以真正得以执行。所以，从这个角度来看，“全面发展”的核心是它的前沿观点和策略含义，构建“全面发展”的框架的关键是观点需要被广大师生群体所接受，策略也需要具有较强的科学性和实践性。

三、“十大育人”体系与“三全”育人之间关系

中共中央、国务院印发的《关于加强和改进新形势下高校思想政治工作的意见》中提出，坚持全员、全过程、全方位育人（以下简称“三全”育人），把思想价值引领贯穿教育教学全过程和各环节，形成教书育人、科研育人、实践育人、管理育人、服务育人、文化育人、组织育人长效机制。由此可以看出，“三全”育人是高校思想政治教育在时间、空间、人员三个维度的立体构建，形成了高校思想政治教育的立体育人范畴，将大学生在校期间所经历的所有时间阶段、涉及学习生活的各个方面、接触过的每名教师和工作人员都包含其中，形成了强大而全面的育人时空体系，渗透培养大学生的时时刻刻、方方面面、点点滴滴。[1]

“十大育人”体系则是在“三全”育人的内涵之下，为了进一步落实育人工作而提出的育人内容，是将抽象的时空体系落实到具体育人载体之上的过程，是对“三全”育人工作的抓实、抓细、抓好的具体体现。

在过去的40年中，我国的大学教育理念和手段经历了深刻的变革和创新。这些变迁包括了过去的“三个主要领域”、教学、管理和服务，现在的“七个主要领域”、教学、科学研究、实际操作、管理、服务、文化和组织，以及十个主要领域。“十大育人”的培养模式涵盖了大学的课堂和非课堂、教育和科研、理论和实际操作、管理和服务、网

[1] 赵德虎. 普通高校“十大育人”体系实施有效性思考［J］. 科教文汇（中旬刊），2020（26）：35-36.

络和现场等多元化的培养主题，它的每个分支模块都拥有自身的培养作用，而且这些作用可以通过实际操作持续发挥，形成了自己的独特性特征。

四、“三全”育人视阈下大学生“五爱”教育的内涵和现实意义

坚持“特色育人”是“十大育人”体系的创新动力，推动创新改革当前，全国高校都在落实《纲要》工作要求，都具有“着力培养德、智、体、美、劳全面发展的社会主义建设者和接班人，着力培养担当民族复兴大任的时代新人，不断开创新时代高校思想政治工作新局面”的共同目标。但不同地区、不同层次、不同类型的高校都应当具有自己特色的育人模式。❶

（1）高校需要深度挖掘具有本地区和本校特色的中华卓越传统文化、红色革命文化以及优秀民族文化等，以此构建一个完整的教育内容资源体系。

（2）高校应以社会主义核心价值观为指导，创新教育方式，建立教育平台，充分利用“互联网+思维”，在塑造教育品牌、塑造教育形象以及改进教育方式等方面不断进行创新，以提高创新的动力。

（3）高校需要建立一个创新的体系，“十大育人”体系须不断更新，不能长期保持不变。对于效果不显著的教育内容，需要及时进行调整或更新，并设立一个优胜劣汰的淘汰机制，以此来激发创新的动力。

因此，在当前的教育环境下，为了有效提升现代大学生的思想政治素质，增强教育工作的实际效果，在“三全”育人的理念指导下，以“十大育人”为实施路径，提出了高校“五爱”教育模式。这种“五爱”教育模式将“五爱”教育融入课堂、科研、实践、文化、网络、心理、管理、服务、资助、组织等“十大育人”体系中，并开展了形式新颖、内容丰富的校园活动、社会实践、节日活动、文化品牌等。“五爱”教育的推进能够更有效地促进“三全”育人教育理念落实落细。❷

第四节 “三全”育人“十大育人”和“五爱”教育之间的逻辑关系

“三全”育人“十大育人”“五爱”教育的关系并非并列，而是包含和引领关系，“十大育人”内容和“五爱”教育都属于“三全”育人中的一个部分或者板块，也可以理解为培养大学生全方位发展的途径之一。《纲要》中提出，总体思路就是要聚焦短板弱项，

❶ 赵德虎．普通高校“十大育人”体系实施有效性思考［J］．科教文汇（中旬刊），2020（26）：35-36.
❷ 陈景翊，张东，郑鑫，等．“三全”育人视阈下“五爱”教育实践路径［J］．吉林教育，2021（17）：4.

平衡高校育人板块，构建一体化育人体系。其内容丰富，基本涵盖了高校思想政治教育工作内容的方方面面，但同时也给思想政治教育工作者带来巨大挑战，在十个方面都要做到面面俱到，实属不易。为了能够做全这十个方面，很多高校往往将“十大育人”内容分开实施，形成十个方案，再分给不同部门和负责人，形成各自为政、各司其职工作状态。传统思维中的分项实施策略似乎可以简化工作方式，也可以形成部分优势强项，集中资源打造育人品牌，但依然无法改变相关工作不受重视的情况，无法平衡各个育人板块，更无法形成一体化的育人体系。因此，考虑如何建立具有联动和互补效应的一体化育人体系是十分必要的。❶

“十大育人”体系的所有内容几乎是全国各高校普遍都在开展的育人内容，虽然各项内容重视程度略有差异，但传统模式已基本形成，并且部分固定的育人内容已十分陈旧，但基于便利原则，很多高校并不愿意大动干戈去改动，不愿打破常规。

在“十大育人”体系中融入“立德树人”思想，《纲要》中明确“立德树人”的核心地位，也是为了让各所高校在制订实施方案时务必要将“立德树人”思想和内涵贯穿“十大育人”体系中，在育人活动设计、活动目的、活动参与人、时间、内容、场地、邀请嘉宾、效果、应用等方面就要考虑到是否有“德育”元素。好比习近平总书记比喻的“吃盐”理论一样，将“立德树人”思想融入具体的育人活动中去，真正起到“随风潜入夜，润物细无声”的效果。切不可就事论事，忽视根本思想，课程育人只讲如何上课，科研育人只讲如何研究，忘记所有育人内容的根本目的是一致的。只有形成育人合力，明确“立德树人”才是所有育人内容的根本目标，才能够提升育人效果。首先，将“立德树人”作为所有育人内容的首要目标，以目标为导向，制订实施方案；其次，在实施过程中，要开展过程性评价，随时调整育人方式和方法以及育人效果；最后，发挥好育人评价和激励机制的作用，加强育人效果的延续性和扩展性。❷

以“五爱”教育为基础的大学生实践教育体系需要全面且多层次的构建。在教学实践的过程中，我们需要全方位地整合学校的各个领域、教育教学的各个环节以及人才培养的各个方面。同时，我们也需要提升对于教育资源和教育力量的整合效率，并从完善的体制机制、项目推动、团队配备和组织保障等多个角度进行系统性的设计和科学的规划，以达到各项任务的协调合作、一致前进、互相连接。从高校视角来讲，我们需要改进教育方法，以“十大教育”体系，包括课程教育、科研教育、实践教育、文化教育、网络教育、心理教育、管理教育、服务教育、资助教育和组织教育为基础，促进学校的思想政治教育和人才培养等各个方面的整合发展，打造一个综合性的教育体系。从教育主体视角来讲，充分利用各个领域的优势，依照教育任务的核心要素和教育原则，结合

---

❶ 赵德虎. 普通高校“十大育人”体系实施有效性思考［J］. 科教文汇（中旬刊），2020（26）：35-36.

❷ 同❶。

学校的独特性，强化教育的基石，增加教育的深度，塑造“五爱”，即对自我、对家庭、对学校、对党、对祖国的教育理念，建立起微观的“校院两级”整体教育体系。

在“三全”育人的新形势下，为进一步加强和改进全国高校思想政治教育工作，以大学生“五爱”教育为引领，以课堂、科研、实践、文化、网络、心理、管理、服务、资助、组织等“十大育人”体系为路径，开展丰富多彩的课程体系、社会实践、节日活动、文化品牌等，使大学生“五爱”教育能够真正入耳、入脑、入心，培育出担当民族复兴重任的新时代大学生。

第三章
大学生“五爱”教育的现状研究

笔者制作了关于大学生“五爱”教育调查问卷，问卷内容及统计分析结果如下。

参与本次“五爱”教育调查问卷的人员是高校大学生群体，从表3–1的数据可看出其中来自农村的高校大学生占最大比重，其次是城市，最后是城镇。从这里可以看出一个新趋势，参加本次调查问卷的高校大学生很大一部分来自农村，从这里可以看出，在国家发展的过程中，农村的发展趋势越来越好，而且教育资源和教育普及也越来越好，更多的农村孩子走进高校大学的课堂，了解国家发展的方针政策，从而走向社会各界的岗位，投身于祖国建设的进程中。

1. 你来自哪里?（单选题）

表3–1　案例数据部分数据分析

选项	小计	比例
A. 城市	415	35.59%
B. 城镇	279	23.93%
C. 农村	472	40.48%
本题有效填写人次	1166	

参与本次调查问卷的人数占比重最大的是大二，其次是大一、大三，最后是大四。从表3–2中我们可以看出，大一、大二、大三的人数相对较多，而参与度最低的就是大四的学生，从实际情况分析大四的学生要面临更多的压力，一是学业的压力，二是就业走向岗位的压力，各种因素综合在一起最后得出的结果就是大四学生的参与度远远要比其他年级低，而且低出很多，所以在教学的过程中要提高大四学生的认知度，让大学生

在就业实践的过程中也要加强对“五爱”教育的学习，对国家方针政策的学习，促使高校大学生全面发展。

2. 你的年级是?（单选题）

表3-2 “五爱”教育调查数据

选项	小计	比例
A. 大一	354	30.36%
B. 大二	471	40.39%
C. 大三	304	26.07%
D. 大四	37	3.17%
本题有效填写人次	1166	

第一节 大学生“爱己”教育的现状分析

一、大学生为什么要爱自己?

为了追求清晰且充实的生命体验和追求幸福的途径。对自我的珍视意味着直面内心深处，始终关注自身的存在价值，并坚信其不可替代的重要性。唯有如此，才可能洞察到哪些因素妨碍了幸福，又有哪些元素能让人们感受到真正的幸福；大学生们需要了解如何让日常生活得到满足而非整日沉溺于宿舍内的电子设备中，抑或心灵陷入无尽的空虚之中。只有深刻理解自我，方能实现生活的幸福。否则总会觉得少点什么——也许就是少自己。

如果一个人热爱自我，他便拥有坚定的核心情感基础。他会感觉到内心的安宁和平静。从这一牢固的基础出发对待生活以及学习，将会展现出强大的自信。你不再惧怕生活带来的压力，反而相信自己足以掌控人生，吸纳所学知识以充实自我。有了这种自信，人际关系也会更加和谐融洽，即使偶尔出现矛盾冲突也能坦然接受，而不必担心自我受到质疑。

避免被负面情绪侵扰的关键在于自我关爱。对于那些无法善待自己的人来说，负面情绪就像一块不断吸收水分的水泥板，早晨起床时的干爽清新逐渐被夜晚带来的潮湿压抑取代，只想着倒头大睡，对待他人总是恭敬有加，对待亲人则如同春风般关爱周到，但实际上已经积累了大量的消极情绪，一旦被压迫，就会迅速蔓延，甚至生出轻生的念头。

二、大学生“爱己”情况现状调查

从本次参与调查问卷的情况来看（表3-3），可以直观地发现，在参与调查问卷的1166人中65%的人对于自己的学习生活时间都是有计划，但是不能坚持多久，这次调查问卷也反映出当代大学生在高校学习生活中的主要问题，步入大学校园不能做到科学高效的学习，对于自己的学习生活也没有目的性，而且没有毅力坚持不懈地去做一件事。这个问题会导致大学生在高校学习的过程中浪费时间，最后一事无成。所以高校在教育的过程中要重视这个问题，除了大学生的主观改变还要利用教育的方式方法引导大学生，树立学习目标，科学有效地学习、成长。

1. 你会自己安排学习生活的时间吗？（单选题）

表3-3 “爱己”教育调查数据（一）

选项	小计	比例
A. 完全自己计划并执行	322	27.62%
B. 有计划，但不能坚持执行多久	767	65.78%
C. 没想过，也没有计划过	77	6.6%
本题有效填写人次	1166	

在日常生活中，个人情绪往往会对我们产生很大的影响，在一定程度上会影响人们的学习、生活、工作和与他人的交往，所以这也是需要重视的问题之一。在本次参与调查的1166人中有71.78%的人在遇到心中不愉快的事情都会通过自我调节来解决，从个人方面可以看出，当今的高校大学生有很强的自我调节能力，在遇到问题首先都会自我调节，但是也面临着一个新的问题，那就是大学生能自我调节到什么程度，再者，在1166个参与人员中还有51.89%的人是通过找朋友或父母老师倾诉，14.49%的人通过找他人发泄，16.72%的人是闷在心里（表3-4）。高校在教育的过程中要引导大学生用合理的方式来解决情绪问题。

2. 如果你遇到了心中不愉快的事会怎样做？（多选题）

表3-4 “爱己”教育调查数据（二）

选项	小计	比例
A. 找朋友或父母老师倾诉	605	51.89%
B. 找他人发泄	169	14.49%
C. 自我调节	837	71.78%
D. 闷在心里	195	16.72%
本题有效填写人次	1166	

参与本次调研的年级有大一、大二、大三、大四，人员分布各个年级都有涉及。对于毕业之后的设想每个人也给出了不同的答案。对于毕业的目标51.63%的人还是选择找一份稳定的工作，大部分人都向往稳定的工作，而37.22%人还是选择继续读研深造，剩下的就是目标模糊和从未想过的人员，他们占的比重相对较小，但是针对这一问题还是要引起重视（表3–5）。

3. 大学毕业后你想做什么？（单选题）

表3–5 “爱己”教育调查数据（三）

选项	小计	比例
A. 继续读研深造	434	37.22%
B. 找一份稳定的工作	602	51.63%
C. 目标模糊	115	9.86%
D. 从未想过	15	1.29%
本题有效填写人次	1166	

通过本次的调研我们可以看出，面对这一情况，90.31%的大学生还是非常尊敬和崇拜这些为人民利益牺牲的英雄，作为有独立思考能力的大学生来说，高校的思想教育还是非常有成效的，大学生们尊敬这些英雄，也高度认可这种奉献和牺牲精神，这样的行为会更有利于大学生们步入社会的各个岗位，但是在1166个大学生中，还是有0.86%的大学生会认为这样的行为很傻，这是要引起我们注意的问题，这种声音虽然只占少数，但是，我们还是要采取有效的方式，转化大学生的思维方式（表3–6）。

4. 你怎么看待那些为人民利益而牺牲的英雄英勇行为？（多选题）

表3–6 “爱己”教育调查数据（四）

选项	小计	比例
A. 非常尊敬和崇拜他们	1053	90.31%
B. 牺牲固然伟大，但生命更为重要	356	30.53%
C. 如果面临这样的问题我也会这样做	323	27.7%
D. 他们很傻，我才不会这样做	10	0.86%
本题有效填写人次	1166	

根据表3–7的调研数据显示，有76.84%的大学生会选择在假期期间兼职，这不仅能够积累自己的社会实践经验，同样也会得到一份报酬，有50%的大学生选择了旅游来缓

解学业压力，有49.31%的大学生选择了做志愿服务工作，这虽然从侧面证明了高校开展一系列志愿服务活动的影响力，但占比仍然偏低，大学生志愿服务意识仍需要加强教育和引导。

5. 如果假期允许你参加任何活动，你会参加怎样的活动？（多选题）

表3-7 “爱己”教育调查数据（五）

选项	小计	比例
A. 兼职	896	76.84%
B. 志愿者	575	49.31%
C. 旅游	583	50%
D. 其他	279	23.93%
本题有效填写人次	1166	

此次调研主要面向各专业、各年级的大学生，共收集10521份调查问卷，主要调研疫情后大学生的思想动态变化。通过此问题的回答情况可以看出，大学生群体在经历过新冠疫情后对生命、个人价值和人生品质有了进一步的认识，有41.36%的大学生收获了对生命新的认识，有31.09%的大学生认为要积极提升自身价值，对自己负责，有15.58%和11.36%的大学生认为要积极提升人生品质，用实践锻炼自己的身体，丰富自身的精神世界（表3-8）。调研数据充分说明，在疫情后，大学生在“爱己”方面收获颇丰。

6. 疫情后，在“爱己”方面您的收获如何？（单选题）

表3-8 “爱己”教育调查数据（六）

选项	小计	比例
A. 懂得珍惜生命、珍惜青春、珍惜机遇	4352	41.36%
B. 懂得热爱身体、关爱心灵、提升品质	1639	15.58%
C. 要探索自身价值，做好职业生涯规划，寻求成功路径，对自己行为负责、对自己成长负责、对自己未来负责	3271	31.09%
D. 要修德以立身、勤学以增智、健身以强体，做到自尊、自爱、自信、自立、自强	1195	11.36%
E. 其他收获	64	0.61%
本题有效填写人次	10521	

根据表3–9的调研数据显示，在疫情后，大学生在心智上趋于成熟，有33.88%的大学生认为自身的心理素质得到了提升，有28.17%的大学生认为自己的心态发生了积极的变化，并对自己的性格形成了正面的影响，有26.52%的大学生认为在经历了疫情后，自身的心智水平有了提升，也有10.43%的大学生收到了伟大的奉献精神的鼓舞，拥有了为他人服务的意识，但是我们要注意到，此部分所占比重较小，未来还要加强对无私奉献精神的教育和引导，积极开展、开设相关活动及课程。

7. 疫情后，您在自身心理成长方面有哪些收获？（单选题）

表3–9 “爱己”教育调查数据（七）

选项	小计	比例
A. 心理变得更加强大，小事不再烦扰于心	3565	33.88%
B. 心智更加成熟，遇事思维更加灵活	2790	26.52%
C. 心态变好，性格较比之前温和，不易怒不暴躁	2964	28.17%
D. 拥有了奉献精神，愿意为他人服务	1097	10.43%
E. 其他	105	1%
本题有效填写人次	10521	

大学生在成长的过程中，在学习的实践中，都应该明白并清楚地了解对于自身的利弊关系。“爱己”是所有外向思维思想以及行动的前提，只有把更好的“爱”自己作为基础才能去做更多感性和理性的事情。梁启超先生曾说过“少年强则国强”，新时代大学生只有做到自觉、自律、自强、自立用坚定的信念来抵抗时代变化带来的诱惑和影响。勇于改变自己，敢于否认自己，在新时代党的指导思想下做到社会主义核心价值观的最高领悟，坚持与时俱进的先进思想，为实现中华民族伟大复兴的重大任务而全面发展自我。

三、大学生“爱己”现状调研分析

现今大学生自觉、自律、自强、自立性的比例逐渐削弱。很多大学生表示因休闲时间不知该做些什么而变得迷茫，导致沉迷其他富有吸引力的事物，比如网络游戏。21世纪新时代，网络的普及覆盖无疑成了大学生的“新生活”替代品。它代替了信封、书本、思想、知识等很多日常所需的事物，也理所应当的替代了大学生对于事物或目标完成的过程中所付出的努力。

在当下新兴互联网时代中，大学生对于网络的执着力是无须质疑的。无论何时何地都离不开网络信息的传递与共享，以前都是无法想象的，当然这也不一定标志着时代的封闭性，它自有其利于社会发展的地方。教育、学习、工作、生活、思想、资源共享等这些都代替了以前烦琐而漫长的效率性和时效性。对于这种利弊共存的文化模式，我们大学生需要对此做出相应的对策，才能获得双赢。

心理学相关研究成果发现，许多大学生的日常生活问题与困惑并非源自其成年的生活状态，而是在他们求学阶段受到的教育影响及约束。他们在早期形成的习惯会在不知不觉中主导他们的内心思维和外部行动。

四、如何开展大学生“爱己”教育

作为国家未来的栋梁和民族的寄托，大学生的培育至关重要。自我教育的实施是“五爱”教育体系的基础，如果这个基础没有打好，整个系统将会受到严重的影响（图3-1）。

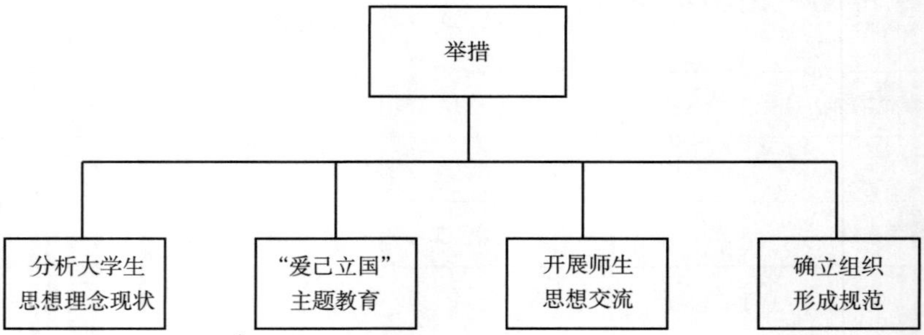

图3-1　开展大学生“爱己”教育的举措

（一）分析大学生思想理念现状

结合社会发展推进大学生“爱己”理念的自觉、自律、自强、自立性，完成大学生在教育模式的引导下实现自我发展、自我控制、自我评价、自我认识、自我完善的心理目的机制。

（二）开展关于“爱己”的教育

指导大学生思想知识扩展，开设大学生思想引导等课程，在教学的模式下正确地树立大学生成长的目标以及思想观念的积极性。

（三）组织师生思想交流

师生思想教育交流会引领大学生积极向上的发展思维，营造大学生励志拼搏的校园氛围。为了正确引导他们树立完善的世界观、人生观和价值理念，我们需要实现对他们思想上的指导。

（四）对思想工作日常教育管理

给大学生在各方面做出标准的规范。并正面指出大学生对于身心普遍的心理状况，做出相应的指导对策，鼓励大学生敢于否认自己，勇于改变自己的自我定律。

（五）开展大学生“爱己”教育系列活动

大学生“爱己”教育可以开展下列活动：“珍爱生命，安全第一”安全教育活动、“职业规划”活动、“志愿者”活动、“大学生恋爱观”教育活动、“书信写未来，感恩致友谊”活动、“为你青春加油”万人签字活动、“衣旧焕新”活动、“大学生励志微电影”征集活动、“卫生文明校园”活动、“主题辩论”活动、“主题演讲”活动、“书画作品”征集活动、“读书分享会”活动、“早操”活动、“礼仪养成”活动、“文明养成”活动、“阳光足球”活动、“专业大赛”活动、“死亡体验”活动、“心理情景剧”活动等。

（六）加强社团活动实践对大学生的影响

社团活动作为大学生活重要组成部分，在影响大学生思维成长的过程中发挥着深远作用。社团开展的各色活动会给大学生社团营造新型正确自爱观的社团新文化。社团文化是校园文化的有机组成部分，发挥社团文化对大学生自爱观的影响具有重要意义。

（七）充分发挥心理辅导适时介入作用

自我尊重教育和社团活动只能对一部分大学生的自我尊重观念产生积极的推动和影响，但并不能对特殊大学生的自我尊重观念产生影响。对于极度缺乏自我尊重或者极度缺乏自我尊重的大学生，高校心理辅导机构应当适时介入，以消除可能产生的负面影响。几乎所有的学校都设有大学生心理健康中心或其他具备心理辅导功能的组织机构，这些机构应该在大学生自我爱护观念的修正上发挥作用，尤其是对那些不懂得珍惜生命的大学生进行自我爱护观念的重塑。他们正处于塑造大学生的世界观、人生观和价值观的重要时期，无疑会面临许多挑战，例如学业压力和就业压力等。为此，及时给予他们有效的帮助非常必要，尤其对那些正在承受特殊心理压力的大学生。这有助于他们构建自尊、自爱的精神世界，让他们更加热爱生活，珍视生命。对那些极度缺乏自爱的大学生投入更多的关注，预防危险情况的发生；同时，对那些极度自爱的大学生同样需要提供相应的帮助。只有这样，特殊的大学生群体才能得到重视和帮助，高等院校的心理咨询服务才能在塑造大学生正确自爱观中发挥应有的作用。

（八）建立健全以辅导员为核心、思想政治理论课教师协同参与机制

高校教育工作者需要承担起大学生正确自爱观教育的实施和推广的责任，他们需要充分利用辅导员职业的服务育人功能。作为大学生的精神导师和亲密朋友，辅导员始终在大学生成长的最前线，负责大学生的思想政治教育和日常事务管理等工作。因此，辅导员也是高校中分析大学生自爱观问题和进行大学生自爱观教育的关键力量。

附：大学生“爱己”教育实施方案

“浪漫心引力”大学生恋爱观主题教育

一、活动背景

步入大学，大学的生活环境及同学们的思想观念相较之前都发生了改变。大学相对高中更加宽松，学生们拥有自由的环境，大学自然也就成为培植爱情之花最肥沃的土地。

大学生恋爱一直是大学校园的热门话题，恋爱和学业成了大学生在校期间面对的两个主要问题。它们已经成为我们日常生活中必须解决的两个重要问题。正确的恋爱方式有助于促进我们的学习与工作，并帮助我们提高我们的成绩。相反，如果我们的恋爱方式不够好，我们的注意力会被打乱，导致我们的工作效率低下。当代的大学生已经不再拘泥于传统的礼仪，而是开始热切地渴望并寻找真正的爱情。

二、活动目标与意义

懂得恋爱观，同学们懂得什么是恋爱观，使同学们能够更好地理解和认识恋爱。恋爱观是当代社会条件下经济和道德的产物，对于大学生，要提倡树立科学的恋爱观。大学生要树立正确的恋爱观念，让大学爱情成为青春记忆里最美的风景，而不是终身的遗憾。

三、活动主题

“浪漫心引力”大学生恋爱观教育活动策划案

四、组织实施

（一）前期准备

1. 进行大学生恋爱观问卷调查，进行统计，调查分析。

2. 收集关于爱情和恋爱的歌曲和电影，名言和故事。

3. 制作PPT主题课件。

（二）活动过程

1. 通过莫文蔚的《爱情》引入主题，讲述大学生恋爱的特点:普及化、大众化、理智化、非理智化。

2. 请现场两对情侣上台做代表完一个信任游戏。女生在前男生在后，相隔一段距离，

女生往后倒，男生接住女生。

3. 通过一些有趣的游戏，让学生更好地了解他们的恋爱模式。

4. 通过深入分析，我们可以更好地了解学生的恋爱类型，并为他们讲解这些情况。

5. 让学生发表自己对待大学生恋爱存在的问题、看法和见解。

讨论不理性的恋爱消费所造成的经济负担，甚至因为借钱影响自己的生活以及家人、朋友之间的关系，是不是得不偿失的。

6. 以“不求天长地久只求曾经拥有”和“不求曾经拥有只求天长地久”为话题展开一个小型的辩论会。

（1）请大家深入探讨本次辩论的话题，并在3至5分钟内进行讨论。

（2）时间到后让大家选择自己支持的一方，并开始辩论。

7. 结合PPT及学生的观点，辅导员给予分析与总结。

通过教育，让学生了解恋爱的各种形式，培养正确的爱情态度和心态。

五、工作经验与启示

在这场充满激情的班会中，我们不仅能够深入地理解恋爱观念与价值观，而且能够在讨论中分享出彼此的独到见解与认知。每个人都积极参与，现场气氛十分火爆，令人难忘。同学们也结合了自己的见闻和经历，各自陈述了见解和看法。通过这次活动的举办，希望同学们可以树立正确的恋爱观，能够正确地对待生活中的挫折和不如意，摆正爱情在人生中的位置。

通过本次活动的举办，希望同学们在恋爱方面要注意克制和调节，注意转移和升华，通过参加各种文娱活动或者与恋人多谈谈学习和工作，把恋爱行为限制在社会规范内，不至越轨，使爱情沿着健康的道路发展。希望学生可以端正恋爱动机，树立正确的恋爱观，发展适当的恋爱关系。恋爱是人生的一件大事，但并不是人生的全部，大学生应该以学业为重，因为学习是大学生进入大学校园的主要目的，坚持本着学业高于爱情主张，以学业为主，不宜过早得恋爱。但是同学们也不要认为爱情是学业的绊脚石，处理得好的话，爱情也可以对学业起到催化作用的。

恋爱是一种寻求共同目标、携手共度余生的过程。通过此次恋爱主题活动，更加认真、深入地思考自己想要什么样的爱情，什么样的爱情观是合理的、正确的，该树立怎样的爱情观。学生应该明确学习与恋爱之间的关系，事业与恋爱之间的关系。现在是一个现实的社会，只有学习和事业作为坚强的后盾支持，才会收获崇高美满的爱情。

第二节
大学生“爱家”教育

一、为什么开展大学生“爱家”教育

优秀的家庭伦理观念和良好的家庭教育理念，将中国传统的社会主义核心价值观融入个人的日常生活中，从而形成了丰富多样的“家文化”。“家文化”是中国传统文化的一个显著特征，也是国家文化的基石和主要组成部分，是实现家国同构的条件和培育家国情怀的实际途径。大学应该强化“家文化”的教育，以学校的办学特色为核心，深入挖掘“家文化”的教育价值，构建校园的“家文化”道德教育体系，并将其融入大学的思想政治教育中，这将有助于推动大学思想政治教育取得更好的效果。

（一）“家文化”是思想政治教育的需要

人的互动和交流构成了思想政治教育的本质，它是一项涉及个体之间的人际活动。通过构建一种“家庭式”的思想政治教育情境，我们可以利用情感上的关爱、友谊、尊重和关心来影响教师和大学生，从而提升他们对彼此的亲切感和满足度，并由此产生积极的影响，使人们更愿意接受这种教育方式。

（二）“家文化”是“以文化人”的需要

习近平总书记在全国高校思想政治工作会议中指出，加强高校思想政治工作，要更加注重以文化人、以文育人。这为新形势下探索思想政治教育新举措提出了更高要求。“家文化”融入日常思想政治教育的工作格局，强调用熟知的“家文化”影响人、规范人、培育人，是“以文化人”在方法上的丰富和拓展，更是坚持“以文化人”的一种实践态度。[1]

（三）“家文化”是新时代思想政治教育需要

新时代的社会需求为新阶段的思政教学任务带来了全新的考验，同时也给教师们明确了实践的方向。我们可以在主题为“家庭文化”的情景中培育社会主义的核心价值观念，这有助于激发接受教育的个体对自身的认知与反思，从而实现有效的教育成果。这也是一种可以用来适应教育目标的变化及外部环境影响的方法，提高思想政治教育的效果。

---

[1] 张霞.“家文化”融入日常思想政治教育的实践探索——以江苏科技大学外国语学院为例［J］. 开封文化艺术职业学院学报，2020.

二、大学生“爱家”情况现状调查

从表3-10中我们可以看出，参与本次调研的大学生群体中有48.46%的大学生是家里的独生子女，有40.82%的大学生有一个兄弟姐妹，而其他的情况则占少数。由此情况我们可以看出大学生的家庭结构，高校可以通过这一数据结合大学生自身的情况，选择对应的教育方式，以加强大学生对“爱家”教育的认识。

1. 你在家中是?（单选题）

表3-10 “爱家”教育调查数据（一）

选项	小计	比例
A. 独生子女	565	48.46%
B. 有一个兄弟姐妹	476	40.82%
C. 有两个兄弟姐妹	82	7.03%
D. 有两个以上兄弟姐妹	43	3.69%
本题有效填写人次	1166	

通过表3-11中的调研结果我们可以看出，大学生对自身情况和自身家庭情况的认知度都是很高的，在喜欢的东西价格昂贵，家庭经济条件不能承受的情况下95.11%的大学生还是不会执意让家长购买，对于爱家、爱父母、爱自身这一层面还是很好的。但是通过这次调研我们也可以看出其中存在的问题，有4.89%的大学生还是会选择让家长购买，针对这一情况，高校和大学生家庭之间还是要构建起良好的沟通渠道，采取适宜的方式去解决这个存在的问题。

2. 如果你的同学有一件你非常喜欢的东西，但是超出了你的家庭承受范围，你会执意让父母给你买吗?（单选题）

表3-11 “爱家”教育调查数据（二）

选项	小计	比例
A. 会	57	4.89%
B. 不会	1109	95.11%
本题有效填写人次	1166	

通过表3-12的调研结果我们可以看出68.78%的同学和家长偶尔还是会有争吵的，其中26.84%的同学和家长几乎没有争吵，而4.37%的大学生还是经常和家长有矛盾和争吵。高校在进行“五爱”教育的过程中还是要重视这个问题的。要引导大学生学会和家长相处，以减少这种家庭矛盾。

3. 你和父母会有矛盾与争吵吗？（单选题）

表3-12 “爱家”教育调查数据（三）

选项	小计	比例
A. 几乎没有	313	26.84%
B. 偶尔会有	802	68.78%
C. 经常会有	51	4.37%
本题有效填写人次	1166	

本次调研主要针对两个问题：一是和家长联系的次数，二是是否有和家长表达过爱意。通过表3-13的数据可以看出，一周联系2~5次的人数占53.43%、一周一次的人数占28.64%、二~三周一次的占12.95%，从这里我们可以看出多数同学和家里联系的次数还是很频繁的。在和家长表达爱意这一方面有23.58%的同学和家长表达过，有15.95%没有和家长表达过。所以在和家长沟通这一环节中还是存在问题的，有的大学生和家长联系少而且有较多的同学没有和家长表达过爱意。

4. 你多久和父母联系一次，联系的时候表达过爱意吗？（多选题）

表3-13 “爱家”教育调查数据（四）

选项	小计	比例
A. 一周2~5次	623	53.43%
B. 一周一次	334	28.64%
C. 二~三周一次	151	12.95%
D. 三周以上	53	4.55%
E. 表达过	275	23.58%
F. 没表达过	186	15.95%
本题有效填写人次	1166	

本次调研我们可以看到高校大学生对家庭付出的情况，在表3-14综合的数据中，我们可以看到有75.47%的大学生在家时会主动做家务，有66.64%的同学会主动减轻父母的负担，但是还有4.63%的同学从未做过家务，高校大学生作为家庭成员的一分子，应该理解付出和责任的重要意义，高校在和大学生家庭构建有效连接的时候应该做到具体问题具体分析，科学有效的开展“五爱”教育活动，解决这一具体问题。

5. 你对家庭付出过什么？（多选题）

表3-14 “爱家”教育调查数据（五）

选项	小计	比例
A. 主动做家务	880	75.47%
B. 主动减轻父母的负担	777	66.64%
C. 从未做过	54	4.63%
本题有效填写人次	1166	

从表3-15调研数据中我们可以看出，在疫情后，大学生的家庭观念得到了显著增强，并有22.61%的大学生认识到了家风传承的重要性，有14.7%的大学生认为要怀揣感恩之心，弘扬家庭美德，“爱家”教育得到了进一步的发展，但我们要注意到，关注家风和家庭美德的大学生占比仍然偏低，在后续的“爱家”教育中，应促进教育内容的创新发展，用实践引导更多大学生关注家风和家庭美德的传承。

6. 疫情后，在“爱家”方面您的收获如何？（单选题）

表3-15 “爱家”教育调查数据（六）

选项	小计	比例
A. 家庭观念变强，热爱自己的家庭、关心自己的亲人	6023	57.25%
B. 要传承良好的家风，自觉维护家庭和睦，浓厚邻里友情，自觉帮助家人成长进步	2379	22.61%
C. 同荣辱、共患难	511	4.86%
D. 要弘扬家庭美德，尊老爱幼、明事知礼，学会感恩、懂得报恩	1547	14.7%
E. 其他收获	61	0.58%
本题有效填写人次	10521	

三、大学生“爱家”现状的调研分析

（一）在照顾父母方面

通过观察大学生在家务劳动、职业规划、对父母健康的理解及是否能在父母病痛期间提供照护这几个方面的表现来看大学生的孝道体现。前文中数据表明，大部分大学生已经意识到要帮父母分担一些家务，并且关心他们的健康情况，当父母需要的时候也能积极地去照顾他们。然而，仍然有一部分人在这两点上缺乏意识或思考不够全面。

（二）在尊重父母方面

人非圣贤，孰能无过。在教导子女的过程中，家长可能会出现失误。为深入理解大学生在尊敬父母方面的实际状况，笔者设计了一份调查问卷，其中包括：当父母犯错、要求你做某些事或遇到家庭重大问题的情况下大学生的反应。数据表明，大部分的大学生已懂得如何尊重父母的意见，同时也能够让他们的观点被父母所接受，但仍然有一部分大学生无法正确地同父母交谈并达成共识，甚至在面对事情的时候一意孤行，全然不顾及父母的感受。

（三）在对父母的精神慰藉方面

通过对大学生家庭背景的深入研究，包括他们的家长的生日、兴趣喜好及与家庭的交流互动等多个维度进行了数据收集分析。数据显示，大部分大学生都能够记住并尊重父母的生日，并且会主动为他们送上祝福；同时，他们也能理解并接受父母的个人偏好，经常电话慰问或陪伴父母，与父母交谈。但也有一些大学生未能做到这一点，他们在日常生活中忽略了父母的生日，无法准确把握他们的个性化需求，而且只会在需要帮助的时候才会拨通父亲母亲的号码。

四、如何开展大学生“爱家”教育

家庭是社会构建的基础，其优良的建设将促进社会的进步。人们在生命的每一个阶段都与家庭有着紧密的联系（图3–2）。

（一）精神层面的建设，对于“家庭文化”宣传的深度和广度至关重要

精神层面包含了内在价值观与外部行动规范之间的联系，反映出个人对其目标的执着追求。我们需要加强“家庭文化”的精神影响力，深入挖掘传统家族中的精髓，并善于利用现代流行趋势来聚集、提升与完善这些内容，从而更有效地诠释了新时期下的“家庭文化”的核心意义，使年青一代能在无形中受到统一思想的影响，进一步提高他

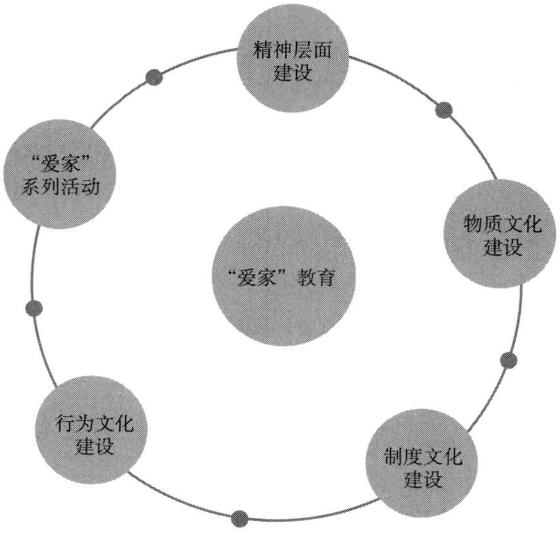

图3-2 开展大学生“爱家”教育的五大方向

们对家庭的认同感及合作精神。“爱国、敬业、诚信、友善”这四个词语代表着现代社会所倡导的家庭道德观，它们构成了“家庭文化”深层次的内容，有助于塑造年轻人热爱祖国、遵循职业操守、诚实待人、乐于助人的品质特征。

（二）构建物质文化基础，打造“家庭文化”的根基

大学的物质环境与文化之间存在紧密的内在关联。在大学的人文景观中，我们需要重视特定的“家庭文化”含义，让人文景观包含丰富的“家庭文化”元素，突出一个家庭的发展历程，激发成员对家的归属感；完善“家庭文化”活动设施，改善学习环境，满足大学生的成长需求，营造家的温馨感；以人性化的理念改善校园生活环境。提升“家”的舒适度。大学可以通过高层次的规划和统一的计划，结合各种节日来举办主题为“家文化”的活动，定期邀请优秀的校友分享他们对“家”的感受，通过多样化的家文化教育活动来增强“家”的吸引力。

（三）我们需要构建一种制度文化，培育“家庭文化”的规范

高校在“家文化”认同的基础上构建具有约束、指导、规范和协调作用的内部规定，能催生制度运行内在推动力。首先，丰富家规的内容，增强青年对“家”的担当意识。完善规章制度，规范工作流程，强化制度建设和执行的重要性，建立健全一切按“规”办事的机制。其次，增强家规的文化活力。通过多元层级学习活动，构建中心组学习、党支部政治学习、团支部青马工程学习的三级学习体系。最后，夯实家规文化的基点。以尊重青年发展的内在需求和客观规律为出发点作为制度建设的基石，强化家规

的育人功能，不断提升管理制度的民主化、科学化和人性化。❶

（四）培养行为习惯，创造“家庭文化”的环境

蔡元培先生曾强调“道德不仅仅是记住几句格言，更重要的是要付诸实践”。通过将“家庭文化”融入大学生的日常思想政治教育中，使其深入专业学习、班级集体、公众宣传，学校文化以及教师和大学生的日常生活中，从而扩大思想政治教育的影响力和感染力。首先，我们需要强调行为规范，增强年轻人对家庭责任和使命的认识。以社会主义核心价值观为指导原则，引导青年以文明行为为榜样，始终关注自己的言行举止。其次，我们要树立优秀典范，提高年青一代对“家庭”的归属感。举办示范引领活动，不断形成榜样教育机制，使优秀的大学生能够成为“家文化”的主要传播者。最后，我们要凸显主题活动的机制，增加年轻人对“家庭”的责任心。牢固树立“文化凝聚人心，思政催生动力”的思想，将社会主义核心价值观的思想、内容、方法与“家文化”建设有机融入，达到引领人、教育人、感染人、激励人和塑造人的目的。❷

（五）“爱家”活动的开展

个人的品质塑造及人格发展会受到诸如家庭教育、家族传统教诲、家庭环境等多方面的影响。一套优秀的家规可以推动有效的家庭教育。家训是基于家规的一种行为准则，它体现了整个家庭的行为方式和生活理念。同时，家风是一种由这些规范和原则衍生出的精神面貌，展示出家庭的道德水准和社会价值观。中国古代文明倡导个体应友爱他人，家庭需有礼仪之举，国家和族群间应和谐共处。个人与家庭的关系紧密无间，家庭又构成了社会的细胞，这三个元素之间的联系和互动至关重要。从古至今，我们一直重视“忠诚”和“孝道”文化的培养。将效忠祖国和个人修身齐家的关系紧密联系起来，这种思想有助于加强当代大学生的人文素养和精神引导。

优良的家教理念和社会主义核心理念之间存在着相似点，无论是严格遵守的规定还是传承下来的历史教训都对个人品质的教育起到了关键作用。这些规定或经验的目标在于实现家庭的和平共处并维持社会的稳定发展。当代大学生的任务就是恰当地履行他们的义务，重视节俭的生活习惯并且把培养个人的素质作为优先考虑的事情。他们需要根据实际情况来处理各种复杂的问题，从家族的历史中汲取智慧并在适当的时候采用不同的解决办法去建立优秀的规矩和生活准则。同时要保持一种平衡的心态去看待生活，改善内部及外部的社交环境，这有助于构建出积极向上的互动模式。

开展大学生“爱家”系列活动。可以以如下主题开展大学生“爱家”系列活动：“我

---

❶ 张霞. 高校“家文化”思想政治教育的功能及实践路径［J］. 科教导刊，2020（24）：2.
❷ 同❶。

爱我家”主题宣传活动；“纪录片——我家那点事”主题活动；“时间胶囊—我的年轮与父母的年轮”主题活动；“畅想未来家庭”主题活动；观看“感恩父母”主题电影；“蜗牛时光”文化交流活动；“纸鸢寄情”主题活动；假期实践活动；“寻味—家”主题活动“寻宝—家”主题活动；“温情视频”主题活动；“家书”主题活动；感恩父母演讲比赛；“品家风”主题活动；“全家福”主题活动；“家庭趣事”主题活动；“爱家语录”主题活动；“新时代红色爱家”主题活动等。

附：大学生“爱家”教育活动实施方案

开展2021年大学生寒假主题教育活动

各分院团委、青马工程三期团支部：

2021年，是中国共产党一百周年诞辰，也是“十四五”规划的启动年份。为了更好地理解和实践习近平新时代中国特色社会主义思想以及党的十九届五中全会的精神，我们计划在2021年的寒假期间，在疫情防控常态化的环境下，由校团委组织并进行大学生的寒假主题教育活动。现将具体活动通知如下：

一、活动内容：爱家篇——献上一份对父母长辈的关怀

在这个特殊的假期里，大学生的首要任务就是遵循学校的防疫规定并听从家庭所在地的防控指导。他们需要坚守“无必要不出户”的原则。这个特殊时期不仅提供了更多的机会让大学生们能有时间陪伴家人，同时也让他们有机会去培养尊敬老人、关爱家庭的品质。年轻人应该主动参与到这些活动中来，通过在家里的日常生活，如给父母洗脚、做饭等活动，向家长表达自己的关心；或者选择跟长辈聊聊天，分享彼此的心事；再者，可以每天都承担一些家务活，以此来珍视与父母的相处时刻，学习如何去感激和热爱他人。

二、活动要求

各分院团委要做好活动的组织宣传工作，动员本院团员青年积极参与，并根据本院大学生特点做好主题团日的设计。“爱家篇”活动开展后各分院团委要及时征集大学生的感恩故事、图片，并制作成微信推文在分院新媒体平台推送，主题团日活动召开后，各分院团委要及时做好总结宣传。

第三节 大学生“爱校”教育

一、为什么开展大学生“爱校”教育

实施大学生的爱国主义教育项目，加深他们对于学校环境及周边人物事件的了

解，这有极高的实际相关性。由于其真实存在容易被吸收并理解，因此这种从具体到抽象，从表面至内在的方式能持续地产生影响力与教化效果，从而有助于逐步达到大学生思想政治教育的最终目标。同时，强化大学生的梦想和信仰的教育，建立起他们的职责感、政治观念、族群意识和国民意识，有效处理他们的个人精神困扰和现存问题，协助他们在健康的道路上茁壮成长，以进一步达成大学生思想政治教育的教育目标。

二、大学生“爱校”情况现状调查

高校是培养人才的重要阵地，根据表3-16调研的数据我们可以看出，在高校学习、生活的过程中对学校非常满意的人数有18.78%，对学校满意的人数占40.14%，认为学校一般的大学生有35.85%，对学校不满意的人数有5.23%，从大数据观察，大部分大学生对学校的各项条件还是满意的，但是其中仍存在的问题是还有少部分大学生对学校不满意。针对这一问题高校要加强自身的各项建设，同时也要在教育的过程中，加强大学生对自身所处学校的认同感，从根本上解决这个问题。

1. 你对现在所处的学校满意吗？（单选题）

表3-16 “爱校”教育调查数据（一）

选项	小计	比例
A. 非常满意	219	18.78%
B. 满意	468	40.14%
C. 一般	418	35.85%
D. 不满意	61	5.23%
本题有效填写人次	1166	

公共财物属于我们每个人，我们有享有公共财物的权利，也有保护公共财物的义务。本次调研主要观察的是对于他人破坏公共财物时，自身所表现的态度，根据表3-17调研的数据可以看出，当看见有人破坏财物时，有61.49%的同学选择阻止，有25.73%的同学选择抱怨，有12.78%的同学选择视而不见。从这里我们就可以看出问题，公共财物是我们共同拥有的财物，它可以方便我们也可以方便其他人，面对他人破坏财物的行为，除了要教育破坏财物的人，高校大学生作为青年力量的主力军，也应该做到及时阻止，保护好属于我们大家的财物，所以高校也要积极引导大学生要树立正确的价值观。

2. 当看见有人破坏公共财物时，你的态度是什么？（单选题）

表3-17 “爱校”教育调查数据（二）

选项	小计	比例
A. 阻止	717	61.49%
B. 抱怨	300	25.73%
C. 视而不见	149	12.78%
本题有效填写人次	1166	

学校是高校大学生学习和生活的主要场所，也是高校大学生共同的“家”。本次调研的问题是很尖锐的，对于他人指责学校的不足之处，高校大学生面对这一问题要如何解决？在表3-18调研的数据中有38.68%的同学是会与之争执的，而有61.32%的大学生则不会，高校是大学生的“家”承载着里面每个家庭成员的所有回忆，面对这一问题高校要引导大学生选择科学有效的行动解决问题。同时携手保护我们共同的家园，让高校成为每个人温暖的港湾。

3. 对于他人对学校不足之处的指责，你会与之争执吗？（单选题）

表3-18 “爱校”教育调查数据（三）

选项	小计	比例
A. 会	451	38.68%
B. 不会	715	61.32%
本题有效填写人次	1166	

校风、校训、校史是一个学校的历史见证，它们见证着学校的成长，同时也是高校大学生了解学校的重要途径，从表3-19的调研的数据看，有23.67%的大学生非常清楚，有65.09%的同学大概知道，有11.23%的同学不知道。从这组数据看，大部分的同学还处于大概知道的阶段，甚至有少部分同学是不知道的，面对这一问题高校要“对症下药”，可以采取多种方式来提高大学生对学校的认识，例如：主题特色活动、线上活动、实践活动等方式，这些方式不但可以提高大学生对学校的认知度，还可以让大学生深入地了解学校的历史，培养学生的“爱校”情感。

4. 你了解学校的校风、校训、校史吗？（单选题）

表3-19 “爱校”教育调查数据（四）

选项	小计	比例
A. 非常清楚	276	23.67%
B. 大概知道	759	65.09%
C. 不知道	131	11.23%
本题有效填写人次	1166	

高校大学生毕业走出校园，步入社会的各个岗位，是成长的重要环节，同时在成长的过程中也会成为母校建设的重要力量，从表3-20数据上看，有54.72%的大学生选择经常回学校看看的方式关心母校，有43.65%的同学选择当功成名就时为母校捐赠财物的方式关心母校，有42.28%的大学生选择多与老师联系的方式关心母校，还有65.27%的同学选择对学弟学妹伸出援手，虽然同学们选择关心母校的方式都不同，但是可以看出每个同学都用自己的方式去关心、爱护母校。

5. 如果你毕业了，你会选择什么样的方式去关心母校的发展？（多选题）

表3-20 “爱校”教育调查数据（五）

选项	小计	比例
A. 经常回学校看看	638	54.72%
B. 当功成名就时为母校捐赠财物	509	43.65%
C. 多与老师联系	493	42.28%
D. 如果学弟学妹需要帮助，会及时伸出援手	761	65.27%
本题有效填写人次	1166	

在疫情后，大学生对校园和学校的感情明显加深，高校与大学生群体共同经历了严峻的考验，进一步拉近了大学生与学校之间的距离，超过半数的大学生树立了大局意识、集体意识和责任意识，从表3-21中可以看到，有21.69%的大学生意识到了精神对于大学和个人发展的巨大作用，有16.29%和10.11%的大学生认为要将“爱校”融入实践中，以身作则，基于现实条件，高校要不断深入“爱校”教育，创新教育形式，不断巩固学校与大学生之间的桥梁和纽带，围绕大学生，关照大学生，服务大学生。

6. 疫情后，在“爱校”方面您的收获如何？（单选题）

表3-21 “爱校”教育调查数据（六）

选项	小计	比例
A. 树立大局意识、集体意识、责任意识，关心学校发展建设，培养主人翁精神	5381	51.15%
B. 要知校、爱校、荣校，弘扬校训精神，传承良好校风学风	2282	21.69%
C. 要尊师重教、爱校如家，热爱专业、班级、老师、同学，自觉遵守校规校纪	1714	16.29%
D. 讲文明、懂礼貌，维护学校良好形象，为校争光	1064	10.11%
E. 其他收获	80	0.76%
本题有效填写人次	10521	

针对理想的教师与大学生的关系，大学生的反馈呈现出丰富的多样性。从表3-22的调查数据来看，42.21%的大学生持有一种观念，即教师和大学生应当建立友谊，这一观念正好契合当前的主要教育思潮。另外，29.85%的大学生则坚信，最佳的教师与大学生的关系应当是民主的。他们不仅期盼在教授和指导的过程中，可以达到彼此的聆听、理解，还期盼能与老师建立协作，一起面对并处理一些挑战，以此提升个人的发展自尊。根据13.58%的大学生的看法，他们觉得自由的教学方式更适合他们的成长，而6.52%的大学生则觉得对抗的方式更适合他们的成长。这些数字清晰地表明，高校需要更加推广尊敬老师、尊敬他人、热爱知识的价值观，帮助学生们更准确地了解到教育对于每个人的价值。另外，老师在授课的过程中，也需要尽量避免“灌输式的教学”，并且需要尊重每位大学生的独特性。4.52%的大学生则觉得依赖的方式更适合他们的成长。作为教育过程中的核心角色，老师和大学生各具特色，所以，我们需要指导他们调整好学习态度，设定清晰的学习目标，并积极提升他们的自我学习技巧。

7. 疫情后，您认为理想的师生关系是怎样的？（单选题）

表3-22 “爱校”教育调查数据（七）

选项	小计	比例
A. 对立型	686	6.52%
B. 依赖型	476	4.52%
C. 放任自流型	1429	13.58%

续表

选项	小计	比例
D. 民主型	3141	29.85%
E. 家长型	304	2.89%
F. 朋友型	4441	42.21%
G. 其他	44	0.42%
本题有效填写人次	10521	

三、大学生“爱校”现状调研分析

（一）“爱校”认知不深入、“爱校”教育活动效果不明显

“爱校”认知是指大学生对学校的理解程度，这种理解主要基于感性的认识，但真正了解一个学校需要通过理智的思考。“爱校”教育活动就是实现这种认知的载体，它能够检测大学生对学校的认识程度。在开展的爱校主题活动中，只有极少数的大学生意识到这一点，甚至有些人觉得毫无价值。大部分的大学生对自己的母校并没有形成深入地了解，所开展的爱校主题教育活动，他们的参与度并不高，效果也并不显著，只有极少数的同学认为其影响力很大。

（二）“爱校”情感较浓厚，缺乏自豪感

“爱校”情感是大学生对于所开设专业、任课教师、专业课程以及规章制度等是否能满足自身需求的一种满足感。绝大多数大学生都对学校的专业、教师、政策和规章制度有认同感，但只有极少数人对此感到非常满意。一些大学生甚至持有消极的看法，首先，他们认为学校声誉较低；其次，校园活动的稀缺也让许多大学生产生了不满；最后，关于人才培养模式的不清晰也是很多大学生的关注点。虽然如此，仍有部分大学生对自己的母校充满了深厚的情感，他们始终关注着学校的发展，并且会将其与其他同类型的院校进行比较，但是他们又普遍缺乏自豪感。

（三）“爱校”意识较薄弱，缺乏全面性和持久性

“爱校”认知和“爱校”情感虽然都属于“爱校”意识的范畴，但“爱校”意识本身是独立产生的，可以独立地认知和识别关于“爱校”的内容及行为。针对大学生的“爱校”应包含哪些要素这一问题，大多数大学生认为，保护学校的环境设备、主动遵循规定条例、积极维持校园形象是前三位的要素。虽然大多数大学生已经形成了一定的“爱校”观念，但其观念相对较为薄弱，充分说明了实施“爱校”教育的必

要性。然而，在日常的生活中，“爱校”这一词汇的使用频率并不高，表明学校在这方面的宣传推广工作还有很大的不足。有些大学生并未真正理解“爱校”的深层含义，导致他们在对待“爱校”的态度上出现摇摆，因此需要进一步强化“爱校”教育的教育活动。

（四）“爱校”行为较表面，缺乏感恩教育

“爱校”行为是指受到“爱校”意识的驱动，展现出对学校的热爱和决心。大学生在对学校的情感、意识和行为上存在显著的差异，他们的理解和实践并不一致，在意识上积极主动，但在行为上却相对落后，他们能够达到对学校的认同，但对学校的感激却相对罕见。

四、如何开展大学生“爱校”教育（图3-3）

（一）以“爱校”教育活动为载体，加强校园文化建设

在推进大学文化建设与环境塑造的工作中，以下两个方面应引起我们的重视。首先，是校园实体环境的构建，此举是展现学校精神象征的关键途径。因此，我们应该倾力打造一种充满活力且富含文化元素的环境，以引领大学生们热爱学习并尊重知识。其次，是精神层面的提升，这是高等院校的核心任务之一。通过明确的教育理念以及价值观，我们可以协助大学生们建立正确的人生方向，从而推动他们思想意识的提升。

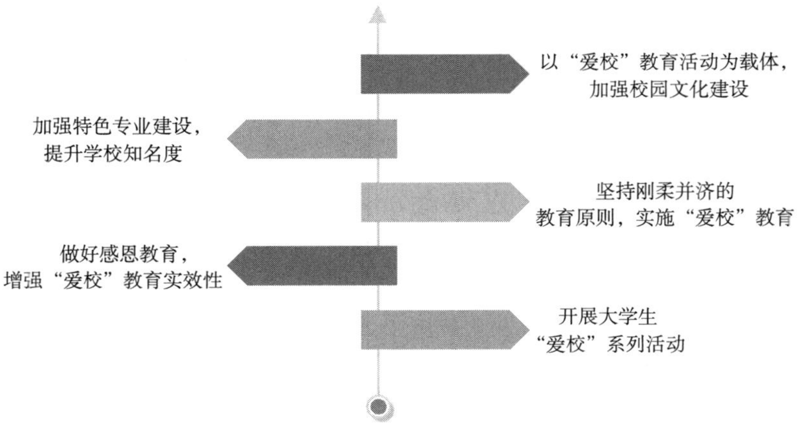

图3-3 开展大学生“爱校”教育的具体策略

（二）加强特色专业建设，提升学校知名度

大学以其独特的职业化、实操性和特质性等特点，通过加强专业建设，进一步深化

了内在发展，同时坚守道德教育的目标。大学生的就业工作应作为做好“爱校教育”的主要方向，全校师生应共同致力于培养能够满足社会和企业所需的全方位技术技能型人才。专业优势对于塑造学校的声望和知名度具有重要作用。具有学校特色的学科建设对高校的进步起着关键作用，它可以从多方面入手，培养大学生对工作的热爱以及勤奋和严谨的态度，进而强化爱国主义精神，践行社会主义核心价值观。此外，教师的人格修养和扎实的专业能力也必须得到重视，严格把控课程的教育教学水平，充分发挥专业课的教育职能，助力大学生全面发展。同时，应充分利用校园的环境教育力量，加强对大学生的指导和引领，让他们产生热爱母校的主流思想。根据自身特点，优化专业建设在育人层面的显著功效，创建名校形象，建立大学生对学校的喜爱之情。

（三）坚持刚柔并济的教育原则，实施“爱校”教育

实施“爱校”教育，是将社会主义核心价值观融入学校环境和思想中的关键环节。这种以热爱学校为主题的教育方式，不仅为实施社会主义核心价值观提供了坚实的支撑，也在推动其实施过程中起到了独特的作用。以管控为核心的教育方法已显陈旧，所有的任务都应该从大学生的角度出发，将他们的进步视为首要任务，坚定地建立起服务育人的观念，利用教师个人的专业能力和热情去积极地影响他们，实现真正的关怀和引导，尽可能地将管理规定转变为他们的个性化需求，从而形成和他们共同进步的良好途径，这同样能够帮助他们培养“爱校”情怀。

（四）做好感恩教育，增强“爱校”教育实效性

感恩教育的实施依赖于教育工作者采取特定的教学手段来传递感激教育的深层含义。这一教育模式旨在培养受教育的大学生理解和表达感谢和感恩，以及回馈善行、同时传递给他人关爱的人文素质。在高等教育机构中，感激教育的推广对于提高大学生的精神文明水平具有积极作用。

一些大学生未能受到感激教育的影响，例如，他们往往只知向父母寻求无条件支持，而忽视了对父母的回报，对教师态度冷淡且缺乏尊敬，甚至未曾考虑过为社会做出贡献。那么，大学生如何把自己的感恩之心转化为“爱校”情感呢？

首先，大学生应致力于勤奋学习专业知识，不断丰富自身的知识储备。其次，学生需要主动参与班级、学院和校园内的各种活动，关注他人的需求，并对所在的团队充满热爱。当面临损害校园或集体利益的情况时，应勇敢地站出来捍卫集体荣誉，为自己所在的学校感到自豪。

作为教师，应关注课堂的感恩育人功能，以及课后以感激为主题的活动，同时评估社交活动中的感恩实践效果。通过让大学生学会感恩引导大学生自主成长，从而激发他们对学校的感激之情。

（五）开展大学生“爱校”系列活动

可开展的大学生“爱校”系列活动如下：“最美大学生”评比活动、“最美校园”摄影比赛、“我爱校园”主题活动、“薪火接力赛”活动、“红色校园一角”主题活动、“触动——教师的品格”主题活动、“高校光辉史”主题活动、“突出贡献教师传记”编写、“诵校风，咏校情”主题活动、“校内植树”主题活动、“校史志愿讲解员”主题活动、爱校演讲比赛、“校园带给我的感动”主题活动、“校园环保主题”活动、校歌比拼大赛、“爱校薪火相传”主题活动、校训征文比赛、“爱在校草木知”主题活动、“校史文化节——最有韵味的校园物件”主题活动、“一屋不扫何以扫天下”主题活动等。

（六）以倡导爱校教育的活动方式，强化校园文化建设工作

学校的文化环境不只是精神文化的体现，也是学校教育理念的象征。高校要塑造一个高雅、活泼、健康的文化氛围，努力整合文化与教育资源，以此提升个人素质，使学校成为涵养优秀先进文化的教育基地。另外，构建精神文化是高校发展的重点之一。校训是学校文化的独特表现，在日常的教育和教学活动中，它能帮助大学生深入理解校训的核心含义，从而建立起对学校文化的认同感。这有助于引导大学生建立正确的世界观、人生观和价值观，理解社会主义核心价值观，并生动地展示了应用型高等学校的精神风貌。

当下，主要的大学生群体是2002年以后出生的年轻人，他们生活在一个信息化、网络化和大数据时代，愿意接纳新的思想观念，喜欢自我独立思考，有自己的见解，对传统的灌输式教育方法比较反感。那么如何在进行学校教育时更好地运用新媒体？

首先，对教育者进行新媒体素养专项培训，使用大学生喜欢的微信、微博、抖音等新媒体平台与大学生进行即时互动，提高学校教育的趣味性和接受能力。其次，全面开展教育系列实践活动，倡导大学生自主参与，强调历史教育的重要性，将其融入大学生们热衷的社团文化活动中；用大学生们喜欢的图片、视频和物品来展示学校的发展历程。让他们深入了解自己学校的校训、校徽和校歌，并理解其背后的深层含义。同时，邀请优秀校友作主题经验分享，推动大学生的健康成长和自主发展。

（七）强化特色专业的发展，提升学校影响力

应用型本科院校需要依托其独特的应用性，执行理论与实践相结合的发展策略，致力于培养出满足企业需求和社会需求的高质量应用型人才。通过持续提升专业特色，增强学校声誉，提高知名度。用特色专业提升学校影响力，培育出对学校怀有厚重感情的大学生。

推动专业特色发展应用型高等学校至关重要，只有激发大学生对实践的热诚、毅力和务实之心，才能成功培养出对学校和国家都饱含热情的新时代青年。教师的职业道德、教学方式以及深厚的专业知识是进行专业特色建设的重要因素，必须严格保证课程教学质量，充分利用每一堂专业课程，让其对大学生的发展有所影响，以促进大学生在

道德、知识、体质、审美观以及勤劳精神等方面的全方位发展。借助大学生活动，根据教育专业的特点，让大学生在潜移默化中增进对学校的热爱，尊师重教，加强对课程的喜爱。加强引导式教育，让大学生对学校的发展和个人的成长产生热情。高校要根据自身特色，全面发挥专业建设中的教育引导功能，依靠“四个必要”构建优秀的人才培养体系，让大学生对学校具有浓厚的情感。

（八）从大学生出发，培养大学生的“爱校”情怀

“爱校”教育要以大学生为本，教育者必须时刻以大学生为中心，以促进大学生的全面发展为核心，始终秉持服务育人理念，通过自身的专业技能和主动的服务精神去影响大学生、教育大学生，努力让“服务育人”取得更大的教育成效，这不仅是与大学生最好的交往方式，也有助于培养他们的“爱校”行为。高等院校需加强对大学生的关心、帮助、支持和引导，尤其是增强对经济困难大学生的帮助；行政后勤工作人员应将“三全”育人的观念转变为“全方位服务”的工作理念，力争构建优质的后勤服务保障体系，提升大学生服务和管理的质量。

（九）持续加强感恩教育

研究表明，多数大学生的感激之情只来源于学校为大学生所做的一些事情，很少有愿意通过实际行动为学校做一些事情。除了强烈的自我意识受到社会环境的影响，笔者认为，其主要问题在于对大学生的感恩教育存在不足，高校进行感恩教育能提升大学生的道德观。与此同时，部分大学生在感恩教育上也面临着严重的缺失，例如过度依赖父母，对教师不尊重等，尽管大多数高校组织了一些主题活动，如“感恩恩师，与你同行人生路”“校园回馈”“感恩，爱我无憾”等，但只有短期的效果，长期实行仍需要进一步推广。教育工作者要将感恩的理念和价值观传达给大学生，让大学生能理解和实践感恩的意义，达到良好的人文教育效果。我们可以持续开展尊师重教、感恩父母等系列活动，通过各种仪式活动来激发大学生对家庭、对学校、对学院、对班级的爱，将积极的情绪作为动力，最终引导他们能够真心热爱学校和集体。与此同时，要持续开展以感恩为主题的课外活动，同时充分利用社会实践活动来引导大学生培养感恩之心，比如，加强对校友交流会、表彰大会等活动的宣传及奖励力度，发挥优秀校友和优秀大学生的示范作用。

附：大学生“爱校”教育实施活动案例

大学生“爱校”教育系列活动

为了宣扬并培养社会主义核心价值观，唤起广大教职工及学子热爱祖国、热爱学校

的情感，提升他们的对母校荣誉感的认识度，建立良好的学习环境，推动他们准确地理解世界的实质与生命的意义，本校决定在学校内全面实施大学生“爱校”教育实施活动。

一、活动主题

爱校荣校　励志成才

二、行动标语

“我们所拥有的荣誉，正是学校的光辉体现”

三、活动安排

1. 推动手抄报比赛，激发大学生对于学校的热爱和尊重。

2. 实施以“热爱祖国、热爱学校”为核心的两轮公开演讲活动，以此扩大校园内外的宣教覆盖面。

3. 确保两次主题鲜明、质量高的班级会议顺利进行。

4. 按照班组的形式组织一场关于“热爱学校和尊敬学校”主题的大型全员参加的演说竞赛活动。

5. 在新的一年即将开始的时候，计划实施一项名为“热爱国家，尊师爱校”的新年庆祝活动。首要任务是举办一次以爱国情怀与学校热忱为主题的歌唱盛宴，借此抒发学子们的心声；接下来，大学生会赠送鲜花或寄送祝福卡片给教师们，同时附上他们的原创文字；然后，可以引导大学生们自编自演有关“忠诚于国，敬仰教育”的短剧、歌曲、舞蹈或是诗文朗读；最后组织“为祖国献身，为了理想而奋斗”的签字仪式，并将所有大学生的名字都展示在校内的大型横幅上，这表明了全校师生共建美丽校园的坚定信念。

6. 组织一场名为“通过实际行为提升学校的荣誉与美誉度”和“向教师表达我的关爱之心”的文章征集比赛。

7. 将在此次活动中表现突出的个人和事迹进行表彰同时，也为各个班级选出的“校园典范”的获奖者授予荣誉证书，并积极推广他们热爱学校的优秀行为及其背后的感人故事。

四、活动要求

各个班级需要根据实际情况精心策划和设计活动，并采用有效的方法，按照总体的要求，统一行动，加大宣传力度，扩大影响力，使“爱国”“爱校”活动不断深化，引发活动的热潮。在活动月期间，通过各种活动灌输爱国主义思想，激发广大学生建立民族自豪感和爱国热情。积极推进对学校的热爱和清洁，所有的大学生都应该自觉遵守大学生的行为准则，尊重教师和同学；严格遵守学校的规章制度，不参与违规行为；保持仪表的整洁，穿着校服；团结同学，行为文明大方；真正实现“举手爱校”，培养“爱校荣校”的习惯。在未来的校园生活中，以集体利益为重，弘扬团结协作的精神，自觉遵守规章制度，秉持积极向上的态度。

第四节
大学生"爱党"教育

一、为什么要开展大学生"爱党"教育

知党爱党教育可以帮助大学生了解党，走进党，信任党，热爱党，树立坚定的理想信念，勇做时代的奋斗者，书写无愧于自己和时代的青春之歌。

（一）关乎中国梦的顺利实现

作为社会的进步动力之一，理想信仰对于国家和民族的发展至关重要，它直接影响其未来的前景及命脉。只有当大部分人拥有坚不可摧的理想信仰并形成一致的精神支持时，才有可能产生强大的聚合力来推进"中国梦"的成功实施。大学生的角色不仅仅是成为某个领域的专业精英或科技领袖，他们还被视为塑造国家未来建设的核心力量，同时也是决定我国未来发展方向的关键人力资源。因此，他们的素质不仅局限于精通特定学科的先进技术和专业能力，还需要具备崇高的品德修养和卓越的政治意识。通过开展"知党爱党"的教育活动，可以使大学生深入理解党的历史背景和国内情况，从而增强他们对党和国家的热爱之情，进一步确立远大的理想目标，愿意为了共产主义的事业付出毕生精力，矢志追求"实现中华民族伟大的复兴"的目标。

（二）促进新时期大学生成长成才的必要手段

大学生正处于世界观、人生观和价值观形成的关键时期。如果缺乏理想信念，最后会导致个人品格的不完善，这将为新时代的大学生的身心健康和未来的成功带来难以预料的巨大影响。因此，强化对大学生的理想信念教育，特别是对他们进行马克思主义基本理论、党史国情和中国特色社会主义理论体系等"知党爱党"教育，将有助于帮助和引导大学生坚定走中国特色社会主义道路的信念。对于党的指导原则的坚定支持，不只是能够增强大学生的政治修养、塑造健全的人格，还能推动他们走向更加成功的未来人生道路。

二、大学生"爱党"情况现状调研

此次调查重点关注了大学生的党员身份获取原因，表3–23中数据显示，超过八成的大学生表示他们是为了国家和人民做出贡献而申请成为共产党员，占比为89.28%；也有近十分之一的人选择为了面子和形象考虑；另外，还有29.93%的比例是出于实际需求，如未来就业等因素的影响；最后，大约占总人数的三分之一的大学生则受到家庭成员期待及要求的驱使。从数据可以看出，还有一部分同学对入党动机的了解并不全面，作为

续表

青年大学生我们要具备更高、更强大的思想政治觉悟，要树立正确、纯洁的入党动机，对于这类问题高校也可以采用多元化的方式引导大学生正确地认识入党动机，助力大学生成为具备高素质的青年后备军。

1. 你认为正确的入党动机是什么？（多选题）

表3-23 “爱党”教育调查数据（一）

选项	小计	比例
A. 为国家做贡献，为社会奉献自己的力量	1041	89.28%
B. 面子上好看	92	7.89%
C. 随大流，别人入党我也入党	90	7.72%
D. 注重现实利益，方便以后找工作	349	29.93%
E. 长辈的期望与要求	356	30.53%
本题有效填写人次	1166	

调研的问题是考查大学生对党的性质、宗旨、奋斗目标、基本路线的了解，从表3-24的数据中可以看出，有24.44%的同学了解得很熟悉也很全面，有54.89%的大学生有所了解但是不全面，有19.3%的大学生了解得不太全面，比较模糊，有1.37%的大学生完全不了解。从这一情况看，还是有一部分同学不了解党的性质、宗旨、奋斗目标、基本路线等，面对这一情况，高校要在原本的基础之上提高大学生的思想觉悟，让大学生在学习和成长的过程中更全面地了解党的深刻内涵，从而在学习的过程中紧跟党的步伐，积极投身于党的建设和祖国发展的进程。

2. 你对于党的本质、目标、斗争理想和基本路径有多少了解？（单选题）

表3-24 “爱党”教育调查数据（二）

选项	小计	比例
A. 很熟悉，很全面	285	24.44%
B. 有所了解	640	54.89%
C. 不太全面，比较模糊	225	19.3%
D. 完全不了解	16	1.37%
本题有效填写人次	1166	

这次的研究调查了一些大学生不愿意加入党组织或者对党产生反感的原因。根据表3-25中数据，55.92%的大学生选择不加入党组织的原因是入党流程过于复杂，68.35%的大学生选择不加入党组织的原因是觉得自己能力不足，思想觉悟不高，27.7%的大学生选择不加入党组织的原因是看到了一些党员的不良行为和党内的腐败现象，25.39%的大学生选择不加入党组织的原因是觉得党员受到了限制。从这些因素看大学生受到的负面影响还是很大的，针对这一问题，高校要积极消除大学生的负面情绪，通过开展多元化主题活动帮助大学生消除负面抵触情绪，积极加入党组织。

3. 你觉得现在部分人不积极入党或对党存在抵触情绪的原因有什么？（多选题）

表3-25 “爱党”教育调查数据（三）

选项	小计	比例
A. 入党程序过于烦琐	652	55.92%
B. 觉得自身能力不足，思想觉悟低	797	68.35%
C. 看到部分党员的负面情况和党内腐败现象	323	27.7%
D. 觉得党员受约束	296	25.39%
本题有效填写人次	1166	

本次调研主要考察的是大学生对中国共产党进程的了解程度，从表3-26中数据中可以看出，有67.32%的大学生经常观看影片了解党的进程，有49.4%的大学生通过参观党史纪念馆了解党的进程，有34.13%的大学生经常去图书馆查阅资料了解党的进程，有9.69%的大学生从未了解过。从这组数据中可以看出，大学生了解党的进程的方式还是多种多样的，但是还是有少数的同学从未了解过党的进程，针对这一情况高校要强化大学生对党的认识，采取多元化的方式来展开活动。

4. 平时是否主动了解中国共产党的进程？（多选题）

表3-26 “爱党”教育调查数据（四）

选项	小计	比例
A. 经常观看影片	785	67.32%
B. 参观党史纪念馆	576	49.4%
C. 经常去图书馆查阅资料	398	34.13%
D. 从未了解过	113	9.69%
本题有效填写人次	1166	

高校大学生是青年群体的重要组成部分，那么如何起到带头作用，让这支队伍焕发出强大的青春活力也就成了高校要解决的重要问题，从表3-27大学生自发的选择中可以看出，有86.28%大学生通过积极帮助老师同学来起到带头作用，有66.38%的大学生选择主动打扫卫生，有80.27%的大学生选择兼顾好学习与工作的关系，有12.95%的大学生则认为大学就是放松的时候自己开心就好，而有3.95%的大学生认为没有必要起到模范带头作用，随波逐流。大学时光是提升自己的重要时期，多数同学对于模范带头作用都有深刻的理解，其中衍生出来的问题是还有少数同学对于自身的发展和进步没有深刻的认识，就选择随波逐流，这是一个严重的问题，高校大学生只有不断提升自己才能在今后的工作岗位上焕发出更强大的力量，也只有这样才能更积极地投入祖国建设的进程中。

5. 大学生怎样起到模范带头作用?（多选题）

表3-27 “爱党”教育调查数据（五）

选项	小计	比例
A. 积极帮助老师同学	1006	86.28%
B. 主动打扫卫生	774	66.38%
C. 兼顾好学习与工作的关系	936	80.27%
D. 大学就是放松的时候自己开心就好	151	12.95%
E. 没必要起到模范带头作用，随波逐流	46	3.95%
本题有效填写人次	1166	

三、大学生“爱党”情况的现状分析

由于传统的党课教育很难引发大学生对党史的兴趣，导致他们对党的理解并不深入。一些大学生选择加入党组织的原因并不单纯，他们只关心党员身份是否能为他们带来好处。这种现象在当代的大学生中普遍存在，他们缺乏对党的认知和觉悟。伴随着大学生党员的人数和规模持续增长，全球和国内环境的持续转变，以及全球、国家所遭遇的各种挑战，对于大学生党员的教育和培养来说，这是一个严峻的问题。

（一）个别大学生理想信念不够坚定

中国已步入社会主义现代化建设新时期，对于大学生党员的理想信仰教育变得更为紧迫且重要。大部分的大学生党员都具有坚定的理想信仰并保持着正确的入党初衷，他们的思维活跃并且积极向上的。然而，受到一些负面影响的社会因素，部分大学生党员的理想信仰开始出现动摇，他们对党的理解并不完全透彻，参与学习活动的热情不足，对待关键问题时也可能会产生错误的态度。

（二）理论学习不够深入

一些大学生党员对理论知识和思想教育的重要性理解不足，他们倾向于通过实际行动代替学习，把学习视为“软任务”，缺乏主动的学习意识和系统的研究方法，导致他们的学习效果并不令人满意。他们在参与“三会一课”的活动中表现出消极的态度，经常用专业的课程或大学生的职务作为理由来逃避学习，并且没有保持长期的学习态度。

（三）模范作用不够突出

一些大学生党员在入党之前表现出积极主动的态度，但在入党之后却变得消极懒散。他们自大骄傲，不再有进取心，对入党时的初衷和动机产生了误解。他们没有在思想和行为上真正成为党员，坚持以党员的标准来要求自己，没有真正发挥出“一个党员带动一个宿舍，一个宿舍带动一个班级，一个班级带动一个大学生整体”的先锋模范作用。[1]

四、如何开展大学生的“爱党”教育

（一）要培养大学生对党发自内心的情感

通过各种方式对大学生进行党史学习教育，例如观看电影、参观历史博物馆，引导他们一同回顾中国共产党壮丽而辉煌的历史和杰出共产党员的感人故事，激发大学生的心灵共鸣，从内心深处培养他们对党的亲近感和热爱，这有助于大学生主动地热爱党、保护党，向党组织靠拢。对大学生进行“理解和热爱党”的信仰教育，适当地指导他们正确理解党的历史。党的发展并不是一帆风顺的，而是经历了无数的困难，我们要引导大学生正确认识当前党内存在的各种问题，分析问题的根源。只有通过培养大学生全面辩证的思维方式，才能更准确和科学地理解党的历史、现在和未来。

（二）要多方位结合，全面有效地进行“爱党”教育

对于新时代大学生来说，理想信念的教育并非是单一且片面的，而是需要在多种教育领域进行全面的思想政治教育。这对于大学生能否建立正确的世界观、人生观和价值

[1] 侯博君.“四史”教育：高校大学生党员教育培养的新动力［J］. 公关世界，2020（19）：68-69.

观至关重要。因此，对于大学生的“了解党、热爱党”的教育不能只停留在意识形态的教育上，而应该多角度地结合，注重全方位的教育，这样才能更有效。另外，并非所有人热爱党和国家的行为都能在一些壮丽的英雄事迹中得到体现，更多的是在日常生活的琐碎事情上展现。因此，将对党的理解和热爱与生活教育相结合是非常关键的。所以，高校不能只是教导大学生“了解党和热爱党”，还需要教导大学生有理想、有道德、热爱生活、关爱他人，将各种教育方式有效地融合起来，以实现培养人和教育人的双重目标。

（三）根据大学生每个阶段的特点循序渐进地开展教育尤为重要

在大学的每个阶段，大学生的思维、心态和行为都会有所不同。因此，如果能够针对每个阶段大学生的特性进行“知党爱党”的教育，不仅效果明显，而且持久性更强。大一新生对大学生活充满了新奇和好奇，对所有接触到的新人新事都充满了热情。同时，他们的课业压力相对较小，时间也比较充裕，这是进行“知党爱党”教育的关键阶段。在大二阶段，我们应该重视培养党员的积极性。“爱党”教育不仅要注重理论的灌输和宣传，更应该强调实践。大三阶段是大学生入党的关键时期，通过大一和大二阶段的教育、培养和观察，可以选拔出一批真心热爱党，且学识和品行都优秀的大学生积极分子加入党员队伍。大四是党员入党后的深化教育阶段，不能被忽视。有些大学生在入党后变得与以往截然不同，不再热衷于参加活动，对工作也失去了热忱，这不仅对党的建设工作造成了阻碍，也会对低年级的同学产生负面影响。

（四）开展大学生“爱党”教育系列活动

可开展“红色党故事”主题分享活动、“爱党主题班会”活动、“书墨党章”活动、爱党“红色校园文化”活动、“习近平主席青年寄语”学习会、“走进基层，走进历史”活动、“党在我心中”活动、“组织大学生在革命基地旅游”活动、“采访老革命家”活动、“不忘初心跟党走”观影活动、“爱党主题班会”活动、“爱党老师大学生”评选活动、“爱党征文比赛”活动、“红歌竞赛活动”、“我爱党”活动、“主题党日”活动、“爱党知识竞赛”活动、“爱党主题绘画”活动，等等。

附：大学生“爱党”教育实施案例

红歌竞赛活动

一、活动名称

“红歌竞赛活动”

二、相关背景

音乐作为人类生活的重要组成部分，无处不在。“红色记忆”——庆祝建党90周年系列活动是一个大规模的校级活动项目，通过举办广受欢迎的红歌大赛来增强红色主题文化的在校内的传播力和感染力，这不仅仅是为了让同学们了解和接受红色理念，同时也能激发大家对活动的热情，从而提升此次活动的知名度。

三、活动目的

举办红歌会不仅能激发大学生们对红色文化的认同感，同时也有助于增强“红色记忆”活动的知名度和影响力。

四、活动主题

“唱响红色心声”

五、活动流程

1. 播放一首红色电影的主题曲。

2. 主持人对此次活动作简洁的阐述，同时也向评审和嘉宾作简单介绍，并解释了比赛的规则和流程，最后宣布比赛的开始。

3. 选手依次登台展示才艺，在展示之前，选手需要进行一分钟的自我介绍。

4. 每五位选手公布一次成绩。

5. 中场节目。

6. 评委在所有参加者演出结束后做出评价。

7. 聘请一位去年校园十大歌星竞赛的得奖者来进行演出。

8. 主持人宣布了优秀奖得主和入围者的人员名单。

9. 由评委颁发奖状。

10. 主持人对此次比赛进行简要概述并宣告结束。

六、决赛

1. 要求。

（1）选手必须演唱红色主题的歌曲，其内容应该是积极向上的。

（2）选手要自备伴奏。

（3）选手需要注意自己的形象和举止，确保言谈举止得体。

2. 比赛规则。

本次比赛共分为三轮。

（1）首轮的选手们会演唱自己挑选的歌曲，裁判会对其予以打分并根据分数排名，从高到低排序，前8名选手将晋级第二轮比赛。

（2）在第二轮的知识问答中，选手们通过随机抽取题目来回答一个关于党的问题和一个关于音乐的问题，这些都会累积分数。在这个环节结束后，名列前三的选手将进入下一轮的竞赛。

（3）在第三轮的红歌联唱中，选手需要通过抽签来确定他们的演唱曲目。评委会根据每个人的表现进行实时打分，并依照分数决出此次比赛的冠军、亚军和季军。同时，也将邀请学校以及合作单位的领导为获奖者颁发荣誉证书。

3. 比赛流程。

（1）嘉宾入场。

（2）主持人首先发表开场演讲，接着对在场的评审和嘉宾进行简洁的介绍。

（3）校领导致辞。

（4）关联合作机构的领导发表讲话，并宣布比赛的开始。

（5）主持人对比赛流程和规则作简洁的说明。

（6）在第一阶段，选手们依次登上舞台进行演出，每五位选手将公布他们的成绩。

（7）中场节目。

（8）主持人公布了最后两位选手的得分，并宣告晋级者，同时也对第二轮比赛的规则作简洁的说明。

（9）第二环节比赛。

（10）中场节目。

（11）主持人公布了参赛者的首轮和第二轮总分，同时也公开了晋级选手的名单，并对第三轮比赛的规则作简洁的说明。

（12）在第三个阶段，选手们根据成绩排名从高到低依次登台抽签并进行演唱。

（13）邀请评委进行点评。

（14）主持人宣布了成绩及其各个大奖的得到者。

（15）邀请学校和合作伙伴的领导为获奖者颁发荣誉证书。

（16）主持人致结束词，比赛结束。

第五节 大学生“爱国”教育

一、大学生为什么要进行“爱国”教育

作为中华民族的社会主义核心价值观，爱国主义是中国极为重要的精神动力，体现了华夏民族对国土完整性和荣誉感的坚定精神追求。这种忠诚感深深植根于每个华人的心中，维系了种族间的和谐共处，激发了一代又一代人为国家和人民的进步不懈奋斗。自中国共产党第十八次全国代表大会以来，习近平总书记对国民教育工作给予了极大的重视，对爱国主义主题进行了深度探讨，并做出了一系列关键决策以推动相关事务，取

得了显著的成果。

现在，中国已进入新时代，即社会主义的新纪元。我们的伟大目标是实现民族复兴，获得全球范围内的更多认可。在此背景下，加强全民爱国教育将极大地振奋人心，增强信心，使人们在建设美丽家园的道路上更加坚定地前行，最终成功实现改革开放事业的既定目标，将“两个一百年”的奋斗目标变成我们的共同追求。

二、大学生“爱国”情况现状调查

家国意识情怀是人们对祖国本身的热爱。本次调研的目的是考查大学生对自身如何培养家国意识情怀的认识，表3-28中数据显示，有71.18%的大学生认为培养家国情感的方式可以是在课堂上与老师多交流，有78.39%的大学生认为可以是多参加社会实践活动，有71.36%的大学生认为可以做一个爱家、爱国的新一代大学生，有52.23%的大学生认为可以通过网络平台进行了解。从这些数据的统计中可以看出，每个人都有自己的选择方式，但最终这些力量都汇聚到了大学生对家国意识的培养中，高校是大学生学习、生活、工作的主要阵地，一定要统计出大学生选择的各种方式“因材施教”。

1. 你觉得如何培育自己的家国情感呢?（多选题）

表3-28 “爱国”教育调查数据（一）

选项	小计	比例
A. 在课堂上与老师多交流学习	830	71.18%
B. 多参加社会实践活动	914	78.39%
C. 做一个爱家、爱国的新一代大学生	832	71.36%
D. 通过网络平台进行了解	609	52.23%
本题有效填写人次	1166	

本次调研要考察的问题是当代大学生对爱国情怀的认知，从表3-29中数据中可以看出，有81.9%的大学生认为拥有爱国情怀能让我们可以以平常心去对待人和事，有42.11%的大学生认为拥有爱国情怀能感觉到自己有认同感，有68.01%的大学生认为拥有爱国情怀会让自己更加主动地去接受现实，然后努力学习提升自己，有3.69%的大学生认为拥有良好的爱国情怀没有什么用。从这几组数据我们可以看出还是有一小部分人认为爱国情怀用处不大，爱国情怀是我们对祖国的情感，针对这一问题高校要多元化引导大学生加强对祖国的认同感，从情感本身出发，树立正确的价值观、人生观、

世界观。

2. 在如今这个快速发展的社会里，作为大学生，你认为拥有爱国情怀对我们有何用处?（多选题）

表3-29 “爱国”教育调查数据（二）

选项	小计	比例
A. 能让我们可以以平常心去对待人和事	955	81.9%
B. 能感觉到自己有认同感	491	42.11%
C. 会让自己更加主动地去接受现实，然后努力学习提升自己	793	68.01%
D. 用处不大没有什么用	43	3.69%
本题有效填写人次	1166	

每个公民都有责任维护国家的存续和发展，这一观点强调国民的责任感和民族自豪感。在表3-30的调查研究中，对大学生的国家意识进行了探究。调查结果显示，超过80%的受访者坚信在任何环境和时间下，每个人都应该以身为中华民族的成员为荣，深爱自己的国家和人民。这种情感态度被视为一种基础性的道德标准，必须要求每个人都具备。只有不到10%的受访者持相反观点。此外，还有两百多名受访者表示，他们更关注个人的经济利益和社会地位提升，而不是国家的存在和发展情况。

3. 你对于“天下兴亡，匹夫有责”这句名言的理解是?（单选题）

表3-30 “爱国”教育调查数据（三）

选项	小计	比例
A. 现今社会中，经济发展才是最重要的，国家观念可以淡化	190	16.3%
B. 无论何时何地，作为中华儿女，热爱祖国是基本的道德准则，我们应该热爱国家	944	80.96%
C. 这是个人自由，无须强求	32	2.74%
本题有效填写人次	1166	

根据结果，我们可以得出以下结论：尽管绝大多数人充分认识到自己承担的社会义务，但仍有部分人的思想觉悟不够高尚。因此，为了提高全体师生的素质水平，学校应该积极开展一系列有针对性的教育活动，以增强全民的家国情怀。这有助于促进对优秀文化传统的尊重和传承，同时更好地理解我国历史发展的脉络。这将有助于激发年青一代的积极性，为全面建成社会主义现代化强国贡献自己的力量。

大学生是祖国的青春后备军，青年是祖国建设的重要力量。此次调查主要聚焦于大学生行为对于国家的影响。根据表3-31中数据分析发现，超过80%的大学生认为，通过学习自己专长的领域来为科技强国做好准备是其首要任务。此外，近70%的大学生表达了提升个人素质以成为一位受人尊敬的现代大学生的期望。另有60%以上的大学生表示，他们将致力于提高自己的专业技能，以便为国家的繁荣发展做出贡献。最后，超过四分之一的大学生表示，他们将参与大西北、欠发达地区的基层建设工作。学生选择的方式多种多样。从这些选择的方式来分析，如今的高校大学生能及时地了解国家发展的方针政策，选择用不同的方式奉献青春力量。

爱国主义精神教育也是当代大学生“根”的教育。根据表3-32调查的数据，71.36%的大学生提出利用主流媒体来引导他们的爱国主义教育，74.7%的大学生建议学校多组织爱国主义教育活动，57.2%的大学生建议自主学习爱国知识，还有20.5%的大学生建议采用其他方式。这一趋势表明，大部分大学生对上述方法都表示赞同。同时高校也可以根据大学生的建议开展多元化的爱国主义精神教育活动。

4. 作为新时代的大学生，你觉得可以为国家做哪些贡献？（多选题）

表3-31 “爱国”教育调查数据（四）

选项	小计	比例
A. 学好自身专业的知识来为科技强国做好准备	975	83.62%
B. 强化自身的文化教养，做一名有修养的当代大学生	907	77.79%
C. 努力强化自己的专业技能，置身于祖国建设美好未来事业中	775	66.47%
D. 积极参加服务大西北以及欠发达地区的基层建设工作	532	45.63%
本题有效填写人次	1166	

5. 你对当前大学生的爱国主义精神教育有什么建议？（多选题）

表3-32 “爱国”教育调查数据（五）

选项	小计	比例
A. 主流媒体发挥导向作用	832	71.36%
B. 学校多组织爱国主义教育活动	871	74.7%
C. 自主学习爱国知识	667	57.2%
D. 其他方式	239	20.5%
本题有效填写人次	1166	

三、大学生“爱国”情况现状调研分析

爱国主义是一种深层次的文化或精神领域，它既客观地揭示了个人（群体）与国家的共享心理特征和历史记忆，又真实地展示了个人（群体）对自己所处的国家的情感依赖和认同，能够引发个人（群体）对自己所处国家的自愿服务行为。因此，爱国主义是一种具体的、现实的和历史的存在。中华民族拥有深厚的爱国情怀，弘扬这种情怀是党引导人民持续获得中国革命、建设和改革成功的关键动力。现在，中国特色社会主义已经步入新阶段，青年们作为国家和民族的未来，承担着实现中华民族伟大复兴中国梦的重要历史使命。所以，在新的历史背景下，强化青年大学生的爱国主义教育，以满足新时代的新需求，是高校思想政治工作必须解决的关键问题。

目前，大学生的爱国主义教育已经取得了一些成绩，国家对此给予了高度的重视，并制定了相关的政策纲要。同时，爱国主义教育的内容也在逐渐丰富。然而，这个过程中也存在一些挑战和问题。

（一）大学生对祖国观认知模糊

目前，大学生对马克思主义祖国观的理解仍然不够深入，对世界的理解并未得到全面的马克思主义理论的支持。大部分大学生对马克思主义祖国观的了解并不深入，对于其具体的含义和内容并不是十分明了，对于马克思主义中国化最新理论更是一无所知，比如，不清楚爱国主义与马克思主义祖国观之间的关系，不理解马克思主义祖国观的重要性等。

（二）教育理念及内容滞后

爱国主义不是一成不变的，它是发展的，具有时代性特征。大学生爱国主义教育的

内容也应该反映时代特征，要紧跟时代的不断发展，适应社会变迁，紧扣社会的特性，唯有如此，我们才能实时更新我们的民族精神培育内容，开展富有当代特点的民族精神培育活动，进而激发大学生的自主学习热情，让民族精神培养更加新颖和贴近现代，并在民族精神培养的过程中增强大学生的投入度，才能让爱国主义教育转化为坚定的爱国力量。❶

（三）教育方式及渠道单一

目前的主流教学模式仍是基于传授式的教导，主要依赖于教材与教室作为学习工具，这种做法明显无法满足大学生的多元化需求。旧式的传授式及填充式的教学策略已不再适应现今的变化，部分高校未曾尝试新颖的教学手段的研究，使得教育的形态过于保守，使用的教育资源也较为陈旧，呈现出一种单调感，教学仍然是以书籍为核心，实际操作相对较少，即使有些学校的确引入了新型的学习媒介，但是使用率却不高，而且并未充分吸收国外的爱国主义教育技巧。

四、如何开展大学生“爱国”教育

近年来，党和国家越发重视爱国教育工作，习近平总书记指出：“我们要在全社会大力弘扬家国情怀，培育和践行社会主义核心价值观，弘扬爱国主义、集体主义、社会主义精神，提倡爱家和爱国相统一，让每个人、每个家庭都为中华民族大家庭做出贡献。”爱国教育既有利于推进社会和谐发展，也有利于时代新人的培育工作的推进。新时代爱国教育工作需要进行多维度的构建，作为时代新人爱国教育的重要主体，国家、高校、社会、家庭应当充分发挥多方的教育合力，要不断用新的理论来指导新的实践，着眼于科学思想、优秀文化、实践锻炼、制度保障等方面，在理论与实践的创新发展中不断探索新时代爱国教育的有效路径（图3-4）。❷

（一）提出切合大学生实际情况的爱国主义教育目标

高校需要明确大学生爱国主义教育的具体目标，以便能够准确地反映其所处的社会环境。要确保大学生的爱国主义教育目标具备深远的影响力，因为他们的知识水平和思维层次已经达到了一定的水平，高校需要协助他们制定更具挑战的人生规划。让他们把勤奋学习与服务祖国建设紧密相连。在制定大学生的爱国主义教育目标时，必须满足社会进步的需求，并且与大学生的现实发展相吻合，避免过于抽象和空洞。需要根据他们的学业与日常生活情况，指导他们确立适合自己的人生理想。

---

❶ 白梅. 大学生爱国主义教育现状、问题及对策研究［D］. 西安：西安建筑科技大学［2023-10-21］.

❷ 冯刚，王莹. 时代新人家国情怀的培育路径探析［J］. 南华大学学报（社会科学版），2022（5）：16-22.

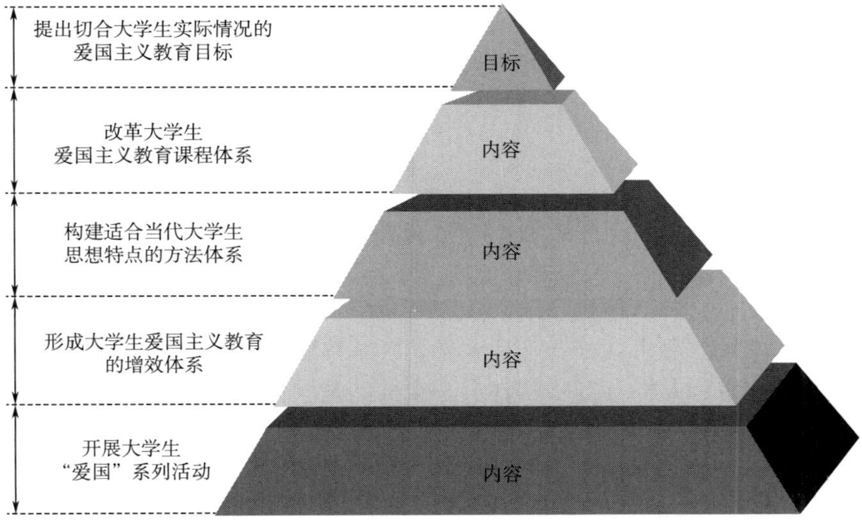

图3-4　开展大学生爱国教育的五个方法

（二）改革大学生爱国主义教育课程体系

在高等教育阶段，通过主要的教育手段——即课堂教学来培养大学生的国家意识，是爱国主义教育的重要组成部分和必要环节。目前，大多数高校的爱国主义教育课程都包含在人文教育的核心课程“两课”中。然而，从这些课程来看，其包含的爱国主义教育内容并未发生显著变化，无法反映时代的特征，也未能满足当代大学生的思维发展需求。因此，这类课程对他们缺乏足够的吸引力或影响力。

因此，学校应积极安排相关工作人员更新和优化大学生的爱国主义教育教材，并把其融入各个科目之中。同时，还应注意以下事项：改进大学生的爱国主义教育课程必须符合当代青年人的思维特征，例如增加理性论述的比例、减少纯理论性的讲解、鼓励更多的互动式对话，避免陷入单向的信息传递的困境，并且应运用真实案例引导学习者，利用成功经验激发他们的热情，借助精神力量感染他们，避免使教育陷入空洞无物的讲授模式中。

（三）构建适合当代大学生思想特点的方法体系

在教学实践中，应用于教学的方法必须能使大学生理解并接纳爱国主义概念。其首要任务是让教师感同身受传递爱国主义理论，同时积极探索与创新爱国主义教育手段，通过自身的品格和人文素养去吸引学生，大学生的爱国主义教育应从过去单一的信息传授转向双边对话，更多地采用如自由辩论、翻转课堂等方式进行讲课，这样可以在双方互动的过程中寻找出彼此间的价值观共识，如果只是单纯的说教或强制性灌输，反而可能会产生负面效果。最后，大学的爱国主义教育需要适应现代年轻人的思维习惯和行为特点，把教育放在“幕后”，用潜在的影响力和感染力来激起他们的民族自豪感和国家认同感。也可以参考西式的道德教育模式，采取非直接的形式进行教育活动，把大学生的爱国主义教育融合到年轻人喜欢的各种教育媒介里，这种做法或许更加符合当今大学生的学习需求。

（四）形成大学生爱国主义教育的增效体系

为了加强爱国主义教育的系统性和连续性，确保其效果的持续巩固和深化，首先需要从教学框架出发进行改革。高等院校应建立一套协调机制，以“第二课堂”教育为核心，各部门和各类课程共同参与，构建一个全面的爱国主义教育架构，将爱国主义教育渗透到大学的各个角落。

其次，根据大学生在校的不同发展阶段，应采取分层分类的教育方式，创造出具有独特风格且具有深度的爱国主义教育模式，并通过横向和纵向的教育网络，使大学生爱国主义教育成为一种广泛覆盖且持久有效的学习体系。

最后，必须注重爱国主义教育的环境保障，这包括了物质和人文两个层面。不仅要打造具有大规模、独具特色的爱国主义教育基地作为长期教育活动的稳定场所，还需要利用多样化的主题活动如黑板报、公告牌、标语等营造良好的教育氛围。

（五）培养坚定的理想信念

人类思维及行为的基础是其行为理念或价值观的体现，这些想法来源于日常生活的经验并且在不断指导人们未来的发展方向，不断揭示内心深处的渴望及其所持有的原则。同时，它们的存在也能激发人们的热情并对未来有所期待。这种内心的力量能让人们有更强烈的责任感去实现自己的梦想并在困难面前保持坚定的信心和决心。此外，对于国家忠诚也是一个重要因素，它是建立在民族文化的传统基础之上的，然后通过这个过程来增强人民对自己国家和社会的认同感和责任心。因此，个人的愿景和对国家的贡献都融入这一个共同的目标之中——即为建设更好的国家而努力奋斗！

现如今，新时代大学生的培养离不开树立理想信念。爱国教育也应当树立坚定的理想信念，把马克思主义理论精髓扎根于人们的心中，坚定共产主义的信仰。强调理想信念不意味着固化人的思想，而是强调人的主观能动性对人的积极作用。精神世界的丰富和延伸，需要丰富的养料和内容。爱国教育需要理想信念的支撑，这样即使遇到思想困惑，也不至于走偏。应当在学习思考中不断深化对新时代中国特色社会主义理论体系的认识，坚定“四个自信”，不断增强政治敏锐性和政治洞察力，明确个人对国家、社会的责任与担当，始终保持与党中央的高度一致，与时代同向同行。爱国教育的开展需要筑牢理想信念，只有将爱国情怀深植新时代大学生的心中，引导和激励其树立崇高理想信念，并把对家国的热爱、奉献之情融入社会主义建设和民族复兴事业之中，才是真正

发挥了理想信念的重要作用。❶

（六）开展大学生“爱国”系列活动

在中华文明的数千年进程中，卓越的传统文化不断发展。自近代以来，革命文化和社会主义先进文化不断发扬并得到持续发展。这些高质量的内容都是我们党培养人才的优质文化资源。文化对人的影响和渗透是无形的，应该充分利用文化教育人的功能，从优秀文化中汲取培养爱国情怀的磅礴力量。

高校可以开展大学生“爱国”教育系列活动，例如青春梦、中国梦活动，回忆我国自中华人民共和国成立以来的经济文化建设的伟大成果活动、爱国主题征文活动，爱国手抄报活动，《厉害了，我的国》观影活动，《祖国在我心》爱国歌曲大合唱，“爱国一封信”展示活动，爱国征文主题策划、习近平主席青年寄语学习会活动、开展爱国读书会活动，“爱国知识竞赛”活动，“最美爱国梦，倾心报祖国”活动，“祖国在我心”宣传活动，“我爱中国”爱国主题演讲，“爱国诗词”创意大赛，“缅怀革命先烈”活动，爱国主题艺术活动方案，爱国主义演讲活动方案，关于“爱国著作读后感评比”主题活动，关于“爱国交流会”主题活动，等等。

习近平总书记指出：“爱国主义是中华民族精神的核心。爱国主义精神深深植根于中华民族心中，是中华民族的精神基因，维系着华夏大地上各个民族的团结统一，激励着一代又一代中华儿女为祖国发展繁荣而不懈奋斗。中华民族之所以能够经受住无数难以想象的风险和考验，始终保持旺盛生命力，生生不息，薪火相传，同中华民族有深厚持久的爱国主义传统是密不可分的。”❷

附：大学生爱国教育活动实例

爱国手抄报比赛

一、活动背景

为了对大学生进行爱国主义和社会主义的教育，进一步激发他们的民族自尊、自信和自豪感，培育他们与伟大祖国共享生命、共享命运的爱国情怀，引导广大青年提升为国家服务、服务人民的责任感和使命感，激励他们为中华民族伟大复兴而不懈努力。本校将举办一场以“热爱我的祖国”为主题的手抄报竞赛。

二、活动主题

爱国手抄报比赛

❶ 冯刚，王莹. 时代新人家国情怀的培育路径探析［J］. 南华大学学报（社会科学版），2022（5）：16-22.

❷ 出自2019年4月30日习近平总书记在纪念五四运动100周年大会上的讲话。

三、目标设定

弘扬爱国主义精神，进而唤起同学的中华民族尊严、信心以及荣誉感。

四、活动对象

全体服装工程学院学生

五、活动准备

1. 手抄报内容要以“我爱祖国”为主题。

2. 自由选择，最小为A4。

3. 作品应具备鲜明的主题、独特的设计、干净的版面以及强烈的可读性，并能够有效地实现思想和艺术的融合。

六、具体安排

1. 组织教师和大学生观看相关的视频，收集素材，鼓励所有大学生积极参与，并做好相应的准备。

2. 大学生设计、编辑手抄报。

3. 本年级内组织本校手抄报展览，组织学生观看鉴赏。

第六节 吉林工程技术师范学院“五爱”教育开展情况

为了更好地了解“五爱”教育的开展情况，吉林工程技术师范学院将大学生和学校作为主要的调查研究对象，既重视学校的发展规划和成果积累，也重视大学生在学校“五爱”教育实践过程中的收获和存在的问题。

一、面向大学生群体的问卷调查

本次调研的主题就是高校大学生对“五爱”教育的认识，从表3–33的结果来看，有27.62%大学生对于五爱教育的活动内容、活动形式和活动价值是非常清楚的，有48.46%的大学生只知道部分，有20.93%的大学生不是很清楚，有3%的大学生不清楚。这些数据突出的问题是，对“五爱”教育的认识不够深刻，没有了解“五爱”教育的真正内涵，所以大部分同学只知道部分，还没有全面地了解，甚至有少部分的大学生是不清楚的，针对这一问题高校要强化传播力度，利用各种渠道加强大学生对“五爱”教育的认识。同时要开展系列主题活动让大学生深刻地参与进来，成为传播“五爱”教育理念的重要力量。

“五爱”教育包括“爱己、爱家、爱校、爱党、爱国”五个方面，这些方面也包括了我们学习、生活、工作的方方面面，从数据可以看出“五爱”教育可以促进我们方方面面的发展，也可以让我们对自己、对家庭、对学校、对党、对祖国有更深刻的认识，从表3-34的数据统计可看出“五爱”教育对我们的多元化发展是有很大的促进作用的，而且本次调研我们得出的数据也相对平均，所以综合我们的调研成果，高校要加强“五爱”教育，让“五爱”教育融入大学生成长的方方面面，让大学生多元化成长，深层次发展。

1. 你清楚“大学生‘五爱’教育”的活动内容，活动形式和活动价值吗？（单选题）

表3-33 “五爱”教育开展情况调查数据（一）

选项	小计	比例
A. 非常清楚	322	27.62%
B. 只知道部分	565	48.46%
C. 不是很清楚	244	20.93%
D. 不清楚	35	3%
本题有效填写人次	1166	

2. 你认为“大学生‘五爱’教育”有利于促进哪些方面的发展？（多选题）

表3-34 “五爱”教育开展情况调查数据（二）

选项	小计	比例
A. 同伴交往	911	78.13%
B. 情感体验	866	74.27%
C. 语言表达	866	74.27%
D. 协商合作	754	64.67%
E. 社会体验	821	70.41%
F. 自主自信	748	64.15%
G. 情绪控制	694	59.52%
H. 探索能力	663	56.86%
I. 认知水平	701	60.12%
本题有效填写人次	1166	

本次“五爱”教育活动主要从“爱己、爱家、爱校、爱党、爱国”五个方面考察了

大学生对具体环节的认知，从这些数据中具体分析大学生的认知情况，接下来就是整合所有问题的结果，细致分析在每一个环节的进行过程中大学生所表现出来的问题。在五个环节中主要存在以下问题。

（一）“五爱”调查分析——爱己

此次调研的过程主要分析了大学生来自哪里，所处的年级，对学习生活的规划，心理抗压能力，假期目标规划，毕业目标规划，如何看待英雄事迹等方面。从这些数据中我们可以看出大学生不同阶段的对“五爱”教育中“爱己”的认识。

爱己涵盖的方面很多，其中包括爱护自己，爱护自己的成长与发展，爱护自己的生命等，我们要在成长的过程中爱护自己，保护自己，这是老生常谈的问题，在爱己篇章的调研中我们可以看出，如今，大学里来自农村的孩子越来越多，在国家发展的进程中，农村的教育资源和教育普及越来越好。同时，在大学生入学学习之后，问题也随之而来，在学习的过程中，大学生对自己成长的目标规划还是不够清晰，而对于目标的执行力也是相对薄弱，不能做到长期有效的坚持自己的目标，而且相对社会的发展，现如今大学生自身存在的心理问题也较多，有些大学生往往做不到科学有效的自我调节等，上述提到的问题是本次调研中出现的突出问题，也是首先要解决的问题，青年大学生对自我认识的不足从另一个方面来说也就是对“五爱”教育的不足，为什么在教育的进程中要把爱己纳入范围之内？这就是本质核心的问题。

（二）“五爱”调查分析——爱家

在‘五爱”教育里，爱家的概念包含了许多深远的意义。在人的成长历程中，家庭教育是他们的启蒙教育，也是他们认识世界的第一步，这个阶段非常关键。所以在高校的教育体制中和学生家庭构建联系尤为重要，这是了解大学生、促进大学生成长的重要渠道。

在本次调研的过程中发现，高校大学生群体中，独生子女的人数最多，而这一问题所要调研的是大学生的家庭结构，在家庭的基础之上还要考察的就是学生的家庭条件，这能看出学生是在什么样的家庭环境下成长的，在本次调研中，多数大学生在面对超出家庭经济条件的事情时持拒绝态度，但是在少数大学生群体中面对超出家庭负荷的事情时，还是坚持要让父母负责，这一情况充分体现了在少数大学生仍然不懂得爱家、爱父母的真实内涵。

尽管大部分的大学生是与家长没有争吵和矛盾，也会常常与家长联系，对家长表达爱意，为家庭付出，但是其中存在问题还有很多，有的学生还是经常和家长产生矛盾，而且没有和家长保持有效沟通，也做不到为家庭付出，这就是典型的家庭教育的缺失，学生不知道怎么和父母一起构建一个幸福美好的家庭。

（三）“五爱”调查分析——爱校

高校是大学生学习、生活、工作的主阵地，这里是大学生的另一个家庭，所以，爱护学校，尊敬老师，为母校的发展建设贡献力量就尤其重要。爱校这一环节也是“五爱”教育内涵中的重要组成部分。

在本次调研中最典型的问题就是对学校的满意度，对学校公共财物的态度，面对他人指责学校不足之处的做法，对校风、校训、校史的了解，以及毕业后如何为母校贡献力量，这些问题能有效地看出学生对爱校内涵的理解。通过观察可以清楚地看到，大部分大学生在面对此类问题时，展现出了积极向上的态度，他们以充满活力的方式来解决问题。他们对校园的环境和氛围持乐观态度，并且有效地维护了学校的公共设施。此外，他们还采取了适当的方法来应对他人对学校的批评，体现了主动学习的精神，他们不仅传承了学校的文化传统和历史，还在毕业后继续为母校的发展做出贡献。

然而，在这次调查研究中也发现了一些需要关注的问题。部分大学生对于现状并不满意，甚至在面对他人的意见和行为对学校有损害时表现出忽视的态度。针对这些问题，建议学校积极引导大学生树立正确的人生观、世界观和价值观，以便更好地适应社会的发展和变化，明白爱校之于学生本身的深刻内涵和重要意义。

（四）“五爱”调查分析——爱党

青年学子是党和国家发展建设的重要力量，青年群体有着强大的生命力。在五爱教育中，爱党是其中重要的一环，在新时代背景下，我们要加强青年学子对党的认识，为党组织的建设和发展贡献出青春力量。

此次研究的主要任务是对年青一代对于加入党组织的动力理解和他们对共产党本质、使命、追求的目标及基本道路的认知程度进行了深入探究。从这次的研究中可以看出，大部分年轻人对共产党的理解都非常深刻并且全面，同时也有一些人通过各种途径去学习了中国共产党的发展史，这个成果令人欣慰。青年学子作为青春力量就是要不断提升自己，提升对党的认识，为党组织的发展建设贡献出青春力量。然而，我们在调查过程中发现了一些令人担忧的现象，有些大学生误解了加入党的初衷，他们仅仅是为了追求虚荣和跟风；另外一部分人则对申请成为党员产生了反感，这些都是我们需要密切关注的点。因此，对于这个问题，高校应该根据学生的特点来指导他们，以建立正确的道德观念、价值取向和全球视野。引导学生加入党组织，并且为党组织的发展建设贡献力量，让青年学子把热情投身于党和人民最需要的地方。

（五）“五爱”调查分析——爱国

祖国是我们的港湾，她为我们遮蔽风霜雨雪，同时我们也是祖国建设的重要组成部分，所以更要加强高校大学生对爱国的深刻认识，引导高校大学生从热爱祖国开始，到不断提升自我，投身于祖国建设的进程中，正所谓“天下兴亡，匹夫有责”。

本次调研主要考察的是青年大学生对祖国的认识，对家国情怀的理解以及自身如何为祖国贡献力量等方面，从这里看到了青年学子对祖国的热爱，也看到这份青春力量所展现出来的巨大能量。这些青年学子有理想、有共同的追求，有一致的目标。同时在这一过程中也发现了一些问题，在大学生群体中还是有少数人对爱国的内涵认识得不够深刻，国家意识淡薄，这是要引起高校的重点关注。

中华民族深厚的文化基因中，家国情怀占据了重要地位，对于培育新时代的人才具有深远影响，能够为他们的成长和发展提供精神支持。高校需要不断运用新的理论来引导新的实践，关注科学思维、卓越文化、实践锻炼、制度保障等方面，在理论与实践的创新发展中，持续探索新时代人才家国情怀培养的有效途径。在战争年代，许多前辈因为充满了对祖国的热爱，才愿意为国家付出生命和鲜血。而正是因为他们有着深厚的爱国情怀，所以无数人愿意将自己的一生献给祖国。青年学子是祖国发展的重要力量，高校要引导大学生热爱祖国，帮助大学生树立起强烈的爱国情怀，让“小我”融入“大我”，把青春奉献给祖国，让我们的祖国更加繁荣昌盛。

在新时代背景下，大学生的“五爱”教育发展面临了若干重要挑战和不足。这些挑战和不足主要体现在以下几个方面：

教育方法单调，主要依赖于校园活动的推广和互联网平台的信息传递。然而，这种方法在提升大学生的“五爱”意识方面，深度有限且实际影响微小。

“五爱”教育体系结构存在缺陷，缺乏充分的政策支持，无法构建全面性的培养模式。

“五爱”教育的呈现方式太过枯燥无趣，无法充分激发大学生们的热情。因此，课程的内容设计及其教学策略应进行改进，以更吸引大学生的方式传授价值观引导。

当前大学生对“五爱”教育的重要性缺乏足够的认识和理解，其关注度相对较低，并且实践行为也相对较少。

二、吉林工程师范学院关于“五爱”教育实践的发展情况

2017年9月，学校下发了《吉林工程技术师范学院“五爱”教育工程实施方案》。围绕“立德树人”根本任务，面向全校大学生实施“爱己、爱家、爱校、爱党、爱国”（以下简称“五爱”教育）教育工程，开启“三全”参与培育和践行社会主义核心价值观教育教学的新模式。坚持把立德树人作为中心环节，把思想政治工作贯穿教育教学全过程。通过“五爱”教育，全过程、全方位、全员对大学生开展社会主义核心价值观教育，将学校思想政治教育工作逐步打造成有深度、有广度、有力度、有效度、有温度的育人工程。

在育人活动平台层面，构建了教育教学、实践活动、创新创业、身心健康、专题讲座“五位一体”的工作格局（图3-5）。提高工作的针对性和有效性，实现“三全”育

人，将“五爱”教育深度融入大思政工作格局。开展“五爱”育人实践主题活动100余个。通过“律己修身的生命教育、感恩传承的家风教育、求实奋进的创新教育、忠诚执着的信念教育、担当力行的责任教育”活动开展，培养了大学生“健康人格+诚信友善+感恩力行+忠诚坚定+使命担当”的精神品质，实现思想政治教育内容做实和做深的目标。

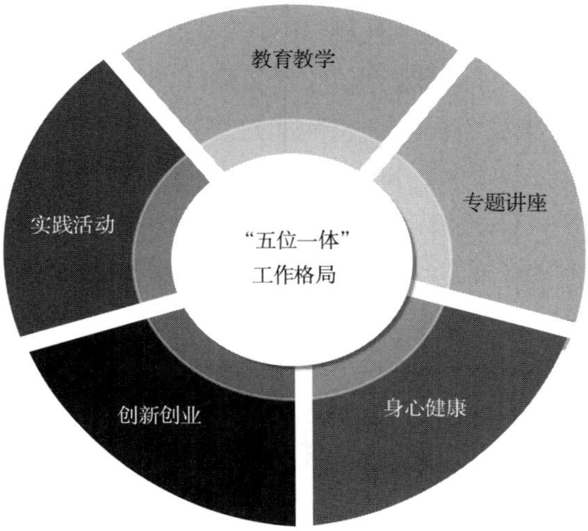

图3-5 “五爱”教育“五位一体”工作格局示意图

在育人队伍平台层面，构建了“七位一体”协同育人队伍，抓实全员育人。所有相关主体皆参与到育人工作中，包括校院两级党政领导、专任教师、辅导员、大学生骨干、大学生家长、企业人员七大参与主体，凝聚育人主体合力，推动育人共振。通过“双团队建设”，打造“三全”育人新局面。工作室成员和全校教师团队“双轨制”建设，服务大学生成长成才并注重教师素质能力提升。结合线上线下，营造沉浸式教育氛围，服务大学生成长成才。

在育人路径平台层面，构建了“整体模块+具体项目”运营机制。设立四个模块“实践”（校内实践、社会实践）、“课程”（专业课程、公共课程）、“活动”（文体活动、学科竞赛）、“讲座”（专题讲座、制度学习）模块，形成沉浸式“五爱”教育融合模式。融通了“入学—学习—离校”育人路径，做到全程育人。从扣好入学第一颗“扣子”到最后就业工作；扎实推进构建“知、情、意、行”的养成教育体系，将“五爱”教育贯穿始终，体现在理想信念、新生入学、心理健康、职业规划、就业指导、网络思政、创新创业、毕业离校等各个教育方面，全过程贯穿，建立递进式育人链条。

在育人载体平台层面，构建了“第一课堂+第二课堂”相结合的体验式教育形式。采用理论与实践、课堂与课外育人模式。以传统文化为融入点、班团活动为支撑点、教师辅导为突破点，探索第一课堂与第二课堂的有效衔接、积极互补的工作形式。拓宽了“一体两翼”育人载体，坚持全方位育人。即通过多角度、多载体、多形式来全面推进“五爱”育人工作，坚持以立德树人为主体，结合职业院校实际和特色，以“X+X”（线上线下+校内校外）、“S+H”（思政+活动）为两翼，搭建价值引领平台6个，全方位协同，聚力新职业人才培养。

在育人研究平台层面，坚持理论与实践结合，发挥职教师资培养特色，提升思政时效性，近年来，相关研究成果丰硕，包括主持教育部课题1项，吉林省教育科学规划办课题5项，吉林省社科规划办课题6项，长春市第二中等专业学校双高内涵建设课题1项，出版著作3部，发表论文10余篇，获得省级以上奖项10余个。

学校重视以具体的体制机制推进“五爱”教育实践，在“五爱”教育工程实施中，学校注重丰富“五爱”育人内涵，凝练“五爱”的真挚情感，加强“五爱”育人的氛围营造和文化浸润，推动“五爱”育人转化为自觉行动，达到明理、共情、弘文、力行的育人效果。主要体现在大学生参与主体化、工作导向创新化、管理机制长效化、建设方法标准化。

（一）理论导航，与党团建设融合，夯实“五爱”育人思想引领基础

学校致力于强化大学生的理论根基，全面实施“学习筑梦”活动和“青年马克思主义者培养计划”，让大学生们深入研究习近平新时代中国特色社会主义思想，以此为基础，建立起实现中华民族伟大复兴的梦想。同时，学校也教导他们理解并接受“两个确立”的重要性，增强“四个意识”，坚定“四个自信”，做到“两个维护”，努力成为能够担当民族复兴大任的时代新人。集聚研究生导师团、思想政治理论教师、大学生党员、积极分子、大学生干部的力量，开展“理想信念、形势政策、中华优秀传统文化、青春故事”专题宣讲，引导大学生树立坚定的理想信念，了解国家的大政方针，提升对中华优秀传统文化的兴趣和热爱，让榜样励志故事对大学生产生正面影响。通过师生同讲，共同成长，夯实了“五爱”育人思想引领的基础。

（二）结合专业，与课程思政融合，形成“五爱”育人课程思政模式

集中于“五爱”教育的主要职责与关键人群，攻克主要的行业、地域和脆弱的部分，对大学生实施分级的教育并根据他们的特点来教学。切实发挥院系在大学生思想政治工作中的重要作用，结合班团活动、专业学习，积极建立打造“学习课堂”，不断提高大学生的参与度，增强大学生的获得感。开设青春报国梦、数字中国梦、科技强国梦、大国工匠梦等12个专题的“学习筑梦”选修课程，具有校本特色，与大学生成长成才需要紧密对接，与大学生专业发展紧密对接，在学科竞赛、科技创新等活动中深入浅出、潜移默化地渗透“五爱”育人的理念，在专业教学中夯实大学生价值引领的思想基础。

（三）多元互通，与协同育人融合，打造“五爱”育人行走思政课堂

在新时代的大学教育中，学校致力于构建具有“大思想政治”视角的家园社区“大型教室”。以大学生的全面发展为核心，强调以下“四个互补”：

（1）教导与管理相互配合：通过恰当的引导和管理，为大学生提供良好的学习和生活环境，促进他们的全面发展。

（2）思想政治课程与常规课程相辅相成：在注重专业知识教育的同时，加强思想政治教育，培养大学生的综合素质。

（3）理论与实际相结合：通过课堂教学和社会实践，将理论知识与实际应用相结合，提高大学生解决问题的能力。

（4）将网络与现实相结合：借助现代信息科技，融合线上线下的教育资源，为大学生提供更加多元化和灵活的学习方法。

同时，学校强化以下三个基地的建设：

（1）学校教育环境：利用学校文化的影响力，打造出一种热情上进、健康有序的学习气氛，培育大学生的人文修养和社会责任感。

（2）家庭：重视家庭教育的地位，加强家校沟通与合作，共同关注大学生的成长发展，为他们提供更好的支持。

（3）社会：鼓励大学生参与社会实践和志愿服务等活动，加强与社会各界的联系和合作，培养大学生的公民意识和团队协作精神。

此外，学校提出两个方向同时推进的工作策略：

（1）联合行动：加强校内各部门之间的协作，形成教育合力，为大学生提供全方位的培养和服务。

（2）构成全方位培养的完整体系：建立涵盖大学生知识、技能、情感、价值观等各个方面的培养体系，全面提升大学生的综合素质和社会竞争力。

在实施过程中，持续打造融党史学习教育课、乡村振兴课、就业指导课、育人成才课为一体的“行走思政大课堂”。

（四）贯穿内外，与社会实践融合，拓宽“五爱”育人实践活动阵地

学校积极推行各种丰富多样的“五爱”教育实践活动，如生命教育、志愿者服务、学科比赛、科技创新等；学校注重将第二课堂和社会实践融为一体，并且创新了大学生暑期“三下乡”的社会实践方式。学校还与榆树市妇女职业培训学校联手，共同打造了一个大学生社会实践基地，这为大学生的训练和发展提供了优质的环境。构建了包括“美丽中国实践服务团”在内的10多个服务团队，以此使得大学生能够在社会服务过程中体现出他们的人生价值，并展现出他们的优秀形象。

（五）依托网络，与多种媒体融合，扩大“五爱”育人传播推广渠道

在遵守思想政治教育的原则和大学生发展的规律之上，学校强调线上线下同步进行，并且学校也会提供相应的推荐。线上激活网络原动力，坚持以大学生为中心，依据大学生思想特点和发展需求，发挥“新媒体+”功能优势。拓展工作载体，创新活动形式。开展“五爱”育人专题网络文化活动，采取微视频播报、网文征集、创意摄影等吸引大学生的多种形式，用大学生“爱看、易懂”的方式打造“五爱”育人优秀网络文化作品，在易班和微信平台上广泛传播展示。

（六）多层聚焦，与教育教学融合，构建“五爱”育人思政教学平台

学校致力于深化思想政治教育的重要环节——加强对优质教与学的力度并推动其发展，同时也在探索如何通过改进教学内容以实现更深层次的教育影响力。此外，学校也专注于增强教师队伍建设以激发他们的热情及活力从而进一步改善他们的人才培养观念及其技能水平。同样地，学校将重点放在那些容易被忽视但又至关重要的方面，例如，优化管理手段以更好地引导大学生成长为全面发展的个体（包括身体素质和个人品质），同时也注重提供高质量的服务体验以便让校园生活更加丰富多彩。最后，学校要持续开展有针对性的活动，例如心理健康工作等，在过程中不断挖掘大学生的潜力，鼓励他们在学习中发挥自己的想象力和独立思考的能力，最终形成一种更全面的人才培养机制。

建设“五爱”育人资源库，为拓展教学资源和创新教学形式提供丰富的课程思政元素，通过搭建优质平台，持续推进体制机制创新，不断为学校的“五爱”教育实践赋能，已经形成了突出的育人成效和较为广泛的影响力（图3–6）。

1. 明确了“五爱”育人的育人观，创新人才培养理念

“五爱”育人聚焦目标导向，夯实教育内涵，以“润心、立德、发展、强能”为基本内涵，以“明理”“共情”“弘文”“力行”为目标，将“立德树人”的总要求、“三全”育人教育理念和“培育时代新人”的教育目标有机结合起来，实现了人才培养目标性和适应性的统一，创新了人才培养理念，彰显了习近平新时代青年思想引领的价值取向。通过内容丰富、灵活多样的教育活动，以点带面、整体推进，切实提升思想政治教育的针对性和实效性，搭建了大学生综合素质培养和提升的平台。

2. 确立了“立德强能”的人才观，创新人才培养模式

在“五爱”育人理念指导下，结合应用型本科院校大学生思想和学习实际，确立培养具有积极心理品质、良好家风家教、创新创造精神、坚定理想信念、责任担当情怀的“时代新人”的培养目标。充分利用网络优势，提升“新媒体+思政教育”的针对性和实效性，结合社会主义核心价值观的培育和践行，构建了“理论教育+环境塑造+实践历练+自我塑造”的人才培养模式，提升了人才的质量内涵。

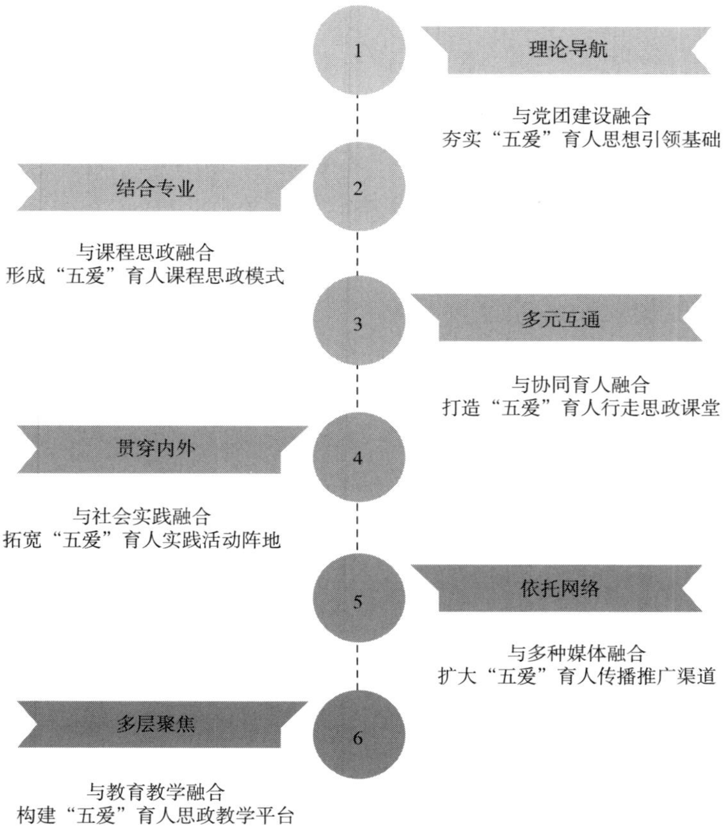

图3-6 “五爱”教育实践中的六大融合

3. 建构了“立体化”实践活动教学模式，创新人才培养方法

建构“大思政”社会实践活动“大课堂”。实现“三全”育人与“五爱”育人深度融合。以围绕“一个中心”（以大学生成长成才为中心），通过“四个互补”（教学与管理互补、思政课程与课程思政互补、理论与实践的互补、线上与线下互补）、筑牢三个阵地（学校、家庭、社会），贯穿“两化并举”（活动项目化、内容微课化），拓宽育人渠道，实现育人资源互补、育人优势叠加，凝聚“五爱”育人共同体策略，使“五爱”育人达到立体化的同向同行、协同育人的目标。

4.“五爱”教育使价值引领因“爱”而强

“五爱”教育的实施使得教师和大学生们热情地投入社会主义核心理念的学习中，并在此过程中营造了充满爱的学校环境，这对于塑造灵魂、培养人才产生了明显的成效。“五爱”育人体系建构与实践促进了“大思政”格局的构建，将思政教育贯穿人才培养全过程。大学生思想政治素养进一步提升，通过“青马工程”和“学习筑梦班”，开展主题教育，培养了一批有引领辐射作用的大学生骨干，树立了优秀朋辈榜样。大学生创新能力进一步增强，组建电子科技协会、ERP软件协会等专业性强的大学生社团，培养了一批专业性强、有创新意识的青年大学生，积极参与各级各类专业大赛，多个项目获“挑战杯”“创青春”等国家奖项。社会实践活动成效显著，近百支实践团队分赴各地，融入社会，走向基层。“美丽吉林”行动小组、“青年领导力助推贫困消除”行动组和“艺术与你的旅程同行”夏季社区实践队荣获了全国大学生及研究生的暑假期间“三次深入基层”的社会实践活动的“杰出团队”奖项。

5.“五爱”教育使工作平台因“爱”而优

通过拓展工作载体和平台，以“线上+线下”的教育方式切实增强思政教育的吸引力和亲和力。学校获评全国“优秀易班共建高校”“优秀易班工作站”，连续多年获评吉林省“易班优秀共建高校”“优秀易班工作站”“优秀工作案例”“优秀指导教师”；在易班网、省网络思政中心、易班发展中心组织的各类优秀网络文化作品评选中获优秀组织奖5次，15人获评优秀指导教师，100余件师生网络文化作品获奖。在《中国教育报》等学术期刊上发表高水平论文30余篇，出版相关研究著作4部，编撰“五爱”教育活动成果100集，获得各级各类教学成果奖3项，长春市社会科学优秀成果三等奖1项、一等奖1项。

6.“五爱”教育使工作成果因“爱”而丰富

“五爱”教育培养人才的实例和结果通过中国大学生的线上渠道（如吉林网站）及社交媒介进行了广泛传播与分享，从而提升其影响力并扩展到更广阔的人群中。此外，也获得了外部机构对学校的认可，被国家级以上的媒体报道了五个教育案例，而关于“五爱”培育人主题相关的学校文化和活动的文章也在包括《吉林日报》《长春晚报》《都市早报》《东亚经贸新闻》和《新文学报》等在内的多家主流媒体发表，这进一步提高了社会公众对“五爱”教育的认知度，并产生了积极的社会效应。学校“学工在线”“数智青年”微信公众号等网络平台点击率逐步提高，辅导员微课和大学生工作特色活动案例得到推广应用。

7.“五爱”教育使评价结果因“爱”而满意

师生自我评价：学生认为“‘五爱’教育工程让我们对学习马克思主义理论有了兴趣”。青年教师认为“‘五爱’教育工程不仅提升了我们的理论素养，也提高了我们教书育人的能力和水平”。毕业生认为“‘五爱’教育让我们全面成长，终身受益，让我们进入社会后没有不适应感，能够正确看待各种社会现象”。

专家及家长评价：专家认为，“五爱”教育工程开创了高校思想政治理论教育的新局面，形成了创新高效培养全面发展人才的新模式。大学生家长纷纷表示，确实看到了孩子身上发生了许许多多的变化。能够强烈地感受到孩子对未来有了自己独立而深刻的思考，对自己的未来更加坚定；还能看到孩子能更好应对生活和学习上的挑战，在家庭和工作中表现出了更阳光的心态、更多勇敢的担当和更努力地付出。

用人单位评价：建构“大思政”社会实践活动“大课堂”。实现“三全”育人与

“五爱”教育深度融合。用人单位反馈大学生迈入社会参加工作，在思想认识上，能够树立正确的三观，对待工作中的困难不逃避，有坚忍的意志品质，通过实际工作展现出来出色的能力与新时代青年的“干劲儿”。

8.“五爱”教育使荣誉成绩因“爱”而生

在过去的三年中，学校超过300名学子参与了国家级的大学生创新创业竞赛，170人获得了省、市、校级的荣誉称号，40余名大学生获得了国家和省政府的奖学金，还有11人荣获了吉林省大学生思想政治课比赛一等奖和二等奖。在学习生活中积极向上，在各项活动中表现突出。多人多次荣获校“优秀班级”“优秀团支部”“长春市高校文明杯文明班级”称号。培养出一批“中国大学生自强之星”、吉林省“百优大学生”“吉林好青年”、长春市“十佳大学生”等先进典型。疫情期间1000余人投身到一线，开展助力乡村振兴等活动100余次。

第四章
大学生“五爱”教育的实践体系

第一节 大学生“五爱”教育的内涵

本章节将深入探讨如何通过文化和活动的方式展现大学生的“五爱”教育内涵及实际效果，同时也会讨论相关政策法规是如何推动这一进程并确保其实施到位，各个步骤都得到了有效的执行。此外，我们还将详细阐述各种工具手段，如课程设置等对实现全面化且一体式的素质提升模式所起到的关键作用及其重要意义所在。

爱己是基石，是核心。爱己意味着要珍视生命、珍视青春、珍视机遇；理解热爱身体、关注心灵、提升品格；要寻找自我价值，做好职业生涯的规划，寻找成功的道路，对自己的行为负责，对自己的未来负责；要修炼德行以立身、勤奋学习以增智、健身以强体，实现自尊、自爱、自信、自立、自强。在疫情时代，大学生所处的社会环境、舆论环境和心理环境都经历了巨大的转变。网络上的各种观念纷繁复杂，大学生的思想观念呈现出多元化、多样化趋势。因此，对“90后”和“00后”的大学生进行爱己教育显得尤为重要。

爱家教育的目标是帮助大学生树立家庭观念，热爱自己的家庭，关心他人；要传承优秀的家庭习俗，积极维护家庭和谐，增进邻里间的友谊，与家人共享荣辱、共同面对困难；要推广家庭美德，尊敬老人，爱护孩子，学习感恩，理解回馈。

爱校教育的目标是引导大学生关心学校发展建设，培养主人翁精神；要知校、爱校、荣校，弘扬校训精神，践行校园精神，传承良好校风、学风；要尊师重教、爱校如家，热爱专业、班级、老师、同学，自觉遵守校纪校规，维护学校良好形象，为校争光。

爱党教育的目标是引导大学生自觉学习党的历史，树立坚定的政治信仰，拥护党的领导，听党话、跟党走；要关心党的发展建设，弘扬党的优良传统和作风，争做坚定的青年马克思主义者；坚定“四个自信”，强化“四个意识”，始终同党中央保持高度一致，做中国特色社会主义的合格建设者和可靠接班人。

爱国教育的目标是引导大学生学习国史，了解国情，培养以爱国主义为核心，团结统一、勤劳勇敢、自强不息的伟大民族精神；忠于祖国，忠于人民，坚决捍卫祖国尊严，自觉维护国家利益和民族团结；学习中华优秀传统文化，自觉弘扬中华传统美德，增强民族自豪感和自信心，自觉践行社会主义核心价值观，为实现“两个一百年”奋斗目标而努力学习。

“五爱”教育工程是新时代思想政治工作的创新，内涵丰富，思路清晰，有效解决思政教育的“空”和“虚”，变成“抓得住、看得到”的实际行动。

“五爱”教育理念对大学生的实际应用是基于发掘各个团体与职位的教育资源，将其整合到总体体制规划及具体的执行步骤中，旨在消除校园思政工作中存在的问题和缺口，确保所有任务的核心焦点和目的都集中于培养大学生的成效之上，从而充分利用高校的优势来培育人才，并发出最强的声音以强调其育人的重要性，让教学活动更加有深度，思想引导更为有力，道德建设更为高效，使得学校的思政工作能够更好地符合并且满足大学生的成长需求、时代的变革趋势和社会的发展需求，持续提高工作的科学性和效率。实施大学生“五爱”教育可以有效地连接“全面育人”的“最后一公里”，构建出一种能被转换和推广的综合性的育人机制和方式。

第二节 吉林工程技术师范学院“五爱”教育实施的具体措施

吉林工程技术师范学院以大学生的“五爱”教育为核心，策划并实施与他们的学习和日常生活紧密相关、符合他们思考模式且适应其专业的教育项目，并借助这些“五爱”教育计划来提升思政教学的效果和针对性。

一、“爱己”教育

高校需要引导大学生理解生命的宝贵性、年轻的珍贵性和机会的重要性，让他们学会珍视自己的健康，提高他们的素质。他们应该寻找自我价值，制订合适的职业发展计划，找到通往成功的道路，并为自身的行动负起责任，对个人成长承担义务，对自己的未来有所担当。同时，也要引导大学生培养自身的道德修养，通过不断学习来增强智慧，坚持锻炼身体以保持身体健康，从而实现自尊、自爱、自信、独立和坚韧的目标。

“爱己”教育实施的具体措施如下。

（1）组织一系列关于生命和人生价值的教育活动。指导大学生珍视生命，勇于改正自己的不足，并对生活充满热情。

（2）组织并实施志愿者服务和社会实践等活动，激励大学生们去关心他人，大胆地投身于公益事业之中，对社会充满热情。

（3）组织各类学科竞赛和科技创新活动，激励大学生积极投入研究，大胆尝试创新和创业，并对未来充满信心。

具体可开展如下内容。

（1）为了提高大学生的安全意识，学校将以“强化安全意识，筑牢安全防线”为教育主题，组织各种形式的安全宣传活动，遵循“健康首位、防治为先、全面管理”的原则，努力构建一座平等、健康、文明的大学校园。以此来提高他们的自我防范能力，并让他们更好地理解、应对各种可能出现的危险。此活动旨在加强大学生的自身防范能力、安全责任感，促进他们的心理健康。学习贯彻习近平总书记关于“安全教育”的重要论述，结合“安全第一”的内容，积极推动促进大学生全面发展的实施，进一步加强对我院大学生的安全教育，引导大学生树立忧患理想、坚定人生信念，进一步端正大学生的学习态度，养成崇高的思想品质，培养大学生的自我保护意识和反诈骗意识，全面提升大学生的综合素质。

（2）为了深化大学生的职业生涯设计和进步观念，强化对自我的理解程度及职业探究技巧，进而优化大学生的就业创业品质，学校将全面推动一场名为“计划自己，塑造未来”的大型实操项目，覆盖全体在校生。这个活动的目的是培育大学生的创造力和创业技能，建立职业发展计划的概念，科学地安排职业道路，激发出他们的潜力，扩大个人品质。协助广大的大学生确定学习的方向，调整对学习的看法，增加学习的热情，确立并强化了职业发展的观念与技术，提高他们撰写求职信和参与工作面试的能力和水平。进一步加强大学生职业发展的教学，优化大学生职业发展的策略，激发出新的思考方式，增加了创新的力量，推动毕业生实现更高层次的工作岗位。

（3）为了引导正确的恋爱观，学校将组织以“浪漫心引力”为主题的实践活动。以达到平衡大学生的学习与工作，并帮助大学生提高成绩的效果。当代的大学生已经不再拘泥于传统的礼仪，而是开始热切地渴望并寻找真正的爱情。这个活动的目标是让大学生们理解什么是谈恋爱，使他们能够更深入地了解和认识谈恋爱，帮助大学生建立真正的谈恋爱理念，并将大学校园的爱情故事变成青春时光中最美丽的一部分。

（4）为了更好推进感恩教育理念，学校将开展以“书信写未来，感恩致友谊”为主题的实践活动，旨在借助书信这种形式引发大学生对未来的思考，对自己的未来负责。引领大家换位思考，理解感恩的含义并学习表达感谢，同时也能让同学们的大学生活更加丰富多彩，进一步增强彼此间的情感联系。

（5）为了增加高校大学生的校园体验并深化其精神文明发展，创建有利于他们身心健康的教育环境，学校将举行“校园微电影比赛”的活动。这个活动的目标是塑造出新时代的大学生典范，推进“和谐”的教育理念，展现学院中各种文化和思想相互尊重和平等相处的环境。让大学生们不仅可以培养创新思维和艺术敏锐度，还可以充分发挥自身的才能。

高校应致力于通过提供专业的支持与科学的管理来协助大学生的发展，并以此作为提高其整体心理素质的目标，努力打造积极向上的校园心理文化。基于这一理念，“心语心悦，让爱传递”的心灵健康月的推广项目应运而生。这个活动的目的是让大学生们更加关注自己的心理健康，增加正能量的影响力，同时不断优化他们的精神状况，让他们对更多心理现象有更深入的理解，指导他们在生活中、学习中如何正确应对和解决问题，推动他们的身心健康的发展，进而创造出优质的学习环境。

（6）为了培养大学生的良好行为习惯、提升他们的思想道德品质，以及促进他们身心健康的发展，从而提升自己的核心竞争力，组织以“正确爱己，不忘初心”为主题的演讲比赛。此活动旨在让大学生培养自身的演说技巧、语言表述技巧以及营造良好的学习环境，让他们有更多的发挥空间，获得更多的成就感。进一步使大学生了解什么样的是“爱己”行为，让当代大学生认识到爱己的重要性和对自己各方面的影响。

（7）为了增加知识储备，激发更多大学生运用阅读提升自己，学校将举办一场读书分享会活动，让大家能够分享心得，推荐好书，在阅读中成长，在分享中收获快乐。让大学生从书中寻找自我，寻找人生目标，使大学生有所作为，充实精神世界，让更多的同学可以感受到阅读的美好。做一个有思想有理想、有追求、有作为的大学生。

二、“爱家”教育

高校需要通过教育来培养大学生的家庭意识，让他们对家庭充满热情并关爱他们亲近的人，同时也要传授给他们优良的家训，使他们主动去维持家庭的和谐氛围，增强与邻居的友谊，积极地帮助家人实现自我提升，共同分享成功或失败的喜悦；最后，要倡导家庭的美德，尊重长辈、疼爱晚辈，明白道理并且遵守规矩，学会感激他人。“爱家”教育实施的具体措施如下。

（1）积极推动“一封家书”和庆祝父子日（母女日）的活动。引导大学生深思家庭的意义，增强与父母的感情，学会感激他们的付出，并敢于向他们表达自己的情感。同时也希望他们在生活中更加关注家人的需求，以实际行动回报他们的养育之恩。

（2）组织实施家庭美德、家风家训的收集等活动。激励大学生继承传统文化，推广家庭美德，积极引导家庭风尚，解决家庭纠纷，实现对家庭的关爱和保护。

（3）策划如为家庭规划蓝图、争取尊严和追求家庭梦想等活动。鼓励大学生培养对家庭的自豪、荣誉感以及责任心，并且要有勇气承担起家庭的重要责任。

具体可开展活动如下。

（1）为了更好地维护家庭环境，将废弃的家具进行改造，更好地传播绿色、可持续的生活观，学校将举办以“衣旧焕新”为主题的旧物改造大赛。活动旨在提高大学生的动手技巧、设计思维，将理论知识与实际应用紧密联系起来，重点关注服装及配饰。既可以将资源利用起来，又可以激励大学生提升自身的创新思维，从而更好地完善自身的素质。此外，活动还将采取一定的奖励机制，使大学生更好地体验到胜利的喜悦，从而更好地促进自身的未来发展。

（2）《中华人民共和国老年权益保障法》的实施，明确了子女“常回家看看”的心理抚慰责任。习近平总书记多次在春节团拜会中强调“家庭与亲情”的关键性。然而，伴随着社会的持续进步以及现代化生活节奏的增速，大学生们与父母的交流日益稀薄，甚至可能出现隔阂。为了弘扬亲情文化，增进大学生与家庭成员之间的感情交流，学校将组织“爱要说出来”主题活动，鼓励同学们与家人保持紧密联系，用一通温情电话表达爱意。

当代大学生弘扬中华民族传统美德旨在通过深入的思想教育，让他们更加重视家庭、亲情的重要性，并且培养他们对家人的深厚情感。鼓励与家人沟通，常用电话表达心中的爱意。活动意在增进家庭成员之间的理解和信任；提高家庭成员的幸福感，减少家庭冲突；培养大学生关注家人情感、照顾家庭成员的责任感和意识，避免大学生留下青春羞于表达的遗憾。

（3）“独在异乡为异客，每逢佳节倍思亲。”家是我们最温暖的避风港。身处他乡的学子，对家、父母都会有着深深的思念。这是一种别样的情怀，是讲究落叶归根的中国人所特有的一种感情。随着现代人的生活方式的改变，家庭关系越来越淡漠，家庭成员之间的互动也越来越少，期望通过“爱家”主题活动，加强互动方式。让家庭成员之间建立更多的联系，增加彼此的了解与信任，让每个家庭成员在家庭中有归属感和安全感。通过活动打开同学们的内心世界，抒发同学们的情感。通过不断宣传和推广，提升校园的文化气息，增强学术环境，让当代的大学生更好地展示自己的风采，让整个校园更具有温馨的感染力。引导大学生去认识、了解、熟悉家庭，领会父母和家人对自己深沉的爱，从而学习用多种方式去表达自己对家人的爱。

（4）爱家教育对大学生思想政治教育有着不可忽视的作用。“百善孝为先”强调，尊重长辈和尊重他人，是中华民族的优良品质。通过活动使大学生学会感恩，时刻想着感恩，彰显了大学生的美丽与朝气，它体现的不仅仅是我们生活中的点滴与悲欢，更激发了大家的创新、动手、实践能力，同时更增强了学生们的集体荣誉感以及对“家”的认识，而这恰好就是活动的目的。

（5）感恩是做人之本。然而，许多大学生认为父母对自己的付出是天经地义的，老师对自己的辅导是责无旁贷的，别人对自己的帮助是理所当然的，没有感恩意识。学校将通过“观感恩电影，育反哺之心”活动，让大学生懂得“滴水之恩当涌泉相报”的道理，懂得父母养育了我们，我们应该感谢父母；老师培育了我们，我们应该感谢老师；别人帮助了我们，我们应该知恩图报。在实践中学会感恩，把大学生培养成为心地善良、懂得感恩的文明人。

（6）中国的家谱承载了悠久的中华传统文化，其中包括各种家风、家训、家规，这些不仅反映出当代的思想理念，更是构建良性发展的基石。不仅为孩子们提供了榜样，更为他们的未来指明了方向，激励他们追求更高的道德标准，我们将举办“知己爱家”品家风活动，让孩子们在成长过程中拥抱更多的美德，从而更加坚定地走向成功。我国的传统文化和教育体系中，家风扮演着关键的角色，它是保障一代又一代人健康发展的重要因素。家风的精髓被融入新的道德建设中，成为社会主义核心价值观的有力补充。“爱家”活动的目标就是让大学生理解，优秀的家风是推动社会文明发展的正面动力。

三、“爱校”教育

（1）积极推动对学校的历史、歌曲、信条和规章制度的学习。引导大学生深入理解校园的发展轨迹，弘扬校园精神，关注校园的进步与成长，努力成为一名优秀的“大学生”。

（2）积极推动“知荣辱、守纪律、有品行”的教育项目。引导大学生主动遵循社会的价值观，严格遵守法律规定，培养良好的道德品质，努力成为一名优秀的大学生。

（3）组织学生开展提高师德师表礼仪、提高从师任教能力、提高专业技术能力等活动。鼓励大学生涵养师德师表、锻炼师能技能，开拓创新，争做优秀的应用型人才。

高校需要对大学生进行教育的引导，使他们具备全局观念、团队思维和责任感，关注学校的进步与建设，培育他们的主导者心态；大学生们要理解并喜爱自己的学校，发扬学校的教育理念，实践校园精神，弘扬优良的校园文化；要尊重教师，重视教学，热衷于自己的专业领域和班组，尊重导师和同伴，主动遵守校规校纪，保持文明有礼的行为举止，保护学校的声誉，以此为学校增光添彩。

具体可开展的活动如下。

（1）为营造健康、文明的校园环境，提升大学生的整体素质，展现师生朝气蓬勃、好学上进、文明有礼、奋发有为的精神风貌，传递青春力量，共建文明校园，学校将组织以“树文明正气之风，建和谐卫生校园”为主题的实践活动。此活动旨在构筑一种健康、舒适、有序的教育环境，以及一种具有良好的文明礼仪的社会氛围。积极推进学风建设，培养出具有良好道德修养的学子共同构筑一片清新、健康、美好的校园，使得每一名学子都能从中获得智慧、成长、进步，实现真正的“润物细无声”。

（2）为了弘扬中华优秀传统文化，学校将以“翰墨传神韵，丹青渲校园”为主题举办书画征集活动。这个活动的目的是增加大学生在校期间的生活乐趣并提升其审美能力，让他们体验到书法绘画的美感并深化对传统文化的理解。以此来创造出一种积极向上的学习环境，彰显了书法绘画的独特吸引力。这不仅能增强年轻人的美学欣赏能力和艺术品位，也能加强他们之间关于艺术的互动和友情。同时，它也激发了年轻人对文化和艺术的热忱、认识和探索，给那些热衷于书法绘画的人提供了表现自己才能的机会，推动这些人在彼此间展开更多的对话，以培育他们的文化意识，充实他们的日常生活。

（3）为了营造良好的校园文化环境，提升大学生的道德修养和整体素质，培养更多的具有良好心理品质的大学生，提升全体师生的道德修养，诚实守信、遵纪守规、艰辛奋进，构筑起健康的社会环境，竭力营造“喜爱中华民族、服务于民众、尊崇科学技术、勤奋工作、团结互助”的优秀文化氛围，以及提升全体师生的道德修养与综合能力，学校将举办以“文明爱己、文明爱校”为主题的文明养成活动。通过推行“争做文明大学生”的理念，旨在培育和弘扬优良的传统美德，激励和引领全体师生树立良好的道德观念，努力培育和弘扬正确的价值观，使全体师生都能恪守职业操守，追求社会公平正义。积极推动大学生自身文化素质的培养，以促进他们的健康成长，培养他们良好的社会公德意识，有助于他们走向健康、美丽的未来。培养出一批具有文化品位、具有健康心理、具有高尚情操的学子，所有的大学生都要遵守社会公序良俗，积极参与社会实践，培养正确的价值取向，努力构筑一种健康的社会关系。

（4）校风是学校在长期的教育活动中形成的，它具有行为和道德的价值，对学校乃至社会产生了深远的影响，并被广泛接受。吉林工程技术师范学院的校园风气激励并培养了一批批教师和学子，同时也推动了学校的发展。为进一步加强校风建设，帮助师生了解学校的办学理念、治学特点、特色成就和发展前景，增强师生对学校的认同感、归属感、荣誉感、责任感，让校风文化成为引领青年思想和学校发展前进的航向标，学校将举办“诵校风，咏校情”主题活动。

（5）为了进一步弘扬校训精神，激发大学生的爱校情感，学校将组织策划一场“我爱我校”校训征文比赛。通过这次活动，旨在引导大学生深入体会校训的内涵，通过写作的方式，展示对校训的理解以及对学校的热爱之情。为了响应“五爱”教育活动，同时也是为了更好地展现出新时代背景下的校园文化以及校园的活力风、人文风。

四、“爱党”教育

鼓励大学生主动研究党的历史，建立坚定的政治信念，支持党的领导，听从党的指示，跟随党的步伐；要关注党的发展和建设，推广党的优秀传统和作风，努力成为坚定的青年马克思主义者；主动学习和实施党的路线方针政策，坚定“四个自信”、强化“四个意识”，始终同党中央保持高度一致，成为中国特色社会主义的优秀建设者和可信赖的继承者。“爱党”教育实施的具体措施如下。

（1）积极推动对中国共产党基础理论的系统学习和教育工作。引导大学生深度探索并理解中国共产党的成长历程，主动提升他们的“四个意识”（即政治意识、大局意识、核心意识、看齐意识），成为党忠诚的信奉者、赞同者与捍卫者。

（2）组织开展中国梦等具有时代特色学习教育活动。鼓励大学生将自身成长融入党的事业中，勇于坚持真理，坚持科学发展规律，增强中国特色社会主义发展信心，做党的事业的促进者、推动者、践行者。

（3）组织开展“青马工程”“学习筑梦”班、党史学习教育活动。鼓励大学生明确目标，勇于同不良现象做斗争，做党的优良传统的倡导者、继承者、传播者。

具体可开展活动如下。

（1）为了引导大学生养成良好的行为习惯，提升他们的思想道德品质，促进他们身心健康的发展，从而提升自己的核心竞争力。学校将组织“不忘初心、牢记使命”主题教育演讲比赛。此活动旨在让大学生培养自身的演说技巧、语言表述技巧以及营造良好的学习环境，让他们有更多的发挥空间，获得更多的成就感。进一步使大学生树立端正的入党动机，让当代大学生认识到马克思主义中国化的时代成果。

（2）为深入学习贯彻习近平新时代中国特色社会主义思想，巩固深化“不忘初心、牢记使命”主题教育成果，激励全体大学生满怀信心迈进全面建设社会主义现代化国家新征程，以昂扬姿态奋力开启全面建设社会主义现代化国家新征程，学校将开展“传承红色文化，建设美丽校园”主题活动。活动旨在引导广大师生做到学史明理、学史增信、学史崇德、学史力行，引导同学树立正确的世界观、道德观、价值观，加深对党的认识，坚定中国特色社会主义信念。自主、自觉地学习党史，了解党史经过，珍惜前人带来的安逸生活，以史鉴今，发挥党的优良传统。学习百年党史，重拾红色记忆，传承红色精神，汲取奋进力量。

（3）红色故事作为中国革命历史的珍贵财富，承载着无数英雄为国家和人民的奋斗、牺牲和付出的历史纪实。其中蕴含着革命者们的坚定信念、顽强意志和崇高理想，对于高校开展爱党思政教育具有重要的启示和指导意义。学校将开展“重温红色故事，传承革命精神”党史故事分享会，提高在校大学生的“爱党”意识，歌颂爱党先进分子，充分显示学校党建工作发挥模范带头作用的优秀共产党形象，进一步丰富大学生的校园文化生活，展示校园精神面貌，营造积极向上、健康活泼的校园文化气氛。为思政教育提供平台，让大学生们主动参与、思考和交流。通过分享自己对红色故事的理解和感悟，锻炼大学生自己的思辨能力和表达能力，拓宽大学生对社会主义核心价值观的认知视野。

（4）在庆祝中国共产党诞生一百周年的大会上，习近平总书记发表了重要讲话，他深情地回顾了中国共产党如何团结并引领中国人民开辟了伟大的道路、创造了伟大的事业、取得了伟大的成就，并且深入地揭示了中国共产党的精神根源和政治品质。在新的旅程中，进一步强化爱国主义教育，推广爱国主义精神，对于培养能够承担民族复兴重任的新一代人，为实现中华民族伟大复兴聚集强大的力量，具有深远的意义。怀感恩之心，颂爱党之情。为了庆祝建党101周年，回顾党的光辉历程，弘扬党的丰功伟绩。学校将举办“传承红色基因　争做强国青年”主题班会。通过本次主题班会的学习形式，在学习党知识的过程中，使大学生更加了解党、热爱党、拥护党、增强党在全社会的影响力。让大学生在潜移默化中接受感恩教育，领会到“常怀一颗感恩之心，人生不会暗淡无光”的道理。

（5）在新的时代背景下，年轻的大学生是国家的未来和希望，他们肩负着振兴国家和民族的重大责任。为了提升大学生对中国共产党的热情，塑造正确的人生观和价值观，学校将举办一场名为“习近平主席青年寄语”的学习活动，目的是激励和引导年轻学子勇敢地承担起时代的重任。面对年轻人，习近平总书记的话语既简洁明了、亲切温暖，又鼓舞人心，激发了广大青年为国家、为民族坚定不移的斗志。让所有的年轻人肩负起历史的责任，坚定前行的决心，树立远大的志向、展现崇高的品德、发挥出色的才能、承担起重大的使命，努力成为能够承担起民族复兴的重任的新一代人，让青春在为国家、为民族、为人民、为人类的持续奋斗中绽放出璀璨的光芒。

五、“爱国”教育

教育引导大学生学习国史，了解国情，培养以爱国主义为核心，团结统一、勤劳勇敢、自强不息的伟大民族精神；忠于祖国，忠于人民，坚决捍卫祖国尊严，自觉维护国家利益和民族团结；学习中华优秀传统文化，自觉弘扬中华传统美德，增强民族自豪感和自信心，自觉践行社会主义核心价值观，为实现“两个一百年”奋斗目标而努力学习。“爱国”教育实施的具体措施如下。

（1）组织开展大学生创新创业、挑战杯、“互联网+”等活动。激励大学生关注国家的发展和社会的进步，鼓励他们勇于创新和创业，并始终专注于中国特色社会主义伟大事业的建设。

（2）策划各种教育活动，例如大型革命歌曲合唱、诗词大赛、成语大赛以及成人仪式等。鼓励大学生学习国学，并且推广中华优秀传统文化。同时，也鼓励他们勇于理解和把握自己的主观意识形态，以及辨别认知上的误区。在此过程中，始终坚持国家利益优先于一切。

（3）组织国防安全教育和大学生入伍等各类活动。引导大学生深入理解军队的坚韧作风，了解军事理论，向往军营生活，主动参与国防建设，始终坚定地维护国家的主权和领土完整。

具体可开展活动如下。

（1）为大力弘扬雷锋精神，构建文明和谐校园，学校将开展以“践行雷锋精神，争做雷锋传人”为主题的志愿服务实践活动，号召大学生学习雷锋精神，积极践行使命担当。此项活动的目标是深化对党的二十大精神的理解和宣传，实施习近平总书记关于深入推进学雷锋活动的重要指示，培养和实践社会主义核心价值观，大力推广雷锋精神和志愿精神，使学雷锋活动成为日常生活中的一部分，并在大学生中广泛传播。

（2）“当代中国青年生逢其时，施展才干的舞台无比广阔，实现梦想的前景无比光明。”为了明确中国梦的具体含义，为了充分展现青春责任与担当，学校将开展“青春梦，中国梦”主题会议，让青年与时代同步伐，与人民同命运，让青年在以后的路上更加坚定自己，在青春的路上不再迷茫，展现青春激昂的风采，更好地书写新时代青春答卷，为实现中国梦而奋斗！

（3）电影是第七种艺术形式，它以其简洁明快的篇幅和优秀的视觉效果，传达出一个个深刻的哲理，讲述各种各样的故事。因此，我们需要通过学习贯彻习近平新时代中国特色社会主义思想主题教育，以及中国共产党第十九次全国代表大会的精髓，来更好地理解中国在推动创新、协调、绿色、开放与共享等新型发展观念方面所取得的巨大成就，从而提升大学生们对党的理解。学校计划举办《厉害了，我的国》的电影观赏会，旨在向当代的大学生揭示近年来中国取得的巨大进步，并突出习近平总书记对当代青年的殷切嘱托。这样可以让所有的同学在一个轻松愉悦的艺术环境下产生内心的共振与感触，从而唤起他们对于党、对于国家的深深热情。

（4）爱国主义是指个人或集体对祖国的一种积极和支持的态度，是人们对自己家园以及民族和文化的归属感、认同感、尊严感与荣誉感的统一，是保卫祖国和争取祖国的独立富强而献身的奋斗精神我们民族精神的核心，是实现中华民族伟大复兴永不枯竭的精神动力。为了让大学生以热爱祖国为最大光荣，激发广大学生的爱国主义热忱，培养广大学生的历史责任感、使命感和高尚的爱国情感情操以及增强大学生责任意识，学校将隆重举行以“弘扬爱国主义精神，做新时代有为青年”为主题的，以一封信的形式表达爱国情感的活动。希望通过爱国主义教育活动，能够促进大学生了解中华民族的悠久历史，承传中华民族的优秀文化，培育大学生的民族自尊心、自信心和自豪感，树立成才报国的远大志向。

（5）学校还计划开展一场名为“强国复兴有我”的爱国主义知识竞赛，目的是强化对大学生的爱国意识与责任感的培育，激发他们以满腔热血投身于21世纪的事业中，通过刻苦学习提升自身能力来实现中华民族伟大复兴的目标。同时也希望借此机会增进他们的民族认同感和荣誉感，并促进学校文化的繁荣发展，深化大学生的道德观念，使其更富活力地参与到学校的文化和生活中，从而全面提高他们的爱国主义素质。

第三节
大学生“五爱”教育内容的体现

一、文化上的体现

根据“立德树人、传承创新，重点突破，全面提升”的原则，强化精神文化的教育课程，提高学校的文化建设水平。同时，也致力于建立校史博物馆，构架出一套完整的校园文化体系。此外，要加强良好教风、学风建设，形成对大学生具有陶冶作用的优良校风。还需关注校园文化景点的建设，持续改善自然与人文的环境质量。最后，进一步深化宿舍文化发展，打造最美宿舍、学习筑梦宿舍及研究生宿舍等，充分发挥宿舍团队的力量。与此同时，我们会举办各种富有创意且内涵丰富的文化活动，以此来凸显学校的独特魅力，进而增加学校在社会的声望与影响力，提升学校的名气和教育的软实力。

二、活动上的体现

围绕学风建设，通过开展生命教育、家教家风教育、以校为家的主人翁教育、忠党爱党的信念教育、坚定爱国的忠诚教育等活动对大学生进行大学生“五爱”教育，通过丰富校园活动，寓教于乐，引导大学生不断树立“爱己、爱家、爱校、爱党、爱国”的情怀。[1]

在全校大学生中实施“五爱”教育工程，通过对大学生开展生命教育、良好的家教家风教育、以校为家主人翁教育、忠党爱党信念教育、坚定爱国忠诚教育，着力提升思想政治教育的亲和力和针对性。“爱己”教育，主要组织开展生命教育、人生价值教育、志愿服务、社会实践、学科竞赛、科技创新等活动。“爱家”教育，主要开展“一封家书”、感恩父亲节（母亲节）、传承家庭美德、家风家训征集、我为家庭绘蓝图、我为家庭争荣誉、奋斗家庭梦想等活动。“爱校”教育，主要开展学习校史、校歌、校训、章程等活动，开展“知荣辱、守纪律、有品行”主题教育，开展提高师德师表礼仪、提高从师任教能力、提高专业技术能力等活动。“爱党”教育，主要开展党的知识学习、中国梦、“青马工程”等教育活动。“爱国”主题教育主要是通过举办大学生创新和创业比赛、挑战杯竞赛、“互联网+”项目等方式来实施，也包括了大型合唱表演、诗歌朗诵会、成语大赛、成人仪式等多种形式的教育内容，同时还涵盖了有关国家安全的知识普及及鼓励大学生参军的相关培训课程。

[1] 郭凤臣，张雷．“立德树人”视域下高校共青团创新工作载体策略研究［J］．吉林工程技术师范学院学报，2018（5）：3.

三、制度上的体现

制度是大学生“五爱”教育重要的辅助方式，以“素质教育”为目标，以“实践育人”为导向，积极探索“一二三课堂”立体设计，将“第二课堂”的校园文化活动和“第三课堂”的社会实践活动纳入了人才培养方案。“第二课堂”校园文化活动是对“第一课堂”教书育人的充分延展、必要补充和重要强化，以“第二课堂”文化巡展系列活动作为实施大学生“五爱”教育工程的重要载体和有力抓手，将贯穿全学程、覆盖全校。[1]以学校服装工程学院为例，围绕学校“五爱”教育相关要求，制定了一系列的相关工作制度，如:《服装工程学院学习目标管理制度》《服装工程学院教师党员“三联系”制度》《服装工程学院大学生入党积极分子及发展对象教育培训的管理办法》《服装工程学院入党积极分子量化考核办法》《服装工程学院文明寝室创建制度》《服装工程学院“12345”心理健康教育管理体系心理健康教育体系》《服装工程学院大学生学业规划实施方案》《服装工程学院“三全”育人培养体系》《学情调研制度》《大学学风建设实施方案》，均是从制度层面对“五爱”教育的强化。

四、载体上的体现

为切实发挥好“第二、第三课堂”在大学生“五爱”教育工程中的载体作用，深化贯彻落实好素质拓展活动纳入本科人才培养方案的重要举措，切实发挥“第二、第三课堂”在人才培养中的重要作用，通过强化学校层面的育人平台建设以及学院层面的特色活动建设，结合职业师范院校大学生特点，构建校院两级联动、各方协同推进的“第二课堂”育人机制，提高育人质量。2017年，吉林工程技术师范学院结合“第二课堂”，将搭建好“思想教育平台”“校园文化平台”“创新创业平台”“社会实践平台”“网络教育平台”五个平台作为重点，学校各分院也将结合教学专业特点设计开展机械专业技能大赛、电子设计大赛、服装模特大赛等各类特色活动，着力丰富“第二课堂”内容，充分发挥好“第二课堂”作用。

五、方法上的体现

方法创新主要体现在人才培养上，要形成全程式、集成化的实践育人格局，在具体措施上，统筹规划“思想政治与道德修养、学术科技与创新创业、技能培训与资格证书、文体艺术与身心发展、社会实践与志愿服务、社团活动与社会工作”六个方向的大学生课外活动，并赋予12个素养学分，最终生成大学生的“第二课堂成绩单”。在技术手段上，运用“互联网+技术和思维”，通过“PU口袋校园”APP网络平台记录大学生参

---

[1] 郭凤臣，张雷．“立德树人”视域下高校共青团创新工作载体策略研究［J］．吉林工程技术师范学院学报，2018（5）：3.

与活动的经历和效果（图4-1）。❶

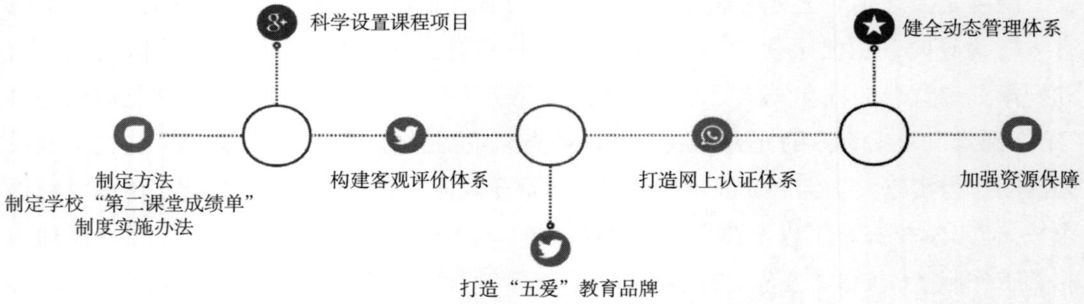

图4-1　大学生“五爱”教育内容在方法上的体现

（一）制定学校“第二课堂成绩单”

作为落实习近平总书记在全国高校思想政治工作会议上提出的“要重视和加强第二课堂建设”的重要要求的实施“第二课堂成绩单”制度，是推动学校思想政治工作改革创新，完善服务大学生发展体系，促进大学生综合素质提升的迫切需要。因此，学校党政办公室应当实时成立“第二课堂成绩单”制度推进工作小组，由教务处、大学生处、团委等牵头制定学校整体实施方案，统筹开展，有序推进。❷

（二）科学设置课程项目

“第二课堂成绩单”制度的实施，依赖于设定合理的课程项目。这些项目的设定应以提升大学生的道德素质、社区参与度、创新思维和创业精神，提供志愿者服务，发展个人技艺与才华，以及开展文化艺术或运动类活动等为目标。根据对大学生选择的“第二课堂成绩单”主题的研究结果显示，排名前三的项目分别是思想政治教育活动，社会实践及志愿服务活动，以及创新创业项目。其中，思想政治教育活动占了56.41%，社会实践及志愿服务活动占了52.63%，而创新创业项目占了39.95%。这表明大学生主要关注的是增强自身的价值观和个人修养、通过实际操作提升自身能力，以及积极探索新的创意想法。因此，在规划第二课堂的学习任务时，需要紧密结合大学生的期望，采用系统化的方法去设计课程，并制订详细的教育计划，确保整个学习流程符合标准要求，从而满足学生在各方面的需求。

❶ 郭凤臣，张雷．“立德树人”视域下高校共青团创新工作载体策略研究［J］．吉林工程技术师范学院学报，2018（5）：3.

❷ 张基斌．高职院校创新“第二课堂成绩单”制度促进大学生思想政治教育质量提升路径研究［J］．教育现代化，2019.

（三）构建客观评价体系

“第二课堂成绩单”制度的实施同样依赖于评估系统。学校应基于实际情况来设定合理的评估准则，并强调记录内容的真实性和评估方法的公正性，以确保其有效性。通过这种方式，可以对大学生的第二课堂活动表现进行准确的判断，并且以学期或年度为单位，以积分或学习小时数的形式全面展示他们的参与情况，从而满足各类大学生参与各种活动的需求。

（四）打造网上认证体系

“第二课堂网上认证体系”作为推行“第二课堂成绩单”政策的核心工具，依托网络科技全面追踪大学生的动态，运用数据统计为他们的个人成长和教育提供科学支持。为了满足高校需求，需构建符合大学生发展需求的网络平台，实施对各类活动的有效监管，包括项目启动、管理和评估等环节，以确保大学生能够顺利参与并完成各项活动，最终获得相应的证书。

（五）健全动态管理体系

“第二课堂成绩单”制度通过引入动态管理体系来达到效果。为了推动这一制度的实行，学校需要利用如互联网与大数据等先进的信息科技手段，构建出学期及年度的结果反馈系统并将其应用于数据的使用上，以便能够对大学生的第二课堂表现做出全面的评估，以此作为依据去调整课程项目的设置，促使活动的改进与创新，进而能向学校提供关于大学生发展状态的数据参考，助力于他们制定更优质的人才培育策略，进一步提高大学生的整体能力。

（六）加强资源保障

作为主要的责任机构，二级学院应负责开发并提供第二课堂实践活动的具体内容。为确保该制度的顺利执行，学校必须对各个部门和学院进行协调，提供包括人力、资金、场所和后勤等全方位的支持。同时，学校应鼓励教师根据他们的专业知识和第二课堂工作的特定需求，开展相关的教学和实践活动，以满足大学生的需求。就“第二课堂成绩单”制度对大学生的积极影响而言，超过半数的大学生认为这一制度有助于他们全面提升各项能力，而近六成的大学生则认为它在大学生职场发展方面具有积极作用。

（七）打造“五爱”教育品牌

积极扩建“五爱”教育项目团队，遴选优秀学工干部作为团队成员，开展“五爱”教育专项培训，聘请领域内专家为成员进行辅导。重点打造“五艺”（“文艺”修身、“茶艺”养性、“画艺”静心、“厨艺”赋能、“体艺”强心)、“五案”(对于经济方面较差的大学生，采用“扶贫扶志”关怀育人方案；针对学习较差的大学生，采用“师生互助”帮扶育人方案；针对纪律较差的大学生，采用“激励唤醒”教育育人方案；针对心理素质较差的大学生，采用“细致共情”辅导育人方案，打造“心理健康投资基金”“美丽心灵加油站”心理育人项目品牌；针对身体素质较差的大学生，采用“正念冥想”训练育人方案)，打造实践育人活动品牌，完善融媒体宣传，深化品牌内涵建设。

与此同时，团队积极开展研究，从“单一项目研究”到“全方位工作开展”，在工作室建设、朋辈队伍选拔、专业知识能力提升等基础上不断提升朋辈能力，从“单一工作模块”到“一体化工作模式”。实施“搭平台、育品牌、建机制、重引领、推成果”工作举措，从三个特点、三个方面、三个关注(聚焦学校特点、学院特点、大学生特点；围绕校园文化育人、朋辈辅导、“五爱”教育；做好关注社会、关注家庭、关注个人)切入，从四个方面建设工作室，完善和提升团队、网络平台、管理模式和研究成果，形成六维(理念维度、目标维度、方法维度、路径维度、实施维度和保障维度)协同育人。

第四节 大学生“五爱”教育实践体系的具体实例

新时代大学生的培养和塑造大多是在接受知识教化、实践锻炼中形成的。高校是“五爱”教育的重要场所，也是培育新时代接班人的主体，打造丰富的校内外实践活动，进而形成品牌口碑，对新时代大学生的培育具有重要影响。[1]

一、开展“五爱”教育的主要内容

开展形式多样的学校文化活动是推动“五爱”教育工程的有效手段，在学校文化建设包含的各个方面中，主要有思想品德教育活动、文化和艺术的活动、课外的科学技术学习、体育活动、社会实践、创新创业项目、志愿者行动以及文明校园的构建等。在介绍实际案例前，这里将详细阐述每一种校园文化活动的内容及其执行方式。

(一)开展思想品德教育活动

思想品德教育的两个主要组成部分，分别为政治观念培养与伦理素质提升。前者旨在激发大学生对于国家的忠诚度、对中国共产党和人民的热爱、对社会主义的支持，并坚定地支持四项基本原则及改革开放政策；后者则通过指导他们深入研究马克思列

[1] 冯刚，王莹. 时代新人家国情怀的培育路径探析[J]. 南华大学学报(社会科学版)，2022(5)：16-22.

宁主义、毛泽东思想、邓小平理论以及“三个代表”重要思想、科学发展观、习近平新时代中国特色社会主义思想，让他们了解党的路线、方针和政策，同时强化他们的国家意识、社会主义核心价值观和社会责任感。此外，我们还应加强他们在政治理论上的理解力、政治敏锐度和辨别是非的能力，以增加他们对建设社会主义现代化的信念和勇气。

我们可以采用多种方式来实施这种教育，例如：党校和共青团校的培训课程、时事政策的教育、国内外的热门话题讨论会、每周的共青团员政治理论学习活动、关于习近平新时代中国特色社会主义思想和“三位一体”的知识竞答、国庆或党建的文章征集、红色歌曲大赛、参观爱国主义教育场所、组建党员集体学习小组的活动、社会实践项目、政治理论学习的分享议等。思想品德教育是针对大学生开展民族优良传统、公共伦理、家风教育的环节，旨在培养他们正确的世界观、生活态度及价值观念，提升他们的社会主义道德素质与品质，让他们自然地展现出努力求知、坚韧拼搏、内外一致、真诚守诺、关爱团队、遵纪守法、热衷劳作、注重清洁、友善相处、尊重教师、保护公共财产、节俭消费、无私奉献、勇敢正义等行为，并主动实践和维护社会主义职业道德和社会规范。这种教学方式包括：通过大学生公寓精神文明创建活动；推广《公民道德建设实施纲要》的学习普及；参与到希望工程的慈善捐赠活动中；参加志愿者的无偿服务项目；植树造林活动；由大学生的自主管理组织在校内进行自我检查和整改工作；举办关于道德建设的大学生辩论比赛；举行“守护绿色的家园”主题演说竞赛；评选文明课堂和文明考场等（表4-1）。

表4-1　大学生“五爱”教育实践之思想品德教育活动参考主题一览表

活动形式	教育内容	参考题目
主题党、团日活动	爱己	“树文明正气之风，建和谐卫生校园”主题团日活动
	爱家	“新时代红色爱家”主题活动
主题党、团日活动	爱校	“传承红色文化，建设美丽校园”主题活动
	爱党	“重温红色故事，传承革命精神”党史故事学习分享会
	爱党	“忆党史，学党章，重温入党誓词”主题党日活动
	爱国	“学习新思想　奋进新征程”主题团日活动
主题班会	爱己	“强化安全意识，筑牢安全防线”安全教育主题班会
	爱己	“献给彼此心灵一瓣书香”爱己读书分享主题班会
	爱家	“爱国先爱家，爱家先爱父母”主题班会
	爱校	“师道传承，匠心育人”主题班会

续表

活动形式	教育内容	参考题目
主题班会	爱党	“传承红色基因　争做强国青年”主题班会
	爱国	“最美爱国梦，倾心报祖国”主题班会
主题讲座	爱己	“规划自我，创造未来”职业规划讲座
	爱己	“健康人生、绿色无毒”禁毒宣传讲座
	爱校	“诗香书韵”经典诗词诵读主题教育活动
	爱国	“祖国在我心中”主题教育宣传活动
志愿活动	爱己	“践行雷锋精神，争做雷锋传人”志愿活动
	爱家	“爱家铭于心，感恩践于行”志愿活动
	爱校	“校史志愿讲解员”主题活动
	爱党	“探寻革命足迹，感悟红色精神”志愿游学活动

（二）举办文化艺术活动

丰富的校园文化艺术活动能塑造良好的校园文化环境和提升学习者的整体素养，它们不仅可以激发学校的文化活力，也是一种有效的教育方式。通过这些富有创意且有趣的教育项目，我们可以培育大学生们的美学欣赏力、团队合作意识、艺术技能、文学理解力和乐观的生活态度。此外，这也有助于增强他们的组织技巧、领导才能、创作能力和沟通交流能力。多种类型的文化艺术活动如下：

举行迎接新生的或者毕业典礼的音乐剧演出、新年派对、歌唱竞赛、主持人选拔、时尚展示、话剧短片比赛、绘画展览、摄影比赛、舞蹈赛事及舞会等。另外，学校也鼓励成立舞蹈队伍、喜剧小组、合唱团、乐队等大学生艺术群体，并且给予必要的支持与指导。

策划各类文化艺术盛宴，包括演说比赛、礼仪竞技、争论赛、黑板报评选、文学研讨会、主题影片放映、主题文章征集等，创建文学俱乐部、校园新闻机构、校园播音台等文化宣传平台，以引领大学生们创办各式刊物，撰写优美的文学作品，进而营造浓郁的校园文化气息（表4–2）。

表4–2　大学生“五爱”教育实践之文化艺术活动参考主题一览表

活动形式	教育内容	参考题目
文艺演出	爱己	“灵动自我　舞动青春”专业大赛活动
	爱校	“唱爱校之歌，抒爱校情怀”校歌比拼大赛
		“诵校风，咏校情”朗诵活动

续表

活动形式	教育内容	参考题目
文艺演出	爱党	"唱响红色心声"红歌竞赛活动
	爱国	"祖国在我心"爱国歌曲大合唱比赛
绘画比赛	爱己	"翰墨传神韵，丹青渲校园"书画作品征集活动
	爱党	"宏伟蓝图"主题书画活动
征文比赛	爱己	"书信写未来，感恩致友谊"活动
	爱家	"家书抵万金、字字传真情"主题征文活动
	爱校	"我爱我校"征文比赛
	爱党	"传承红色文化"征文活动
	爱国	"以挚爱之笔，书爱国之情"主题征文活动
	爱国	"峥嵘百年史　砥砺中国行"主题征文比赛
	爱国	"我和我的祖国"写给祖国的一封信
短视频	爱己	"爱己微电影"大赛策划案
	爱家	"纪录片——我家那点事"主题活动
最美人物评选	爱党	"我身边的好党员"主题评选活动
演讲比赛	爱家	"感恩父母，评选最美父母"的演讲比赛
	爱党	"坚定信念跟党走"主题演讲活动
观影活动	爱家	"观感恩电影，育反哺之心"活动
	爱党	《上甘岭》主题观影活动
策划案评选	爱家	"知己爱家"品家风活动策划
知识问答大赛	爱校	"知我校园，爱我校园"知识问答竞赛
	爱党	"学党史、知党情、跟党走"知识竞赛
书法大赛	爱党	"书墨党章"主题分享活动

（三）组织开展课外科技活动

高等教育的主要使命在于塑造具备崇高理念、优良品德、深厚知识与严格自律的共产主义事业继承人和接班人。在这四个要素中，文化的追求占据了极其关键的地位。当下的青年群体是21世纪国家各领域的核心人才，同时也是推进科教兴国战略的关键。他们的科研能力和创新思维程度直接影响中国特色社会主义现代化建设的前景。因此，通过举办大学生的科技竞赛来提升他们的创新力是非常必要的。为了成功地实施这项计划，高校需要强调其教育的核心理念，并构建适当的管理结构，同时还需要提供专业的导师团队、资金支持及物资设备等，并且还要设立奖励制度和评价标准。相较于普通校园的活动，大学生的课外科技项目应该被看作是一种培育人才的重要手段，所以在执行过程中，需要注意以下几点：

（1）营造充满浓厚学术气息的教育环境至关重要。教育环境不仅展示了学校的文化品位、格调、风气与氛围，更是一种文化精神的体现，对于塑造大学生良好的文化品质有着深远的影响。所以，为了提升并增强大学生的研究技能，学校必须重视教育环境的发展，让他们能在尊重知识、追求真实、敢于创新、热衷付出、和谐相处的环境下自主探寻真理。构建富有学术氛围的教育环境时，高校共青团应采取如下策略：首先，定期举行学术科技演讲会。吸引国内外的知名专家、学者、企业领导到访，以期让大学生接触最新的研究动态、进步趋势及新的见解，深入领悟和探讨科学的精神与人文价值观。其次，全面运用学校内部资源。鼓励在校内的杰出科学家或教师针对全体师生开展主题讲座，内容涵盖某个特定领域的知识或者科学研究方法等，旨在拓宽大学生的眼界。最后，安排具有深度的专业学术讲座。这类讲座对大学生的启发最为显著且实用。

（2）积极推动建设并资助大学生的科技创新团队来实施各种项目。针对这些团体，青年团体的责任就是为其成员提供最大化的协助。首先，提供举办各类科技主题的活动的空间设施；其次，通过设置宣传区域（例如，公告栏或互联网推广）来提升他们的知名度；再次，激励团队的核心领导人带动所有成员参与到可行的科研探索与创新活动中；最后，应当帮助团队寻找合适的导师，以便让他们的技术实践更上一层楼。

（3）大力推动各类学科的研究与探讨工作。通过深度且全面地推进这些领域的学习及探索，可以有效提升大学生的主动学习的热情并强化他们的科技研发技能。完成此项工作时需注意以下几点：第一，设定清晰的目标导向；第二，重视领导力的影响；第三，设立层次化的问题设计；第四，鼓励全面参与；第五，扩大成果的影响范围；第六，提升结果的深度。其可见的效果包括大学生能精确掌握研究领域、拓宽知识视野、调整知识体系，目的是培养他们的整体素质和人格特质，并增强协作精神。这是一种从校园文化发展的视角来看待人才培育中的引导、激发、团结与熏陶的作用。此外，其多样的表现方式是通过各种有趣且引人入胜的活动来实现的，如演讲会、研讨班、争论赛、创新技术应用、科研探索、实地考察、实验、调研分析、知识竞技、观看科普电影、在线论坛、角色模仿、科技活动等。

（4）引导大学生参与高层次的大学生活动科学技术竞赛。这些活动包括“挑战杯”全国大学生课外学术科技作品竞赛、大学生创业计划大赛、全国大学生数学建模竞赛等。高校共青团组织应承担起组织的责任并提前筹备，例如：开展大学生创新科研项目的立项工作，构建鼓励大学生参赛的激励体系，定期举行大学生科创赛事等（表4–3）。

表4–3 大学生“五爱”教育实践之课外科技活动参考主题一览表

活动形式	教育内容	参考题目
专业竞赛	爱家	“温暖一家”新闻摄影大赛
		“我爱我校”校训征文比赛
	爱党	“学党史、知党情、跟党走”思政知识竞赛
		“唱响红色心声”红歌竞赛活动
		“祖国在我心”爱国歌曲大合唱比赛
创新创业大赛	爱己	“衣旧焕新”旧物改造大赛
技能与礼仪培训	爱己	“争做文明大学生、从我们做起”礼仪养成活动
	爱校	教室基础设施的操作与使用专题培训
专业论坛	爱己	“规划自我，创造未来”职业规划论坛
调研活动	爱己	“为你的青春加油”采访调研活动
	爱家	“时间胶囊——我的年轮与父母的年轮”主题采访活动
	爱校	“绿碳生活，文明你我”校园环保主题调研活动
	爱国	“品读红色经典　厚植爱国情怀”读书调研分享会

（四）开展体育活动

首先，高校开展体育活动有利于增强学子的身体健康水平与心理素质，提高他们对于健康的理解及重视程度，并加深大学生对于体育相关知识的认识。此外，高校开展体育活动也有助于激发他们的竞争精神，并以此来考验个人的毅力，培育自尊感和团队合作的精神品德。其次，借此机会可以激励学子们参与各种有趣且有益于身心的竞赛，以此来增加他们在各项技巧上的熟练性。这些举措包括但不限于课堂内的常规课程设置（如体育教育）或者学校统一组织的晨跑计划等方式方法，都能够有效地推动同学们更加热衷参加这类富有挑战性质并且兼具趣味元素的健康生活习惯养成活动（表4–4）。

表4–4 大学生“五爱”教育实践之体育活动参考主题一览表

活动形式	教育内容	参考题目
趣味运动会	爱己	“驰骋绿茵、无悔青春”足球赛
晨跑	爱己	“一日之计在于晨”早操策划方案

（五）广泛开展社会实践活动

学校文化的构建并非仅限于校内环境，其发展过程同样需要遵循以教育促进社会主义发展的理念，并将其与实际生活紧密结合起来。而实际上，社会实践正是构成校园文化建设的核心部分之一。大学生的社会实践项目涵盖了许多方面，例如志愿者工作、实践实训、暑假的社会调研、科学研究及兼职学习等（表4-5）。

表4-5　大学生“五爱”教育实践之社会实践活动参考主题一览表

活动形式	教育内容	参考题目
社会实践	爱己	“衣旧焕新”旧物改造大赛
	爱家	“家务，让爱传递”实践活动
	爱校	“低碳校园，从我做起”校园清洁实践活动
	爱党	“党在心中”游学活动
	爱国	“重温红色故事，传承革命精神”实践活动
社会调研	爱家	“社会采访——爱要说出来”调研活动
	爱党	“党史知多少”调研采访活动

以志愿工作为例，志愿工作是由年轻志愿者主导的，其目的是支持社会经济的发展并培育优秀的个人品质。参加志愿活动的主要载体是通过青年志愿者组织来实现，遵循自愿参与、倾情付出、注重实际效果及持续努力的基本原则。志愿服务包括：向城市与乡村发展、社区日常工作、贫困地区、弱势群体和社会需求等方面提供支援。此外，也鼓励大学生单独或者以团队形式执行志愿项目，同时也可由志愿者协会发起范围较大的志愿服务活动。

二、优质的品牌活动是开展“五爱”教育的重要方式

（一）“五爱”教育可以融入大学的美育活动中

举办各种有趣的活动，比如“一封家书”、传统艺术进校园等艺术活动。同时，可以结合音乐、美术、文学、历史等学科，用多元化的方式创造丰富多彩的文艺活动。利用关键的时间点和传统节日等机会，创新活动形式，与时代同步，以更生动、更鲜活的方式展现优质教育内容，使实践活动适应时代特性和新一代大学生的发展需求。举办丰富多样的实践活动是传播家国情怀、提升爱国情感的重要手段。在参与各类活动的过程中，新一代大学生有机会感受到中华传统文化的独特魅力，在经典文化中熏陶自己的情

操，提升审美能力。在丰富多彩的活动中，参与者能够亲身体验和感受，这也有助于“五爱”教育以更贴近实际、更自然的方式深入大学生的内心。

（二）需要利用党史、国史、校史及家族历史来作为基础

“五爱”的教育理念虽然具有一定的理论深度，但通过历史视角来看则更为具体且真实。在实施“五爱”教育过程中，可以大量使用旧物品、旧照片和原始文件等资源，创建相关纪录影片，同时配合党史、国史、校史和家族历史的研究项目，撰写文章、举办研讨会、展览书法作品、组织阅读分享会等多种形式的活动，让党史、国史里的生动的历史事件成为活动的核心部分，并且借助学校的传统、家的教诲这种与我们个人成长紧密相连的教育元素，使大学生的爱国情感更加浓厚，进而创造出有利于新时代人才健康地成长的环境。唯有增强年轻人对于党史、国史的了解和熟悉度，深化他们对学校和家庭的认识，才能够确保“五爱”教育工作的实际效果。“五爱”教育的塑造离不开实践行动，要把思维转变为实际行动，并在实践训练中让爱国情操深入人心。

（三）“五爱”教育的实施需要多种形式且多元化的实践环境来发挥其重要作用

高校应该根据大学师生的情况去积极构建这些环境。例如，可以通过志愿者行动、大学生社会实习项目、创新创业计划以及红色教育活动等方式进行有意义的研究。这种方式可以把传统的家庭爱国主义理念融入现代家庭爱国主义的表现中，并在各种实践活动中体现“五爱”的教育精神。近些年来，越来越多的高校已经开始重视大学生的社会实践课，并且将其纳入学校的教学体系，并设定相应的分数或时间要求。高校和社会合作建立实践基地，可以让年轻人更贴近社会，增强他们的能力。近年来，一些高校也尝试了一些新的实践方法，比如：在学校附近的乡村推广农业优惠政策，调查研究农村存在的问题，或者为孤寡老人们提供暖心服务，又或者是体验当一名志愿者老师等，这样不仅能让年轻人在保持对社会现状的认识的同时，也能利用他们所学的系统的、科学的知识回馈自己的家乡。此外，在新冠疫情期间，有很多高校还开展了关于疫情防控的社会实践活动，其中包括在社区内进行疫情的预防措施、心理辅导及法律普及等活动。这样的实践活动能让大学生更好地理解国家的真实情况，深入了解自己所在的地方，同时也提高了大学生的思想素质和个人品质，培养了一种服务于社会的观念。

（四）搭建社会实践平台的目标是培养创新和多元化的人才

在新时代的浪潮中，人才是时代的先驱和青春的领航者，应当重视对他们的全面培养。高校可以将“五爱”教育的主题融入大学生的创新创业中，设立相关的课题项目。让所有的参与者在组建团队、设计课题、深入讨论和执行计划的过程中，不仅能够提高

个人的创新能力，也能感受到家国情怀。同时，可以引导历史学、社会学、教育学、传播学等相关专业的大学生，将家国情怀的教育元素融入他们的专业作品创作中。高校可以与公司、组织和社区建立联系，构建一个广阔的教育平台来传递家国情怀。高校可以围绕“五爱”教育主题进行宣传，或者将学习研究成果转化为实际行动。组织参观红色教育基地和接受爱国主义教育也是一种重要的实践方式。近年来，许多大学在暑假期间组织了一些年轻的大学生骨干，前往爱国主义教育基地进行实践活动。

三、“五爱”教育实例

在全校大学生中实施“五爱”教育工程，通过对大学生开展生命教育、良好的家教家风教育、以校为家主人翁教育、忠党爱党信念教育、坚定爱国忠诚教育，着力提升思想政治教育的亲和力和针对性。“爱己”教育，主要组织开展生命教育、人生价值教育、志愿服务、社会实践、学科竞赛、科技创新等活动；“爱家”教育，主要开展“一封家书”、感恩父亲节（母亲节）、传承家庭美德、家风家训征集、我为家庭绘蓝图、我为家庭争荣誉、奋斗家庭梦想等活动；“爱校”教育，主要开展学习校史、校歌、校训、章程等活动，开展“知荣辱、守纪律、有品行”主题教育，开展提高师德师表礼仪、提高从师任教能力、提高专业技术能力等活动；“爱党”教育，主要开展党的知识学习、中国梦、“青马工程”等教育活动；“爱国”教育，主要开展大学生创新创业、挑战杯、“互联网+”等活动，开展革命歌曲大联唱、诗词大会、成语大会、成人礼等教育活动，开展国防安全、大学生入伍等教育活动。

以“第二课堂”校园文化活动为载体，实施“爱己、爱家、爱校、爱党、爱国”教育工程，通过对大学生开展生命教育、良好的家教家风教育、以校为家的主人翁教育、忠党爱党信念教育、忠诚爱国教育，着力提升思想政治教育的亲和力和针对性。引导大学生“爱己、爱家、爱校、爱党、爱国”，做社会主义核心价值观的坚定信仰者、积极传播者、模范践行者。

（一）爱己

大学生是国家的未来、民族的希望。爱己教育是“五爱”教育工程的基石，地基不牢，地动山摇。学校应从抓爱己教育入手，积极组织大学生开展和参加各类“第二课堂”和社会实践活动，引导大学生珍惜生命、珍惜青春，在风雨中磨炼意志品质，在社会大课堂中开眼界，长学识，增才干。

积极开展阳光体育“走下网络、走出宿舍、走向操场”（“三走”）系列活动。每个清晨、午间、夕阳下，运动场上、足球场上、篮球场上，大学生们生龙活虎，在体育锻炼中愉悦心情，增强体魄。“三走”系列活动旨在增强大学生体育锻炼的自觉性、探索推进体育锻炼活动的机制、丰富推进体育锻炼活动的载体、创新推进体育锻炼活动的手段、培育践行社会主义核心价值观。

积极开展“三下乡”社会实践活动，在社会服务中彰显人生价值。校团委、学工部高度重视、认真研究部署大学生暑期“三下乡”社会实践工作，创新活动形式，制订符合大学生特点的暑期“三下乡”社会实践工作方案，并以此来指导各级重点团队建设。美丽中国实践服务团、教育关爱服务团队等十多支服务团奔赴全省各地进行社会实践，在实践中坚定了自己的理想信念，在社会服务中彰显了人生价值，展示了大学生的良好风貌。积极参加志愿服务，践行社会责任，争做学雷锋志愿服务精神传播者践行者。近年来，吉林工程技术师范学院阳光青年志愿者协会在长春站开展“温暖回家路，阳光青年志愿者在行动”主题志愿服务活动，一件件红马甲传递了大学生志愿者热诚的奉献之心。

实例1：

“爱己”安全教育主题讲座

一、活动背景

为了使大学生在交谈中理解交通指示和标志，掌握交通安全的知识，感受交通规则的重要性，进而自发地遵守交通规定，提升交通安全意识，规范个人的文明行为，尊重生命，快乐成长。

学校坚持以科学发展观作为指引，严格执行“首要任务是确保安全、主要策略是以防为主、全面管理”的原则，并秉持着“以人为本”建设平安和谐校园的观念，进一步增强对安全的重视程度，举办各种多样化的安全教育活动，以此来提升所有教职员工及大学生的安全认识与自我防护技巧。

二、活动目的、意义和目标

提升班级成员对安全的认识和理解，让他们能精通于校园与社区内一些常用且重要的安保信息并增强自卫能力。

依据“提升个人安全观念，强化自保技能”的原则，学校需要对教育安全的实行与监督保持严谨的态度，确保大学生们的生存权益得到保障。通过这些活动，每一个人都能认识到生活的意义，并在其中发掘自身的潜质，积累更多的人生经验，以此来引导他们珍视生活、尊重生命、热爱生活、守护生命。

三、活动主题

珍爱生命，安全第一。

四、活动流程

（一）人员需要：院学生会所有成员

（二）主办单位：电气与信息工程学院

（三）前期准备

1. 收集与大学生相关的安全知识资料，如有需要提前做好打印。

2. 安排工作人员分配任务，准备活动相关物品，场地布置及事后活动现场的清洁处理等。

3. 通过海报、横幅等形式扩大宣传力度，并进行活动记录。

4. 工作人员佩戴工作牌，认真履行自己的职责，不得随意走动。

5. 所有班级的负责人都应提前到达现场进行人数核对，并妥善完成签到程序。

6. 提前到场的同学保持现场秩序，不得大声喧哗。

7. 各班负责人相互配合并制订主题班会活动的详细内容，活动中做好记录，活动后认真总结、完善。

（四）活动过程

由教师引导大学生回忆安全标志的图片，下面教师提问大学生作答。

1. 交通安全知识。

（1）什么是交通安全设施?

交通安全设施是为了确保驾驶人和行人的安全，并充分利用道路的作用，在道路沿线所设置的设施的总称。

（2）交通安全设施包括什么?

交通标志、标线、护栏、隔离栅、视线诱导设施以及防眩设备等。

（3）什么是公路交通标志?

是利用图像、颜色和文字来传达特定的信息，以便于管理交通并确保安全的设施。

（4）公路交通标志如何分类?

交通标志种类繁多，可以根据各种方式进行分类：主要与辅助的标志、活动和固定的标志、照明设备、发光装置及反射装置，还有能够展示驾驶环境变化的可调节信息标志。

（5）什么是交通标线?

交通标线是利用线条、箭头、文字标志、立面标识、突起路标和轮廓标等，来向驾驶者传达导航、限制以及警告等相关信息。

2. 错误的安全常识。

（1）开车吸烟不会影响驾车安全。

研究表明，与非抽烟人群相比，吸食者的车祸风险增加了百分之五十以上。针对此现象的原因进行了深入探讨后发现：当驾驶人在开车时，他们可能会因寻找或取出香烟而分心；同时由于香烟含有大量尼古丁及焦炭成分会导致驾驶人体内缺乏足够的维生素 B_{12}，从而影响视力和健康状况。

（2）酒精不会对驾车安全构成威胁。

车祸事故的发生率与酒后驾车有关，研究表明，当血浆中乙醇含量从0.5‰升高到1‰时，车祸发生率的风险会提高五倍。

（3）听刺激性音乐可以消除驾车疲劳。

从人体工程学的视角来看，音乐可以调整人们的感觉和精神状态，使他们感到愉快和振奋，进而让他们处于最佳的工作状态。然而，听刺激性的音乐会对驾驶安全产生显著影响，因此在驾车时应选择节奏平缓、旋律舒缓的音乐。

3. 教师问大学生答（选择题）。

（1）关于楼梯安全，下面哪些行为是错误的？（①）

①上下楼梯时，靠右侧行走。

②下课的时候和同学在楼梯台阶上打闹。

（2）当你在学校里看到许多人拥挤在一起时，你应该如何处理呢？（②）

①赶紧挤进去看看出了什么事。

②情况危急，立刻报告老师。

4. 组织大学生表演安全教育小品。

大学生预先准备了有关安全的小游戏，通过这种方式在愉悦中获取知识，从而提升他们的安全防护意识。

五、活动总结

此次以交通安全为主题的班级讲座取得了良好的效果，所有参与者都对这次讲座的各个环节表现出了热情，严格遵守讲座规定，并积极配合班委会的工作。这样做实现了大学生们更深入地理解和遵守交通规则的核心目标。

本次讲座，将交通法规知识融入其中，通过各种有趣的环节，让大多数同学都参与进来，同时让同学们知道了交通规则的重要性和必要性，明白了生命的可贵，知道了遵守交通规则可以规避一些风险，降低发生意外的概率，从而起到了爱护自己，保护生命的目的。

经过这次班级活动的学习，学生们对于道路交通安全及生活环境中的潜在风险有了更深入的认识。他们认识到，这些看似微小的事物实际上能够预防事故发生，提升大学生的安全观念。希望大学生们能成为主动遵守道路规则、具备良好安全意识的优秀学子，始终坚持“以安全为首要任务”，并牢记“安全第一，保护自己”的基本准则。这种方式有效地提高了他们的交通安全意识和其他方面的防范能力。

经过班级讨论，大学生们学到了一些基本的安全防范措施，如避免人群堵塞、保持右侧通行等。这些交通安全法则的教育使得他们深切理解到遵守道路规定的重要意义。期望这次活动能引发大家对道路交通安全的重视，同时期待他们在未来的生活里也能以此作为警示，更积极主动地关心自己和他人的安危，确保自身和他人的生命安全。

实例2:

“爱己”职业规划活动

一、活动背景

当今社会，人们越来越重视自我发展的完善和实现，这就要求个人要对自己的未来做出全新、全方位的计划。一年的计划始于春天，大学就是人生旅程中的春季。在这个春天里，大学生们需要对未来进行规划。

二、活动目的、意义和目标

1. 每个有职业规划的人都要有清晰的发展目标，人生目标与职业规划密切相关。多数有目标的人能抗拒短暂的诱惑，会朝着自己的方向前进，令自己感到充实。

2. 有了目标，人就会有目的地朝着自己向往的方向坚定前行，提高取得自我成功的概率，让同学们去做自己喜欢做的事，追求所追求的，并将其做到极致，做到成功。其实很多时候，失败的人并不代表没有能力，可能是选择的角色并不十分合适。所以，职业规划是应对个人角色有效的定位方式，是每个大学生都该拥有的。

三、活动议题

对于梦想，你是选择等待还是去追寻?

为明天的起飞，请在今天插上翅膀!

四、活动流程

（一）前期准备

1. 收集毕业生毕业方向、就业问题、应聘企业资料，如有需要提前做好打印。

2. 安排工作人员分配任务，场地布置及事后活动现场的清洁处理等。

3. 通过海报、横幅、自媒体等形式扩大宣传力度，并对活动全程进行活动记录。

4. 工作人员佩戴工作牌，认真履行好自己的职责，不得随意走动。

（二）活动过程

在制订职业生涯计划时，学校应该考虑到生活和发展的需求以及个人的兴趣爱好，并确立明确的职业目标。这将有助于大学生正确地认识自己的优点，全面理解职业的需求，并引导他们进行职业生涯的认知，设定明确的职业目标，选择合适的职业角色，以及寻找最佳的发展路径。

1. 自我认识测试，让大学生以做测试题的方式科学分析自我。

2. 通过测试结果对应查看适合职业，观察各职业需要的能力，确定适合自己的职业。

3. 确立职业规划方向，并规划如何实现。

五、活动总结

对大学生来说，最好的资源就是心态和坚持，心态放平，才能更好地积攒能力，为将来做储备，其次是坚持，任何事情不能轻言放弃，发展需要过程。规划的首要目的是帮助大学生更清晰地认识自我、发现自我。

大学生的职业生涯设计可以协助他们确立职业发展的方向。经过对科学理论的研究和归纳，能够深入理解自身，洞察自身的潜力与特质，评估自身的能力和智力，明晰个人所长，合理设立职业发展愿景，并制订实施方案，让自我的潜力和才华得以充分展现，从而达成职业的目标。此外，职业生涯的设计也有利于大学生们在自我成长过程中把握关键点。其主要益处在于，它可以在大学生的日常工作中指导他们的优先级排序。借助职业生涯规划，可以让大学生更清晰地掌握工作中的核心要点，提升成功的概率。

实施职场发展计划对大学生的自我发掘和能力展现具有积极意义。通过这个过程，他们能够专注并投入自身擅长的领域中，从而最大化他们的潜在价值以表到成功的目标。然而许多大学毕业生却难以寻觅满意的工作，这主要是因为他们在了解自我的过程中存在模糊不清的地方。当前的社会正处于剧烈变化阶段，各种形式的竞争力无处不在且愈演愈烈；只有适应环境的人才能存活下来——这就是“自然选择”的原则。因此，制订一份合适的未来事业蓝图对大学生来说非常重要：它不仅能让大家明确自身的缺陷与弱点，还能为他们的成长指明道路、提供针对性的改进方案来增强他们在面对挑战时的应战力。

实例3：

“爱己”志愿活动

一、活动背景

大学生涯是重要的人生阶段，因此大学生们不仅需要持续努力学习，同时也应该积极参与志愿者活动，在志愿服务的过程中丰富个人生活体验。在闲暇时间，参与有意义的任务和活动，不仅能够助人，还能提升自我组织和领导技巧。大学生可以通过参与志愿者活动，提升自我，丰富生活，学习新的知识，增强自信，学习如何与人相处。现代大学生肩负着重要的使命，当前社会需要奉献精神，需要友善。

二、活动目的及意义

培养无私付出意识，对构建关爱与友好相处的社会环境有积极作用，能体现个人自我价值并推动其进步和发展。借助志愿服务团体及活动，能够认识到众多杰出的个体，这是一种珍贵的精神资产和社会资源，对大学生未来的工作、研究和日常生活都有所裨益。

三、活动主题

从灵魂深处，发起“爱己”活动，做志愿者，帮助他人，丰富自己。

四、活动流程

（一）前期准备

1. 联系社区，确定志愿服务内容。

2. 通过海报、横幅、新媒体等形式扩大宣传力度。

3. 准备进行活动记录。

（二）活动过程

1. 集合去往社区，清理社区。

2. 去社区敬老院服务老人。

3. 结束前，请老师做简短总结。

五、活动总结

通过此次活动，大学生志愿者的队伍走到了更远的地方，更多的人了解到了大学生志愿者队伍。通过参与高校志愿者的服务项目，能够充实大学生的精神生活。对于大部分大学生而言，履行社区服务的职责被视为一种应当承担的社会责任与个人义务。此外，这些行动能让他们有机会回馈社会的教育培养，并促进社会文明的发展。这种以“无私奉献，关爱他人，互相支持，共同进步”为核心的价值观，正适合众多大学生的生活方式，也恰好满足了他们在心灵上的需要，因此成为大量大学生选择成为志愿者的一项重要因素，同时这也是维持大学生志愿者团队不断发展壮大的关键所在。

本次志愿服务活动让大学生知道了志愿服务给别人带来帮助和快乐的意义，让同学们与他人进行心灵对话，去寻找一个自己与他人之间的纽带。这次的志愿服务行动，让同学们得到了精神的洗礼，也提升了社会大众的认同感。只有热爱自己的人才能以真挚的关怀去照顾他人，只有彼此之间的关爱才能构建出充满爱意的和谐社区。

（二）爱家

家庭不仅是避风港湾，也是人生奋斗的推动力。爱家教育的目标是激发大学生对自己的家庭和亲人的热爱；我们需要继承优秀的家庭传统和道德观念，推广中华民族的美好品质，并培养出孝敬父母、感恩他人的优良习惯。

通过开展“一封家书”、感恩父亲节母亲节等活动，鼓励大学生勇于表达对父母之爱，关心家人生活，懂得知恩图报。2018年母亲节，吉林工师易班在吉林工程技术师范学院主校区足球场举办了“‘易’起大声说爱·易班母亲节明信片邮寄”主题活动。此次活动是易班发展中心首次策划实施的线下线上互动主题活动，充分调动了同学们的参与热情，引起强烈反响。活动通过发放免费的明信片、邮票，免费给母亲寄送礼物和共同书写对母亲说的话等方式进行，为广大师生带来了不一样的校园文化体验。

参加活动的同学说："这次活动将自己平时不善于表达的话写给了妈妈，非常感谢易班举行此次有意义的活动。"2020年母亲节，学校组织开展了"我为母亲做顿饭""我来做家务"系列活动，同学们积极参与，从中收获良多。

开展家风家训系列主题活动，弘扬中华传统文化，厚植文化自信基因。2018年吉林工程技术师范学院在全校开展了"展家之魅力，筑青春梦想"家风家训主题系列活动，组织开展"扬家风"主题故事会、品"家训"主题征文，受到同学们的欢迎。同学们通过故事会、唱歌、朗诵、歌伴舞等多种形式来阐述家风，涵盖了明事知礼、尊老爱幼、勤俭持家、诗礼传家等多个方面，使同学们深刻感受到了传统文化的魅力。

实例4：

"蜗牛时光"文化交流活动

一、活动背景

回望大学生们的成长之路，那个童真童趣的自己依旧历历在目。在繁华喧嚣的日子，我们始终在成长。那个活泼天真的童年里有着我们难忘的回忆。通过本次文化活动，找寻过去的记忆，这将是又一次成长的沉淀，让我们与过去告别，时刻抱有怀旧的情怀。

二、活动目的及意义

通过活动让学生们产生共鸣，打开同学们的内心世界，抒发同学们的情感，从而更好地规划自己人生的道路。同时，学校要大力推广校园文化，提升校园文明程度，加强学校的文化气氛，体验当代人文情感。

三、活动名称

"蜗牛时光"文化交流活动。

四、活动准备

1. 提前制作活动宣传海报、宣传视频。

2. 鼓励同学们上传童年照片，控制数量，提前把照片收集好。注明好班级，姓名。

3. 提前把照片贴好，准备签字笔。

4. 交流的方式可以不拘一格，但是呈现的形式必须是积极向上的，是符合社会主义核心价值观的。

5. 在活动前布置好场地，如果需要粘贴签名的照片，必须贴在相应的地方，以免产生不必要的麻烦。

五、注意事项

1. 在活动的过程中要保证活动的安全性，避免出现安全隐患。

2. 活动的表现形式应是自愿的。

3. 此类活动的时间不宜过长，可不定时地举办。

实例5：

“我爱我家”主题宣传活动

一、活动背景

“爱家”这个话题始终贯穿我们的“五爱”教育之中，它代表了我们对家的深厚情感和依赖感。无论身处何地，我们都渴望回到那个温馨的家，那里是我们在风雨中的庇护所。来自全国各地的学子、身处他乡的学子，对家、父母都会有着深深的思念。这是一种独特的情感，是中国人对于落叶归根的理解和追求所产生的一种情绪。

二、活动目的及意义

通过活动打开同学们的内心世界，抒发同学们的情感。同时推广学校文化，提升学校文明程度，加强学院的文化气氛，展示当代大学生的新形象，让学校充满了浓厚的人情味。

三、活动名称

“我爱我家”大型宣传活动。

四、活动准备

1. 准备大展板、签字记号笔等。

2. 提前让同学们准备一句与“爱家”有关的话，控制人数。

3. 在活动前布置好场地，如果需要写字的话，必须写在相应的地方，以免产生不必要的麻烦。

4. 在活动前要做好相应的宣传，避免出现同学不了解情况的现象，同时在活动的过程中也要准备相应的节目，避免同学参加活动出现枯燥无聊的情况。

5. 在活动的过程可以请老师和学生共同主持，保证活动的多样性与多元化，增进老师与大学生之间的情感。

五、分享记录感受

这将是一次深深触动人心的行为——在所有师生中引发爱的热潮，让大家充分感受到、体验到、珍视到爱的感觉。从情绪化到理智化，再到自觉行动的提升，成为一个有责任感，具备优秀品质的大学生。

实例6：

“纪录片——我家那点事”主题活动

一、活动背景

“爱家”作为“五爱”中的第二爱，对于大学生的精神文明建设具有重要影响。为了建设学校的生活环境，表达学校的学子们对家庭的深厚感情，并给予广大学生们展现自己的机会，同时提升他们的整体素养，把这种“热爱家乡”的精神刻画在这美好的时光里。特举办“我家那点事”主题活动。

二、活动目的及意义

俗话说“百善孝为先”，“孝敬”是中国传统文化的社会主义核心价值观之一。通过活动使大学生学会感恩，时刻想着感恩。这次活动彰显了大学生无穷的美丽与朝气，它体现的不仅仅是我们生活中的点滴与悲欢，更激发了大家的创新、动手、实践能力，同时更增强了大学生们的集体荣誉感以及对“家”的认识，而这恰好就是本活动的目的。

三、活动名称

纪录片——我家那点事。

四、活动准备

1. 活动前的宣传演讲。

2. 纪录片中所需要的道具。

3. 手机、摄像机等摄影装备。

五、分享记录感受

与父母近距离接触，回味过程中的点点滴滴的时候，心里的情感与原先是一样的。这次的活动让大学生们深刻理解了父母。

实例7：

“时间胶囊——我的年轮与父母的年轮”主题活动

一、活动背景

在我们每个人都忙于自己的学习和生活，努力为未来奋斗的同时，是否也应该回头看一眼逐渐衰老的父母。他们的养育之恩，我们终生都无法报答。组织相关活动让大学生们走进父母的生活，走进他们的内心，感受心灵触碰带给自己的感动。

二、活动目的及意义

此次活动旨在增强大学生的爱家意识，热爱亲人与家庭，在完成活动内容的同时，找到触及自己心灵的瞬间，记录下来，与小时候的自己和年轻时的父母对比。感受时间的无情，增强“爱家”之心。推动大学生和家长的交流，加深他们之间的亲情。通过活动使大学生学会感恩，常怀感恩之心。

三、活动名称

时间胶囊——我的年轮与父母的年轮。

四、活动准备

1. 活动前的宣传演讲。

2. 手机、摄像机等摄影装备。

五、分享记录感受

与父母近距离接触，回味过程中的点点滴滴的时候，心里的情感与原先是不一样的。组织同学们将自己拍摄的照片放给大家，与大家共同享受这些触碰心灵的时刻。

实例8：

“谁言寸草心，报得三春晖”主题活动

一、活动背景

“感恩”和“孝道”构成了中国古老的精神文化中的重要部分，并且它们也构成了中国人所必备的素养。但是当学生们进入学校并开始新的寄宿生活时，这些家庭问题逐渐显现出来了。部分大学生过于关注自己的想法，无法独立处理日常事务，并且挥霍无度，没有理解家长的辛苦付出，导致家庭关系紧张，甚至出现暴力冲突的情况，令家长们感到担忧。每年5月的母亲节和6月的父亲节都是对亲人表达感激之情的时刻，因此可以组织相关活动来唤醒大学生的内心情感，让他们意识到感谢父母的必要性和行动的重要性。

二、活动目标和意义

1. 让大学生理解父母的深情厚谊，感受到父母的爱护，体验到亲情的无私和崇高，明白为何要对父母表示感激。

2. 大学生应该掌握理解、尊重和关爱父母的技巧，并能够与他们进行有效的交流和沟通。这样才能在与父母的相处中保持和谐。

3. 以自己的实际行动来回报父母，让父母放心。

4. 大学生开始从对父母的感激之情发展到对周围人的感恩，并逐渐形成了有责任心的道德品质。

三、组织实施

（一）召开主题班会——“谁言寸草心，报得三春晖”

1. 制订班会方案，准备主持人主持词。

2. 制作班级会议的PPT，准备关于母爱和父爱的图片，相关的故事、格言以及其他相关资料。

3. 练习歌曲，为期一周。

4. 召开班会，第一阶段为主题导入，第二阶段为配乐诗朗诵，第三阶段为故事分享。首先由主持人分享关于父爱和母爱的感人故事，后引导大学生分享自己和父母的感人故事。第四阶段进行测试，通过测试题看看大学生对父母的了解程度。第五阶段，班主任点评后全班集体演唱歌曲《母亲》，班会结束。

（二）文艺汇报——用文艺的形式展现出对父母的爱

1. 将《感恩的心》手语舞发至班级群，征集愿意表演的同学。

2. 集合活动人员。

3. 大学生实行形体训练，提升大学生身体的柔韧性。指导大学生进行声音训练，以此提高他们的发音能力并培育他们的音乐感觉。

4. 录制视频，发布到家长群中，提升家长的幸福感，培养大学生表达爱意。

5. 在学生之间征集自发表演的节目献给父母，并发至家长群中。

（三）布置家庭作业——为父母做力所能及的事情

1. 组织大学生掌握与家务劳动相关的技能，将活动有效地融合到家务劳动教育之中，以确保全面深入地进行家务劳动教育。

2. 指导大学生通过实际行为来实践“尊敬父母和长辈”的优良品质观念，从小事开始，从身边的琐碎事情着手，积极参加家庭事务工作。

3. 定期组织家务劳动评估活动，将个人的家务技巧展示给老师和同学们，互相学习新的家务技能。

4. 进行“家庭责任模范生”的选拔。首先由教师观察大学生的行为并听取父母的评价来挑选出潜在的人选，接着再通过全班投票的方式最终决定获奖者名单，同时授予他们荣誉证书以表彰他们的优秀表现。

四、工作经验与启示

（一）活动针对性强，抓住关键时间节点，效果显著

本次活动针对大学生离开父母住校生活后暴露出的问题进行了感恩教育。本活动抓住母亲节和父亲节的关键时间节点，采用了大学生可接受的教育方式，积极引导，效果显著。在主题班会召开前的准备工作中，回忆和父母之间爱的故事，对同学们的触动很大，很多同学其实也很爱自己的父母，在和父母相处过程中长时间受到父母的宠爱，有些不思考父母对自己的感情，不会用合理的方式表达对父母的爱。通过此次活动，打开了大学生们和父母之间的心门，为感恩教育系列活动奠定了基础。

（二）开展多项活动，增强育人实效

开展主题班会活动，讲述关爱事迹，发现父母恩情，建立情感纽带。牢记母亲节、父亲节、父母生日，提高感恩的仪式感。

组织艺术表演，通过共同学习《感激之心》的手势舞蹈，唤起大学生们的感恩情绪，并教导他们如何去展示这种情感。不仅提高了大学生的文艺素养，还能让大学生勇敢表达对父母的爱意。

开展节假日回家帮助父母做家务的活动，如扫地、做饭、整理衣物等，在学会劳动技能的同时也为父母分担了家务，建立良好的家庭氛围。

（三）活动有跟踪，有反馈，对表现突出的同学进行表彰奖励

通过活动树立模范榜样，对于表现出色的同学给予奖励和赞誉，以此塑造良好的公众印象并提高整个团队的风气，从而为他们的发展打下坚实的基础。同时，学校也会把在这些活动中被选中的杰出大学生的事迹向外传播，让“感激父母”的教育理念得以升华到更高一层的境界。

（四）活动时间长，活动延续效果显著

本次活动开展两个月时间，除了本次感恩教育活动中同学们表现有了明显提高外，感恩教育效果已经渗透到大学生暑假生活，班级同学在暑假期间打工的数量激增，大学生不仅在家为父母分担家务，而且利用假期时间打工，为家庭分担经济压力。家长反馈效果非常好。

（五）可利用短视频平台，记录和激励大学生，增强关注

活动可利用短视频平台或其他社交网络提高大学生形象，引导大学生传播正能量。用大学生喜欢的方式对大学生自己的提高进行正面肯定。

实例9：

畅想未来家庭活动策划案

一、活动目的及意义

为了能让当代大学生可以更加了解家庭的重要性，在此展开此次爱家主题活动之畅想未来家庭活动，让大家谈一谈自己对于家的理解及自己未来的家庭希望是什么样的，此次活动能提高大家对家的爱护。

二、活动流程

各班由班长组织开展班会，在开展前带领班级干部写稿子，由爱家主题活动引出此次活动。首先由班长带领班级干部发表自己对未来家庭建立的期望，再让每一位同学谈一谈自己未来如何选择经营自己未来的家，由各班班级干部带头引领各班的同学，表达出自己对于家的热爱，各班班长负责记录和拍照。

三、活动总结

为使大学生更加了解家庭的重要性，并且加深自己与父母之间的关系，对未来家庭的展望，学校开展了畅想未来家庭的活动。在活动初期，每个班级班委做好准备工作，商讨如何完善活动计划。在正式活动中，各班班委带领各位同学积极投入活动当中，同学们要认真地思考并畅想自己未来家庭生活，在讲台上发表自己的见解。在发表完成时，同学之间彼此讨论，对家庭有了更深的见解。这次活动提升了大学生的家庭观念，激励他们积极追求家庭幸福，努力创造一个温暖的家庭环境。从构建自己的小家庭开始，到主动为国家的大家庭做出贡献。

（三）爱校

对自己的学校充满热爱，增强大学生在校的幸福感，这是学校“五爱”教育项目的一个关键部分。爱校教育的目标是让大学生理解学校的辉煌历史，了解学校、热爱学校、尊重学校，推广校训精神，实践校园精神，传递优秀的校风学风，保持学校的良好形象，为学校增光添彩。

吉林工程技术师范学院作为国务院批准成立的全国第一所专门为职业教育培养专业课师资的全日制本科师范院校，被誉为“职业教育师资的摇篮”。扎实开展“筑梦工师”行动，让年轻学子爱校如家。学校举办了“奋进新时代、共筑青春梦”——筑梦工师演讲比赛、“奋进新时代、共筑青春梦”唱响工师歌咏比赛等，表达了工师学子对祖国的热爱，也反映了工师学子团结奋进、开拓创新、求真务实的精神风貌。举办了“梦想从这里启航”学校迎新生文艺汇演暨成人礼授予仪式。迎新文艺会演共分为三个篇章，展现了工师校园文化，展示了学校各学院专业特色，鼓励同学们敢于做梦，勇于追梦，号召同学们在逐梦的路上拥有坚持不懈的态度和持之以恒的精神，用青春梦托起中国梦。在喜迎学校建校60年之际，学校举办了“五爱”教育专题网络文化系列活动——“爱校”，其中“我与母校共成长”创意摄影征集活动得到学子们的积极响应，征集到作品上千幅。“我拍校园风采，拍我校园生活”活动中，同学们用照片讲述自己在校园的个人成长，学校的巨变，发现校园的美，发现师生的可爱。

实例10：

关于“最美大学生”评选宣传活动

一、活动背景

身为21世纪的高等院校，积极践行了“爱校”理念，以此增加全院大学生的业余活动和丰富的校园文化来充实他们的学习生涯，提升他们的生活质量，并展示自己的才能，以此增强个人的品德修为。

二、活动目的

通过活动展示大学生青春风采，丰富大学生校园生活，评选代言人进行高校宣传，让各大高校之间有了沟通的桥梁，并且提高社会知名度。同时也要推广和发扬校园文化，提升学校的文明水平，并展示出现代大学生的新面貌。

三、活动主题

“最美大学生”评选宣传活动。

四、活动流程

（一）评选方式

1. 平面摄影：展现选手的上镜感。

2. 演讲：选手的声音话语能力与形象感。

3. 发起全校师生在各大平台上进行投票，选出优秀选手作为活动的形象代言人。

（二）评选要求

形象好、气质佳。男生身高要求1.75米以上，女生身高要求在1.60米以上。

实例11：

“最美校园”摄影展览宣传活动

一、活动背景

本着弘扬校园优秀的精神风貌，以摄影的形式展现出当代大学生对校园生活的憧憬热爱以及对美、对艺术的理解追求。

二、活动目的

通过活动主要培养同学们对学校的认知，全面地了解学校。借此丰富同学们的校园课余生活，发掘艺术人才，提高同学们的艺术审美欣赏水平，陶冶情操，也能给同学们创造一个锻炼自我的舞台。同时，更能提高个人综合素质，拍摄出校园最美的风貌。

三、活动主题

“最美校园”摄影展览宣传活动。

四、活动流程

1. 作品必须是原创，在后期制作过程中，可以对其影调和色调等进行适当的调整。

2. 摄影风格和手法不限，作品必须正能量，积极向上。

3. 作品格式为JPG格式，作品文件命名形式为：作品名+作者姓名+手机号+单位。

4. 提前收齐参赛的摄影作品，并布置场地。

5. 做好提前宣传工作。

实例12：

“红色校园一角”主题活动

一、活动背景

为了紧跟国家“五爱”教育步伐，争做新时代文化校园，开展校风文化建设活动，开展校园文化展，在展现校园文化的同时也是为了培养新时代的社会主义接班人，让更多的大学生有“争做时代新青年，展现校园新文化”的觉悟。

二、活动目的

活动的本质从大学生出发，做到活动的一点一滴都与大学生、教师息息相关，我们是为了建设校园文化，也是为了展现校园文化，更是为了紧跟时代、国家的步伐，建设新时代文化校园。装饰校园的一角或者楼道并拍摄小视频，在线上线下同时展示校园历史文化，新时代爱校文化，校园服装文化等。

三、活动主题：校展活动

四、活动准备

1. 征集所有大学生的作品，如小视频、画作、文章、速写、服装等。

2. 提前准备好活动需要的场地、工具。

3. 大学生会的所有成员提前到场做好所有的本职工作。

秘书处、志愿者活动中心：接待所有到场的领导、教师、大学生并安排就座问题。

新闻媒体中心：负责整场活动的摄影与后期的校稿推送。

文艺部、社团部：负责活动场景的布置与安排。

生活部：负责活动所需要的音乐与灯光。

体育部、组织部：负责活动需要工具的配送与活动后期工具的返送。

学习部：负责活动后期的宣誓环节。

注：所有的大学生会组织成员在活动进行中相互配合，团结协作。

实例13：

“触动——教师的品格”主题活动

一、活动背景

为了进一步弘扬大学生校园文化，深刻展示校园的丰富多彩。开展相关主题活动同时教师是校园的重要组成部分，这也是展现校园文化，校园色彩的重要一环。

二、活动目的

“三人行必有我师焉”，教师更是如此，作为大学生的榜样，对大学生的言行、性格等都会产生深远的影响。而每一位老师身上都有自己的闪光点，体会老师的人格魅力，挖掘老师的美好品格，使大学生加以学习、感悟，以此提升大学生的精神素养和自我品格，是本次活动的目的。

三、活动主题

“教师品格带给我的感触”主题班会。

四、活动准备

1. 各班同学回忆自己的任课老师，并寻找老师身上的美好精神品格。

2. 体会老师的品格对自己的影响，并以书面形式写下来。

3. 各班召开班会，对所写内容进行交流、学习，由班委成员进行汇总报告。

实例14：

“高校光辉史”主题活动

一、活动背景

刚步入校园的大学生，对学校的历史了解不深。校纪观念不能与学校接轨。

二、活动目的

校史记载了学校的诞生、壮大、繁荣和传承，对于塑造学校的声誉和环境起着关键的作用。为了让大学生更深入地理解学校的历史背景和发展状况，激发他们对学校的热爱，提升他们的校规意识。决定开展这次活动，让同学更深地了解学校，和学校建立感情，在学校开心地学习、生活，成为一名合格的大学生。

三、活动名称

“学校的光辉历史”交流活动。

四、活动准备

1. 各班大学生通过图书馆、网络等渠道，了解学校的历史。

2. 班长组织召开班会，各位同学就自己了解的校史进行交流。

3. 班委详细介绍学校的历史。

4. 就所讲问题进行知识竞答（共二十题，在所讲校史中选择）。

5. 活动结束后，班长对活动进行总结，大学生代表发表感言。

实例15：

“校内植树”主题活动

一、活动背景

近期，随着环境质量持续下降，特别是大气的污染问题所带来的各种负面影响日益凸显。此外，“温室效应”进一步使原本已十分脆弱的生态环境失衡。为此我们提倡大学生参与植树活动，增强环保意识。

二、活动目的

提高大学生的环保意识以及综合素质，增强大学生的动手实践能力，让大学生深入理解环保的重要性，并对环境有深入的认识。让绿色，溢满校园，让我们在更干净清新的空气中学习。当我们走在到处都是树的校园里，心情也变得愉悦，让我们一起建设更美校园。

三、活动名称

校内植树活动。

四、活动准备

1. 经过学校领导的许可。

2. 使用班费，由班长购买树苗，利用课余时间组织班里同学分工植树。

3. 在植树地点竖立一个签名墙，参与者进行环保签名承诺。

实例16：

“校史志愿讲解员”主题活动

一、活动背景

随着学校校史馆在建工作的进一步完成，学校准备招募一些了解学校历史的大学生讲解校史，以便更好地让大学生知道本校的背景，更好地去发扬学校的风格和传统，让更多的人更深入地感受学校的魅力。

二、活动目的

为了培养更好更优秀的大学生，组织校园活动锻炼大学生意志，提高大学生能力，学校举办爱校活动招募校园志愿者为校史进行讲解。了解学校的历史，作为在校大学生来说是一件很有必要的事情，学校需要这样一些人来弘扬宣传学校的光荣历史。

三、活动名称

校史志愿讲解员招募活动。

四、活动准备

1. 在学校大屏幕上播放招募志愿者的信息和校园内发布消息，以便同学们能更好地知晓和了解活动的内容。

2. 推广志愿者理念，志愿者理念强调的是彼此协助，帮别人也帮自己，毫无私心地付出，不需要任何回报。

3. 对志愿者进行筛选，筛选的重点在于志愿者是否有助人为乐的精神和良好的语言表达能力，以及对校史的了解程度等。

（四）爱党

百年征程波澜壮阔，百年初心历久弥坚。“中国共产党的历史就像一本充满活力的教科书。”多年来，吉林工程技术师范学院始终将“热爱党的教育”视为大学生的思想政治课的核心部分，并且始终保持这样的态度。鼓励大学生主动去研究“四个历史时期”，建立起坚定的政治信念，遵循党的指示，与党同行，进一步领会和理解党的宗旨和任务，成为一个永远铭记历史、永远铭记初衷、了解历史、热爱祖国、怀揣梦想的热血青年。学校正在大力推进“不忘初心，牢记使命”主题教育，其内涵深厚，使之生动形象、深深打动人心。组织了“追梦新时代，青春心向党”演说大赛、“学史明理”微视频大赛、“网络重温长征路”知识问答大赛等活动，以此来点燃大学生的学习欲望，并增进对于新时期爱国主义的教育。

“青马工程”的深度推进，旨在使年轻的大学生们能够真正地学习、理解、信仰并应用。学校主动筹备“青马工程”的培训课程，自从启动并执行“青马工程”以来，始终将培养具有中国特色的社会主义建设者和可信赖的继承者作为主要任务，并结合当代青年的思维特征和需求，以理想信念的教育为主线，利用马克思主义中国化理论体系，塑造当代青年正确的世界观、人生观、价值观，指导他们坚定地遵循党的指导思想，与党同行。

实例17：

“红色党故事”主题分享活动

一、活动背景

为了庆祝中国共产党成立100周年，学校需要进一步强化党的组织和党员队伍的建设，积极创造一个健康向上的优良环境。以曾经的爱党先进分子为榜样，通过他们的英雄事迹来传递即将书写的党的故事。

二、活动目的

这次的活动旨在增强大学生对党的热爱和尊敬，赞美那些为党和人民做出杰出贡献的人，以突显学校党组织所展现出的卓越共产党员的风采。此外，这也有助于提升大学生的校园文化体验，彰显他们的活力与热情，从而构建充满正能量且健康的校园氛围。

三、活动名称

“红色党故事”主题分享活动。

四、活动要求与准备

1. 参与者需提供与所述故事相关的图片，配详细文字说明。

2. 准备背景音乐，并提交MP3格式的文件。

五、活动总结

一百年风雨历程，一百年辉煌历史，老一辈革命家、教育家的先进事迹不断激励着我们。由党员代表引导我们深入了解赵一曼、陶行知、郭沫若、郇华民等杰出的革命教育家的事迹。他们的行动充分展示了一种坚定的信念——通过文字与思考来武装自己并投身于革命的教育工作之中。他们一生都致力于此项使命，展现出了勤奋努力的工作态度和实践理论相结合的高尚品质。这些伟大的革命教育家们不仅点燃了全国范围内的革命教育热情，而且也为我们国家的发展提供了大量的人才支持，成为真正的革命教育者的典范。

所有的大学生都深感老一辈革命家和教育家对教育、对国家的深厚情感。作为新一代的党员，我们应该学习并推广这些先辈的高尚精神，坚定理想信念，忠诚于党，尽职尽责，为未来更美好的祖国建设贡献自己的力量。

在举行的交流活动中，我们重新学习和理解了那些杰出的前一代对祖国做出的贡献。他们的英勇行为让我们感到自豪，正是因为有了这些先辈及他们身上的精神力量，我们的国家才能够走过一百年的历程并保持音乐之声不停歇，经历风雨却依然闪耀着光芒。现在，这个使命已交到新一代年轻人的手中，我们要继承他们的精神，用教育的责任感与积极向上的态度去持续地付出，为实现人民的期望而全力以赴。

实例18：

关于“爱党”主题班会活动

一、活动背景

怀感恩之心，颂爱党之情。为了纪念中国共产党成立101周年，回顾党的辉煌历程，大力宣扬党的伟大贡献。

二、活动目的

通过这次主题班会的学习，让大学生们在学习党的知识的过程中，更深入地理解党、热爱党、支持党，增强党在大学生中的影响力。这样，大学生们就能在不知不觉中接受感恩教育，理解“常怀一颗感恩之心，人生不会暗淡无光”的道理。这次主题班会活动以“爱党”为宗旨，秉承着学校“笃学　敬业　求实　创新”的校训。

三、活动名称

“爱党”主题班会活动。

四、活动要求与准备

1. 准备本次主题PPT以及相关视频。

2. 讲解党的知识，可分组进行。

五、活动预期效果

1. 此次活动紧密围绕主题，内容丰富且形式多元，期望能唤起一股对党章学习、了解党史、关注党情的热忱，为广大团员积极融入党组织，尽早实现自身崇高理想奠定坚实基础。

2. 充分动员全体成员以小组形式参与整个活动的开展，组内成员齐心协力，分工明确细致，并能从中得到锻炼。

3. 通过这次活动，希望每个人都能学会感激，对那些始终关注和保护党和祖国的先辈表示感激，对那些为了我们的成长付出一生努力的父母表示感激，对那些辛勤教导我们知识的老师表示感谢。

六、活动总结

青年大学生是国家的未来和希望，也是国家最珍贵的人力资源。党始终高度重视对青年大学生进行教育和培养，并且在他们中间发展党员。为了让当代大学生清晰地认识到他们的责任担当，稳固建立他们对共产主义的坚定信仰，他们需要把个人进步和社会国家的发展密切结合在一起，积极提升自我素质，致力于成为社会主义建设的优秀贡献者及可信赖的继承人。

正如列宁所说："真正的共产主义社会建设责任应该由年轻人承担。"当前中国大学生的角色是接续过去并开启未来，他们被赋予了实现中华民族伟大复兴的重要职责。为了达成这个伟大的目标，我们必须依靠年轻一代的力量。深入研究党的百年历程，我们深刻认识到，正是因为有了中国共产党的坚定领导，中国才能逐渐走向世界舞台的中心，中华民族才能实现从自立、富足到强盛的宏伟跨越。

通过本次活动，使大学生们知道党的性质、指导思想、纲领、宗旨、作风，让大学生们明白党代表最广大人民的根本利益，全心全意为人民服务。党要集中全国人民的智慧和力量，聚精会神搞建设，一心一意谋发展。通过对此次主题班会的学习，每一位大学生都收获颇丰，对党的重要性、党的灵魂和根基、党的精神有了更进一步的了解。

实例19：

关于"书墨党章"主题活动

一、活动背景

在中国共产党成立80周年之际，通过认真学习和理解党的发展史，可以激发大学生对共产党的热情。同时，这也有助于培养他们对家乡的深情厚谊和对党的感恩之心。

二、活动目的

以书法大赛的方式，弘扬党章党建，让大学生深刻地牢记党及党的精神，弘扬校园文化，加强学院文化氛围，改善个人精神风貌。

三、活动名称

"书墨党章"主题策划活动。

四、活动准备

1. 选出一等奖1人，二等奖2人和三等奖3人。

2. 评选方式与要求：

（1）比赛类别分为毛笔（软笔书法）、钢笔（硬笔书法）。

（2）作品需要具备美感、艺术感、完整性和健康性。

五、活动总结

中国共产党是领导我们事业的核心力量。中国人民和中华民族之所以能够扭转近代以后的历史命运，取得今天的伟大成就，最根本的是有中国共产党的坚强领导。历史和现实都证明，没有共产党就没有新中国，就没有中华民族的伟大复兴。

党章是最根本的党规方法，其中概括了党的先进性，集中体现了党员的先进性的基本要求。我院学子积极配合学校工作，积极踊跃报名参与本次活动，在各班团支书的布置下获得多份优秀作品。在表彰过程中，获奖人表示作为一名新时代青年，切实感受到使命感和责任感，心中汹涌澎湃，马克思主义中国化时代化新的飞跃切切实实地摆在我们面前，我们站在两个一百年交汇点，要以汗水为墨，奋斗作笔，在未来十年乃至二十年更长的时间做些事情出来。

大学生通过这次活动的成功实践，深刻理解到：要想成为一名优秀的党员，必须不断学习，接受党章，严格遵守党章的条款，遵守法律法规，勤奋学习。学习和执行党章，是保障党的团结一致，完成党的各项目标和任务的关键。必须坚定不移地坚持党的全面领导，特别是党中央权威和集中统一领导，坚守民主集中制，保证党始终掌控全局，协调各方。只要我们坚定不移地坚持党的全面领导，毫不动摇，坚决捍卫党的核心和党中央的权威，充分利用党的领导政治优势，将党的领导贯彻到党和国家事业的每一个领域、每一个环节，就一定能保证全党全军全国各族人民团结一致向前进。

通过对本次活动的学习，不仅让我院学子领悟到了书法的魅力所在，也让我院学子更进一步地了解了党，认识了党，在今后的学习，工作和生活中都将时刻向党看齐，不断努力，砥砺前行。

实例20：

爱党“红色校园文化”活动

一、活动背景

当前，中国的高等学府被视为培育社会主义建设的领导者及继承人的重要基地，同时肩负着推广并发扬社会主义文化的使命，并且积极推动着文化和知识的革新与进步。而身为大学生群体里精英代表的学生干部，他们不仅是学校的得力帮手，也充当了辅助班主任管理大学生的关键角色，更是引领大学生自主管理的主导力量。伴随高等教育教学改革不断深化，对大学生的教育和管理手段变得日益多元化，使得大学生干部在校园里所起的作用越发凸显出来。

二、活动目的

积极主动培养大学生及学生干部热爱党、热爱祖国，坚决拥护党的路线方针政策，主动加强政治理论学习，树立全局意识、服务意识、保持责任意识，具有奉献精神，同时对广大大学生起到带头作用。同时兼顾好各项工作，增强自己的业务水平，提高工作的实效性。

三、活动名称

“红色校园文化”——回顾党的光辉历史，朗诵革命经典。

四、活动准备

1. 确认好活动开展的具体主题，合理安排好所有人员时间的调配，做到活动提前通知，准备有条不紊、不慌不忙。

2. 提前准备好有关党建的历史资料和红歌。

3. 大学生会的所有成员提前到场地，做好所有的本职工作。

五、活动总结

为了强化对革命传统的认识，提升大学生的国家意识，发扬与培养民族精神，充实他们的学校生活，我院决定举行一场活动以纪念党的领导下人民所经历过的艰辛岁月，体验自改革开放以来三十年间的巨变，让大学生明白现今幸福的来源并非易事，以此激发他们为构建社会主义现代化强国付出更多努力，增强他们的历史责任感和任务感，让他们更积极地投身到学业中去报答国家和人民的期望。

为全面贯彻红色文化进校园活动精神，学院领导给予高度关注。并制订出详细的活动执行计划，明确了红色文化教育的具体行动方向，以此确保该项工作的有效推行。

各班团支书依据学校的相关指引及他们所在集体的具体状况进行了深入的活动规划与人员分配工作，以确保此次活动安全顺利地实施并且达到预期目标的效果。学生们都参加了这次的非传统的教育演讲方式教育体验式课程；通过实地考察的方式让他们更直观且全面地学习到我国的历史发展进程及其党派所经历的不易；通过一场关于此话题的大型讨论会议来进一步激发大学生的民族自豪感和责任意识，从而提升其思想境界。为了更好地发扬广大青年的爱国热情，我院特意利用这个机会举办一场特别的课堂教学，以此来引导大家树立正确的价值观并对未来充满信心且坚信党的信仰不动摇。每个小组则采用讲述党史小故事的形式或举行一些有趣的小比赛等方式展示出自己浓厚的家国情感，同时也展现出了对自己祖国的爱护之情，这表明他们在积极投入的同时也非常理解这种感情的重要性。

此次活动的顺利展开，完美落幕，并取得圆满的结果，离不开的是我校相关部门、领导的大力支持，是我院党支部全心全意地、认真负责落实的办事态度，是我院学子积极配合，自发宣传的支持行为。让大学生深刻理解，红色文化是中国社会的珍贵财富。对于当代大学生而言，应将其视为积极学习的一部分，去深入研究并领悟其核心内容，学习那些积极进取、持之以恒的精神特质。

实例21：

弘“雷锋”精神，展青年担当

一、活动背景

雷锋的精神展现出共产主义的理念之光芒，象征了新时代人物的风采。我们需要严肃地引导年轻人去深入理解并践行雷锋精神，积极推动“向雷锋同志学习”的活动，使其具有时代价值，这对塑造具有崇高理想、良好品德、深厚文化和严格自律的新时代青年是至关重要的。为了强调思想导向的关键作用，长春市第二中等专业学校（以下简称“二中专”）根据自身的特色学科设置，开展了以“学习雷锋”为主题的一系列活动，包括志愿服务项目，举办雷锋纪念日的仪式，实施宣传与教育的实践行动，以及参与竞赛等。这些活动的目的在于让雷锋精神成为激励大学生的力量，它代表了伟大民族优秀的传统文化，也彰显了共产主义理念的光辉，展示了社会主义时期新的社会风貌。不论时代如何发展，雷锋精神始终不会过时。

二、活动意义

展示雷锋同志的全貌，使大学生对他的生命历程和精神有了更深入的理解，从而在新世纪中继续弘扬雷锋的奉献精神。用雷锋人格、雷锋精神感召青年，让我校青年大学生在学雷锋活动中产生共鸣，让学雷锋活动在我校蔚然成风。所有人都了解并学习雷锋，从而形成一个学习雷锋的浓厚氛围。

三、组织措施

（一）开展社区志愿者服务

1. 二中专志愿服务队师生为社区居民清理小广告及楼道垃圾，为居民测量血压、清洗眼镜、介绍口腔修复及口腔护理等相关知识，并为居民赠送了牙刷、牙线等口腔护理小礼品，为居民们提供了“家门口”的贴心服务。

2. 学校领导代表全体党员慰问了独居空巢老人和社区贫困居民，为他们精心选购了大米、面粉和食用油。

（二）举办雷锋纪念日活动

1. 全体师生观看视频《习近平讲故事》。

习近平总书记的讲话视频让在场的全体同学“身临其境”地学习、理解了“雷锋精神”，学习雷锋的理念永远不会过时，我们应该继承和发扬他的精神。

2. 两名同学为大家带来了诗朗诵《疫情雷锋》，一字一句都拨动着同学们的心弦。雷锋精神是崇高的，但是并不遥远，作为新时代的大学生们，我们也应当去传承并弘扬这种精神。我们需要承担起时代给予我们的庄严责任，从细微之处入手，把雷锋的精神与社会主义的核心价值观念融入内心深处，并在行动中体现出来。

3. 大学生自愿参加“争做好人好事”活动。

（1）2023年3月1日至3日，通过开展“争做好人好事”等活动，培养大学生养成乐于助人、礼貌待人、多做好事的行为习惯，引导广大师生提高文明素养，培养文明理念，规范文明行为，从而形成教育一个大学生、美化一个校园、影响一个家庭、带动一个社区、引领整个社会的良好风气。

（2）3月5日下午，大学生们自发地开展了全校的卫生大扫除活动。

（3）3月6日，校团委组织大学生参与校外公益环境整治等活动。

四、活动经验与启示

1. 针对性强，活动成效显著。

二中专志愿服务队以积极的内容、独特的形式、清晰的思路，让学校的青年大学生在雷锋活动中产生共鸣，真正理解雷锋精神，从内心上认同雷锋精神，从而让学雷锋活动在学校蔚然成风。

2. 主题鲜明，大学生反响良好。

活动吸引了校内众多大学生，在大学生中反响很好。

3. 辐射面广，活动延续性高。

通过组织活动，学校建立了一个全面的管理体系，帮助大学生培养出节约资源、降低垃圾量和环保低碳的行为模式。同时利用公众号进行宣传，引起大学生的广泛关注。

（五）爱国

习近平总书记在纪念五四运动100周年大会上的讲话中指出："爱国主义是我们民族精神的核心，是中华民族团结奋斗、自强不息的精神纽带。"爱国是人世间最深层、最持久的情感，是心之所系、情之所归。爱国是本分，更是责任。热爱祖国，为祖国的前途命运而奋斗，是新时代赋予每个大学生的职责。

"爱国"教育作为"五爱"教育工程中的重要内容，学校应坚持常抓不懈，培养年轻学子树立正确的家国观，培育好民族情怀。一是经典理论宣传植入情怀。用传统文化育人懂得追根溯源，用革命文化育人确保政治方向，用先进文化育人坚定矢志不渝的信念，主要载体分党校党课、团课、思想主题班会、大学生思想交流论坛等。二是重大节日时段唱响主流。抢占网络思政工作平台，认真组织好中国传统佳节及重大纪念节日庆典活动，传承中华优秀传统文化，树立民族自信和文化自信。三是主题教育活动弘扬精神。持续开展"创先争优""学习四史，不忘初心，牢记使命"等主题教育活动。

为了激发大学生对国防和军队建设的热忱，进一步塑造校园的国防教育环境，学校举办了以"我爱国防"为主题的"五爱"教育演讲比赛。参赛者以"我爱国防"为主题，结合自己的军训经历或参军感悟，阐述他们对国防的理解，以及他们对国防的关心、热爱、建设和保卫的雄心壮志。参赛者们在各个学院展示了他们的深厚政治理念、具有行为表现优秀、热爱党和国家、热爱军队的良好品质。与此同时，学校组织了一场名为"齐心协力，抗击疫情，为中国加油"的主题作品征集活动，呼吁大学生用文字、图片、短视频等形式赞美奋战在前线的抗疫英雄，讲述抗疫期间的感人故事，表达他们的敬仰和祝福。一幅幅感人至深的作品纷纷涌现，让大学生们深刻领悟到了家国合一、齐心协力的含义，在抗击疫情的过程中，他们对"四个自信"的情感认同度得到了提升，激励他们勤奋学习、坚定报国之志。

学校秉持创新引导创业、创业带动就业，主动服务国家创新驱动发展战略和吉林全面振兴发展；学子们积极参加国家和吉林省各类创新创业大赛，为建设幸福美好吉林奉献自己的青春和才智，为学校增光添彩。身为新时代青年，作为爱国担当的接班人，学子们心怀国家，力争为国贡献自己的力量。有的参军入伍保家卫国，有的投身边疆建设，有的奔赴基层致力乡村振兴，有的考研继续深造。他们以家国情怀深爱着这片土地，用无限的激情和奋斗，蓄力为民族复兴铺路架桥，为祖国建设添砖加瓦。

实例22：

《厉害了，我的国》观影活动

一、活动背景

“爱党”作为“五爱”中的第四爱，对大学生思想政治教育有着不可忽视的作用。此次活动旨在增加大学生的爱党意识，热爱党与国家，反思自己。

二、活动目的

为了纪念中国共产党成立100周年，学校组织观看了电影《厉害了，我的国》，以此让大学生们深入学习中国共产党的历史，从而激起他们对党的深厚感情和敬意。此外，也希望借此机会培育他们的爱国主义精神，让他们学会感念党和国家的恩情，并进一步提升学校的文化和育人环境，助力他们在身心上得到全方位的发展与进步。引导他们珍视现有的美好生活，用优秀的表现回报国家和社会。

三、活动名称

观影《厉害了，我的国》。

四、活动准备

活动前的宣传演讲。

五、活动总结

为了庆祝中国共产党成立100周年，激发大学生爱党的热情，培养大学生的爱党情怀，结合学校“五爱”教育，我院学子一同观看了电影《厉害了，我的国》。

观看电影的过程中，大学生们全神贯注地投入到剧情中去，充满着对未来的期许和激动的心情。观影结束后，他们都深受震撼并表达了对国家的敬意，同时也为自己身处这个崭新的历史时期而倍感荣耀。

影片前一部分以光影记录，彰显了大国实力。一方面通过一系列卓越的项目和科技突破标志着我们进入了一个新的时代；另一方面则通过展示普通人日常生活的点滴来呈现出他们对新社会的贡献——无论是致力于贫困地区的脱贫工作、建设世界上最大的森林保护区的人们还是那些关注健康并严格执行纪律的专业人士都无不在彰显他们的力量与价值所在：这都是基于习近平总书记新时代中国特色社会主义思想而取得的重要成就！

那些卓越的成绩让我们无法抑制内心的激动和喜悦，忍不住热泪盈眶并深情的赞叹："多么伟大啊，我们的祖国！"

《厉害了，我的国》里展现出中国的精气神与强大实力，它展示了一种全球化背景下的对构建人道主义，共融世界的渴望及追求。这部影片不仅是对国家的赞美歌颂，更是向那些通过努力工作来创造更美好生活的每一个人的致敬。亲身体验这种强烈的影响力和国力的强盛后，我们深知要为我们宏伟的祖国母亲而骄傲并为其喝彩。当我国科技创新的能力不断提升时，中国人民对于科学技术的信心也在逐步增强。因此，厉害了，我的国！是每个华夏子民内心涌现出的浓厚的爱国情怀和大国的尊严意识所引发的心声。

现代青年肩负着建设繁荣富强的中国的宏大理想和重要使命，应该将个人的理想与国家的未来紧密相连，勇于面对困难，坚韧不拔，只有这样才能创造出无怨无悔的青春，才能更好地完成所承担的光辉任务。

同学们在参与这次活动后，都表达了他们的看法：他们将在未来的生活中积极抓住机遇，不断提升自己，用最新的思维和知识来装备自己，以更好地服务人民并贡献社会。同时他们也将有勇气承担责任，敢于创新，为国家的发展尽自己的一分力量。

实例23：

"爱党"PPT展示活动

一、活动背景

爱有不同的类型。热爱是一种高尚的爱，对待中国共产党，就是要怀有深切的热爱。没有这份热爱，就是在否定历史。打开历史的篇章，我们可以轻松地得出一个深远的结论，只有中国共产党才能拯救中国，才是真正引领中国社会和中国人民前进。

二、活动目的

"爱党"作为"五爱"中的第四爱，对大学生思想政治教育有着不可忽视的作用。此次活动旨在增强大学生的爱党意识，热爱党与国家，反思自己。

三、活动名称

"爱党"PPT展示活动。

四、活动准备

1. 活动前的宣传演讲。

2. PPT的审核。

五、活动总结

"爱国"是"五爱"中的一项重要内容，对于大学生的思想政治教育具有关键的影响力。为了增强大学生们对党的忠诚度，培养他们热衷于党和国家的理念，他们应当注重自我反省，更深层次地关注和保护国家和民族的发展前景、策略规划及主要权益；同时，也应更为珍视中国的特色社会主义制度、共产党及其全体人民之间的紧密联系，以强烈的历史使命感和社会责任感来看待问题，全心全意地主动投身于构建繁荣昌盛、民主自由、文明进步且美丽宜居的社会主义现代化的强大国度的行动之中，用更为广阔的心境和更为包容的态度去追求中国民族伟大复兴的梦想。

学校对此次活动进行大力宣传，激发起同学们浓厚的兴趣，纷纷积极踊跃地报名参与，活动前的宣传演讲点燃了同学们的热情，在对PPT的审核过程中，评委们发现此次活动同学们参报的作品水平普遍有所提高，这说明当代大学生对于爱党爱国仍然存有自己的想法和热情。

无论何时何地，爱国主义都是凝聚力量的关键因素，它是激发我们的国家和民族不断前进的力量源泉。我们需要通过传播爱国主义来强化中华民族的团结力，建立起一种共同奋斗的精神联系与持续进步的驱动力。作为人类道德价值体系的核心要素，爱国主义强调的是每个人都应把祖国的发展视为自己的责任，推动民族间的和谐共处，保障国家的稳定发展，并主动为国家及社会做出贡献，这正是爱国主义理念在社会主义核心理念中所展现出的具体表现形式。

经过这次活动的学习，同学们明白了我们已经迈入了一个新时期——中国的新世纪；身为这个时代的年轻人必须全面地了解并掌握“热爱祖国、努力拼搏”的精神实质及其具体标准，决不容许存在无须奉献牺牲意识的不正确观念或态度，更不允许产生任何自满情绪而导致放松警惕的情况发生。我们学院的同学从本次活动中深切体会出在新形势下更加应该传承并且弘扬先烈们英勇献身的崇高品质，对于未来可能遇到的问题或者困境时会提升自己的认知水平，全心全意投身于建设中国特色社会主义事业的实践中。

实例24：

“青春梦，中国梦”活动主题会议

一、活动背景

信念植于内心，动力源自脚步。为了完成中华民族伟大复兴的任务，我们必须将青年的梦想与国家的未来相连，并使自己的生活和民族的发展密切相关。我们要深入民众、服务国家，因此学校决定举行“青春梦，中国梦”的活动主题大会。这能让大学生们一直对事物充满敬意，持续培养他们的素质，并将个人的成长融合进国家和民族的大局之中。

二、活动目的

现代中国的年轻一代正处于历史性的时刻，他们有无尽的机会去展示他们的才能，并拥有前所未有的光明未来。为了让年轻人能够把自己的青春献给国家和社会，以助力实现伟大的民族复兴的“中国梦”，学校举办了名为“青春梦，中国梦”的活动主题讨论会。这可以让他们跟上时代的步伐，与民众共患难，以此来彰显出充满活力的青春风采，从而更好地完成新时期的青春使命。

三、活动名称

“青春梦，中国梦”活动主题会议。

四、活动准备

1. 由学校通知，本次会议的主题与内容。

2. 确立时间地点通知22级全体成员，各班级派出两名同学现场学习，其他同学进行线下同步学习。

3. 提前布置活动场所，调试电脑等设备。

4. 请大学生代表发言，谈一谈自己心中的中国以及自己的梦想和中国梦。

5. 活动结束后，各级领导及参与发言的同学进行合影留念。

6. 相关媒体部门做好记录，制作视频和公众号。

五、活动总结

为了履行“强国有我”的责任，强化信仰和目标，主动承担重要任务，实现中国的繁荣昌盛，我们在此举办了“青春梦，中国梦”的活动主题大会。本次活动邀请了各级领导、大学生干部、22级同学在线上线下同步参加。

这次活动共有10名大学生代表分享了自己心中的中国，自己的梦想以及中国梦。

这次的活动回顾了过去的路程，激发出了红色的能量，唤起了大学生的爱国精神，培育出他们的家国情感。学校非常重视爱国教育的实施，通过增强爱国意识，制订了一系列重要的策略，从而使爱国教育取得了明显的成果。

对于中国共产党来说，一百年的历史长河中充满了奋斗与拼搏的精神力量。青年的使命是坚定地投身于国家建设事业，通过学习党史来提升自己的认知水平、培养内心的修养，并将知识应用到实践当中去。在这个新的时代里，对国家的热爱不仅仅是一种情感的表达，更应该转化为实际行动，让人民的热情化作推动社会进步的力量。高校教师要有勇气讲好思政课，同时要坚持行动导向，引领同学们从内心深处产生强烈的国家认同感，将其转化为实现民族复兴的中国梦的责任担当，并在实际行动上体现出这种责任感和使命感。

相信通过此次活动，我校的全体大学生必将勇于承担使命，敢于无畏向前，担世界文明之责，谱青春华章，创造无愧于党和人民的伟大时代。

实例25：

“四海笙歌讴盛世，九州风华忆今朝”爱国歌曲大合唱比赛

一、活动背景

自新型冠状病毒肺炎疫情发生以来，大学生的主要学习场所就是学校。他们是未来社会的新生力量，需要成为具备道德智慧身体审美等全方位发展的优秀人才。适度的校园文化和活动可以促进他们的多元化成长，塑造正确的价值观，提升生活的品质并展示出年青一代的风采。同时，这些活动的开展也有助于构建积极向上的校园环境与人际关系。因此，身为新时代社会主义建设者，大学生们要把爱国情怀放在首位，胸怀大志，肩负起时代的使命，始终保持勤奋的精神状态，紧跟时代步伐不断前行。

二、活动目的

培育大学生的国家情怀，使其成为青少年道德教育的核心主题，唤起年青一代对国家的热爱及肩负的时代使命，提升他们的主动参与度，打造充满活力且具有年轻活力的学校环境，充实大学生的业余时间，并构建更优质的环境，强化团队协作能力，增进同学之间的友情互动，因此特地策划了“四海笙歌讴盛世，九州风华忆今朝”的大型爱国歌曲联唱比赛，展现出学校年轻人蓬勃向上的人生态度。

三、活动主题

“四海笙歌讴盛世，九州风华忆今朝”爱国歌曲大合唱比赛。

四、比赛流程

1. 观众入场，保持会场内安静。

2. 参赛队伍入场，播放节奏欢快的音乐，进行暖场。

3. 院领导就座，主持人介绍到场嘉宾，介绍评分规则。

4. 大学生社团工作部进行表演，然后主持人宣布比赛开始。

5. 第一个班级表演，表演结束，评委打分，删除最高和最低分数算出最终的得分。

6. 第二个班级表演，表演结束，评委打分，删除最高和最低分数算出最终得分。

7. 第三个班级表演，表演结束，评委打分，删除最高和最低分数算出最终得分。

8. 主持人宣布最终获奖班级，所有班级代表上台领奖，并由学校领导进行了颁发。

9. 比赛完毕，观众撤离现场，工作人员清理场地。

五、活动总结

为了提升学校文化的质量并激发大学生的活力，学校举办了“四海笙歌讴盛世，九州风华忆今朝”的大型爱国歌曲大合唱比赛。该赛事旨在强化对祖国的爱意和责任意识，创造出一种有利于教育的环境，展示年青一代充满活力的面貌。这次活动，同学们积极参加，热情投入，整个校园充满了欢快的音乐和嘹亮的歌声，营造了一种欢乐、激情洋溢且富有爱意的气氛。此外，同学们的团队协作能力也得到了锻炼，他们认真听取

指导意见，不断练习，使得课后的学习和生活更加充实有趣。

此次的合唱比赛提升了班级的团结精神和集体荣誉感，更关键的是激发了大学生对国家、对党的深情厚谊。真正实现了寓教于乐、乐在其中的教育目标。

这次的活动极大地唤起了大学生的家国情怀和对时代的使命意识，展示出了大学生才华横溢的一面，有效地构建了一个健康的、和平的环境并充满活力的学习环境，使学生们能够深入内心的层面去激发出他们的国民气质和国民感情，全面体现了学院学子乐观进取的精神面貌。

尽管活动中仍有些不足之处，例如某些班组由于缺乏足够的练习时间和采用错误的排练方法，导致他们的歌唱技巧较弱；部分小组的节拍错乱，有人走音，也有人演奏的效果不佳；现场氛围并不热烈，听众纪律也不够好等。然而，经过这个活动的经历，大学生团队增强团结协作的精神并提升了自己的荣誉意识，清楚地认识到作为大学生的责任与目标，极大程度地激起了积极进取的态度和坚定的信念。同学们都认为，他们会在未来的学习生涯中珍视大学的每一刻，全面提升自己的能力，争取成为对社会有贡献的人才。

相信通过此次活动，一定会积累相关经验，规避类似问题，并在今后的活动中一一改正，此次活动无论对参赛队伍还是对组织者来说都是一次难得的锻炼，从中收获了很多，也有很多感触和体会，相信学生们也定会在青春洋溢、热情爽朗的氛围中开辟出属于自己的新天地！

实例26：

“爱国一封信”展示活动

一、活动背景

中华民族精神的核心就是爱国主义，它是推动中华民族伟大复兴的永恒动力。为了积极培养广大学生的国家意识和民族传统素养，我们必须着重激发他们对祖国的深厚情感，欣赏我们伟大祖国的自然风光，深入了解中华民族丰富历史文化和举世瞩目的文明成就。同时，我们应该让他们感受到我国不断蓬勃发展的强大力量，从而在内心深处树立强烈的爱国情怀，并将这种情感转化为勤奋刻苦的动力和努力奋斗的精神支柱。这将激发他们始终关注国家和人民的福祉，明确自身的崇高理想，提升个人的道德品质，确定人生的发展方向，致力于将来成为推动国家发展的重要力量。

二、活动目的

让大学生以热爱祖国为最高荣誉，激发他们的爱国热情，培育他们的历史责任感、使命感和崇高的爱国情操，并提升他们的责任意识，这就是我们在此次活动中所倡导的主要目标。通过这种方式，我们可以有效提升大学生的综合素质，让大学生在活动中成长，在实践中成才。期望这次关于“弘扬爱国主义精神，做新时代有为青年”主题的教育实践能进一步提升同学们的自我认知能力和社会担当水平，同时也能让他们更加深入地理解自己肩负的历史任务及其关乎整个国家和人民的未来命运的重大意义。

三、活动名称

“爱国一封信”展示活动 。

四、活动流程

1. 在活动开始前布置活动现场，调试话筒、音响等设备。

2. 在活动过程中安排专人负责摄影。

3. 参加活动的大学生，在活动开始前20分钟全部进入会场，组织签到，大学生在对应位置入座。

4. 邀请各位领导老师参加本次活动。

5. 由主持人宣布活动开始，并阐述本次活动的背景和目的。

6. 由主持人介绍本次莅临现场的各位老师。

7. 学院领导发表讲话。

8. 请各位同学按照号码上台朗读“自己的一封信”，或者使用PPT的形式进行介绍，由各位老师进行评分。

9. 在活动期间，会穿插各类歌曲和舞蹈等表演。

10. 在所有参加活动的大学生演讲完毕后，由专人进行统计，去除最高分和最低分，取平均值，排名在前十五名的大学生，作品获得“最佳优秀信件”。

11. 全体成员进行合影留念。

五、评选办法

秉持公开透明的标准开展这次评比活动，邀请各学科教师参与评审过程，对于优秀的作品予以表彰和奖赏。学校会把这些出色的成果汇编成册，然后通过新媒体部门将其发布到学校的官方微信公众号及社交媒体如抖音平台等公共领域，供广大学生和大众欣赏，以此深入理解中国深厚的历史底蕴，传承中华文化的精髓。

六、活动注意事项

1. 在活动开始前20分钟，所有学生进入会场。迟到者视为放弃参加本次活动，并扣除对应班级分数。

2. 参与活动的人员必须服从组织者的指示，不能随意移动或大声喧哗，以免扰乱活动的正常进行。

3. 在活动开始前不得将内容传给任何与活动无关的工作人员以及大学生。

4. 大学生以号码代替姓名的方式参加活动。

5. 活动结束后，由工作人员清理现场卫生。

七、活动奖项

前十五名得分高者的作品获得“最佳优秀信件”。

八、活动总结

学校通过开展“写给国家的一封信展览会”的活动来激励大学生们设定远大的梦想、增强他们的道德观念并明确他们的人生方向，希望他们将来能成为国家的栋梁。同时，也希望借此机会进一步提升大学生的综合能力，让他们在参与的过程中不断进步和发展。本次活动由22级、21级大学生共同参与，各年级辅导员应邀出席。

这次活动中挑选出了十五名表现卓越的大学生，他们的口头表达和视觉展示能力非常突出。这些卓越的成就已经被整理成册，并在新媒体部门的帮助下分享到学校的官方微信公众号、抖音号等社交网络平台上。不仅供所有大学生欣赏，也向大众开放，目的是让每个人都能深入了解中国深厚的历史底蕴，传承中华文化的精髓。

本次活动让我们认识到青少年是我们国家、民族的未来和希望。他们将承担起塑造国家、捍卫国家的崇高使命。为构筑21世纪共和国的“钢铁长城”奠定坚实的基础，造就一代具有强烈爱国主义精神和共产主义理想的接班人。爱国主义是中华民族的优良传统，它象征着鼓励和鞭策青年努力求学、积极向上的精神形象，同时也是引领他们建立正确理想信念、人生观、价值观以及世界观的教育方式。

通过这次经历，我们已经掌握了宝贵的教训，明白如何避免出现这样的问题，如何逐一改进。大学生们继承前辈们的优秀品质，学习他们大公无私的精神，激励他们在未来的生活里充满热情与坚定信念。

实例27：

爱国知识竞赛活动

一、活动背景

我国拥有深厚的历史底蕴与历经沧桑的历史进程。我们国家的民族精神是以热爱国家为中心的社会主义核心价值体系的重要内容。本次活动是为了延续对革命情感的尊重并推广爱国主义精神，展示中国的魅力，更深入地推进学校文化的进步，积极宣扬社会主义核心价值观，激起广大学生的爱国热忱，构建有礼貌且和谐的学习环境，助力大学生的全面成长。

二、活动目的

指导大学生加强对国家的热爱与奉献的精神，激发他们“在新纪元中展现出热情洋溢的态度，通过刻苦磨炼来实现中华民族的复兴”；培育他们的国家认同感和荣誉感；培养来自全国各地的大学生之间的团队合作意识及民族向心力。这有助于推进学校文化的进步，深化大学生的道德修养，增加高校生活的多样性和趣味性并借此增进全体师生的爱国情怀。

三、活动主题

“情系家乡，爱我中华”知识竞赛。

四、活动安排事项

（一）准备工作

1. 为了保证知识竞赛的顺利进行，需要在比赛开始前做好宣传、动员、报名和名单整理以及题型收集等基础性任务。

2. 知识竞赛题型搜集：搜集一些爱国主义教育基本知识，充分激发同学们的爱国主义情怀。学习部提前准备好比赛需要的考题，根据报名选手的顺序依次分发。

3. 安排摄影人员，记录活动精彩瞬间。

（二）比赛流程

1. 初赛

初赛采取团队线下笔试的形式，每队参赛人员为3人。笔试试题包含单选题30个（每题2分），多选题10个（每题3分），简答题2个（每题5分），共计100分（答题时间限时1小时）。笔试成绩前8名的参赛团队进入决赛。在比赛结束后，如果有两个或多个代表队积分相同，将参加额外的比赛。

2. 决赛

决赛采取现场抢答形式进行，分必答题（单选题）、抢答题（多选题）、附加题（简答题）3个环节，最终按团队分数高低决出名次。

五、活动意义

弘扬民族精粹，繁荣校园文化，提高在校大学生的综合素质，培养学生全面发展，营造浓郁的校园氛围。举办以爱国主义为主题的教育活动，旨在强化对国民教育的重视程度，促进民族和谐共进的发展，以此来培育和实践社会主义价值观念。也希望借此机会继承先烈的精神遗产，激发大学生的爱国热情，展示国家的风貌。此外，这也有助于推进学校的文化事业，提升大学生的思辨能力和品行修养，增强他们的整体素质，从而塑造出具有创造力的青年一代。鼓励年轻人立志远大，努力学习，尊敬他人，互相支持。

六、活动总结

我国拥有深厚的历史和文化底蕴。我们的民族精神就是以爱国主义为核心的爱国主义精神。为了延续对革命情感的尊重并推广这种爱国理念，展示中华文化的魅力，并且更深入地推进学校文化的进步，积极宣扬社会主义核心价值观，激起全体教职员工及大学生的爱国热忱，创造出一种文明友好的学习环境，从而助力他们的身心全面发展与愉快的生活体验，学校举办了“情系家乡，爱我中华”知识竞赛活动。经过爱国主义教育活动，大学生可以学习中国传统文化，体验革命烈士们为了共产主义事业不惜牺牲自己、洒下热血的崇高奉献精神，这极大地提升了他们的民族尊严和自豪感。学院将认真总结经验，吸取教训，在以后的工作中再接再厉，争创新的辉煌。

实例28：

“最美爱国梦，倾心报祖国”活动

一、活动背景

依据习近平总书记关于坚持和完善中国特色社会主义制度的主张及中国共产党的十六字方针作为指导原则，引导大学生的思维模式和行为规范，通过对历史、民族文化等领域的深入学习，使他们更加深入地理解祖国的发展历程和其重要性。这样，大学生们的团队精神和社会责任感才能得到培养，他们对共产主义信仰的认识也会得到加强，进一步提升大学生对国家的认同感和使命感。

二、活动目的

这次的爱国主义教育行动旨在发扬民族精神，指导现代大学生的行为以符合时代的需要，让他们对国家的历史与现状有正确的理解，强化他们热爱国家的心情并激发其为国家和人民做出贡献的责任意识。同时也要传承这种伟大的人民力量，始终坚持爱国主义理念，不断努力、勤奋工作，最终实现从心怀爱国理想到实际行动转变的目标。

三、活动主题

最美爱国梦，倾心报祖国。

四、活动安排事项

1. 活动宣传：活动前期通过抖音、微信公众号等方式进行活动宣传。

2. 活动具体安排。

（1）提前联系好主讲人，确保活动的准确性。

（2）制作出关于国旗知识和爱国主义教育的展示板，并在活动开始前三天进行张贴出此次活动的宣传海报。

（3）活动前一周确定大学生代表发言。

五、活动意义

通过对社会主义核心价值观念的学习，可以激发出全班同学热爱国家、热衷于科技与生活的热情，引领广大的学子们相信信仰的力量，不断提升自己并回报给国家和人民，积极地投身到社会发展的行动中去，坚持马克思列宁主义作为指导思想，发展中国特色社会主义的根本目标，秉承以爱国为主导的民族精神和以改革创新为中心的时代理念，并且坚决维护社会主义道德准则，以此来推进社会的和谐发展进程，从而增强大学生的实际操作能力和理论结合实操的能力。

六、活动总结

实现中华民族伟大复兴的中国梦是中国近现代以来的最大愿望。这一目标汇聚了数代中国人对未来的期望，反映出整个中华民族与人民的普遍利益，也是每个华夏子民共同期待的目标。作为新时代的大学生，我们将成为推动祖国发展的关键力量，因此“爱国情，中国梦”的实现需要我们坚韧地树立信仰，勤奋学习，积极参与实际工作，为了让我们的国家和人民更加繁荣昌盛而不懈努力。此次活动更加激发同学们的爱国素养与追梦初心，让同学们从内心深处体会到祖国的魅力，回顾这些历程，活动进行也颇为顺利，但仍存在些许瑕疵，如活动准备时间不充足，导致同学发言时间过于短暂。相信通过此次活动，定会积累相关经验，规避类似问题，也定会在今后的活动中一一改正。我们作为当代大学生，更应担起重任，为中华民族伟大复兴而奋斗！

实例29：

“祖国在我心中”主题教育宣传活动

一、活动背景

在纪念五四运动100周年的大会上，习近平总书记强调：“新时代的中国青年应该听从党的指导，跟随党的步伐，怀揣着对国家和人民的深深关爱，持续为祖国和人民奉献，用一生的真诚投入和一生的坚忍奋斗来展现爱国主义的情感。”为了协助学校加强大学生的道德教育，培养广大青年的历史责任感，提高对祖国和家乡的热情，主动地将自己的发展与祖国的未来相结合，更深刻地理解自己所承担的历史任务。

二、活动目的

借助各种活动来唤起大学生的强烈爱国情怀、民族骄傲与对历史使命的理解，从而创造出积极的学习及活动的环境。同时也能提升他们的爱国意识，强化他们对于国家的责任观念，明确自己所承担的责任和职责，并大力宣扬民族精神的重要性，使其更加珍视自己的国家和故乡。

三、活动名称

“祖国在我心中”主题教育宣传活动。

四、活动准备

1. 挑选宣传负责人。

2. 通过纸笔书写，或者拍摄爱国主题照片。

3. 制作多媒体课件，排练诗歌朗诵，合唱诗歌要求朗朗上口。

4. 做好组织工作，鼓励大学生积极参与，认真听讲，充分发挥大学生的骨干力量。

5. 根据学校的统一计划，确保课余活动的时间和地点安排妥善。

6. 制订必要制度，抓好思想工作，要激发大学生的爱国情怀。

7. 确定学习目标，塑造勤奋好学、积极向上的品质，推动大学生全方位成长。

五、活动总结

以提升年青一代对国家的热爱和尊敬为目标，学校开展了“祖国在我心中”的教育推广项目，旨在使大学生们认识到国家对于全体人民的意义及其独特的价值观，同时了解各种形式的爱国主义行为，明白如何通过自身努力来助力国家的繁荣昌盛。将激情四射的青春年华与深沉炽热的爱国情怀紧密结合在一起。

这次的活动准备和执行过程非常成功，无论是积极策划还是协同创新都有显著的效果。然而，也存在一些挑战，例如因为教室设施无法正常运行，只得依赖电脑来展示大学生们制作的各具特色的PPT。另外，受限于时间因素，也未能在活动中一一呈现每位大学生爱国的方式。针对这些问题，会不断优化，让未来的每一场团队组织的活动都能变得更为充实且富有深意，同时也能借此机会激起大学生们的爱国热情并释放出更多的爱国力量。

此次活动圆满成功，现场气氛热烈，活动策划较为科学和合理。通过这次主题教育宣传活动，大学生们对彼此有了更深的理解，同时也通过他们之间的互动交谈，分享了各自心中的家国情怀，体验到爱国精神带来的正能量影响和启示。

实例30：

展爱国情怀，为国庆献礼

一、活动背景

2021年，新型冠状病毒肺炎在全世界蔓延，河南省遭受了严重的洪水灾害，中国宇航员乘坐神舟十二号飞船实现了梦想之旅，奥运会上的运动员们展现出令人鼓舞的精神面貌，这种深厚的家国情感让每一个中国人内心澎湃，而爱国主义精神则成了国家的精神支柱。在这个时间点，学校进行了名为“展示爱国之情，向国庆献礼”的主题活动。通过录制视频、创作手抄报、装饰墙面、规划整体布局以及展示个性化特色等多种方式，庆祝中华人民共和国成立72周年。这不仅激发了年轻学子的政治热情，也增强了他们的民族自豪感，使他们能够成为对社会有贡献的人，以此向国庆献上一份礼物。

二、活动目标与意义

为弘扬我们中华优秀传统文化，丰富精神文化生活，展现全体大学生爱国主义情怀，进一步提升学校德育工作实效，丰富校园文化内涵，营造和谐团结、积极向上的校园文化氛围，优化育人环境，充分展现全体大学生的爱国情怀和新时代新青年的创新精神，把自身的发展和祖国的命运紧密地联系起来。

三、组织实施

（一）“祖国，我为你骄傲”国庆作品展

1. 活动采取“一系倡导，众班参与”的形式，在全系范围内征集手抄报作品，活动历时2周。

2. 以爱国主义为主线整合各班作品，分成喜迎国庆、建党100周年两大板块，将各班手抄报作品填充到各板块中。

（二）“盛世华诞·与国同庆”视频征集活动

1. 活动采取师生共同合作形式，发挥各专业特色，活动历时2周。

2. 招募视频制作拍摄小组，为祖国周年颂歌赞礼。

四、工作经验与启示

本次活动从“视频录制、手抄报设计、墙面布置、整体布局、个性亮点”等方面进行展示，教师们与大学生齐心协力共同完成。精心构思，积极创新，既注重作品设计的整体布局，又处处体现细节的完美，作品主题鲜明、版面整洁、图文并茂、色彩协调、设计个性新颖，视频制作画面清晰，故事性明确，每一份作品无不体现出浓浓的文化气息和温馨的学习氛围。这次活动将深深烙印在每个师生成长的历程中，让中华优秀传统文化的仁爱和道德精神深入人心。借助教师的指导，使优秀的文化深入大学生的内心，最终体现在他们的行为举止上。

四、吉林工程技术师范学院“三全”育人视阈下“五爱”教育实践的开展

吉林工程技术师范学院以习近平新时代中国特色社会主义思想为指导，紧紧围绕立德树人根本任务，以“三全”育人为主线，以“五爱”教育工程建设为着力点，以“五个聚焦”夯实思想政治工作。以新思政观引领综合改革，努力构建“校院两级”一体化育人体系，真正把各项工作的重点和目标落在育人效果上，切实做足育人大文章，唱响育人最强音，力求教育教学更有温度、思想引领更有力度、立德树人更有效度。

学校高度重视思想政治工作，把立德树人成效作为检验学校一切工作的根本标准。坚持党对一切工作的领导，把思想政治工作体系贯穿学科体系、教材体系、教学体系、管理体系，落实到特色高水平应用型大学建设之中。全面贯彻落实全国教育大会精神和高校思想政治工作会议精神，推动实施高校思想政治工作质量提升工程，紧紧围绕为党育人、为国育才，紧扣立德树人根本任务，健全全员、全过程、全方位育人的体制机制。构建“十大育人”体系，进行了明确的职责分工，力求有思路、有制度、有落实、有成效，强化实施保障。实施校领导深入基层联系大学生制度、中层干部联系班级制度、学团干部联系大学生寝室制度、为大学生讲思政课制度，定期开展大学生思想政治工作座谈会、教师座谈会，扎实开展“学习筑梦”行动，深入实施“青马工程”，与大学生“面对面”交流、“键对键”沟通、“点对点”服务、“心贴心”关怀，切实增强思想政治工作的亲和力和针对性。

（一）加强课程育人，统筹思政教育和知识传授

完善思想政治理论课程体系。落实学校《思想政治理论课创新计划实施方案》《新时代思想政治理论课教学工作的基本要求》《加强新时代“形势与政策”课建设的实施方案》，深入推进“自学自讲师生同上一堂课”教学改革，增强大学生获得感。讲好“学习筑梦”思想政治理论选修课，编写校本教材。落实校处领导深入基层联系大学生工作制度，将领导干部上讲台列入教育教学计划，并组织实施具体教育教学活动，通过多种渠道构建多层次、立体化的思政课教学体系。

落实思想政治理论课创新计划，打造思政课精彩课堂，以全省高校思政课教师“精彩一课”“精彩课件”“精彩教案”比赛为契机，加强对教案、课件制作、课堂教学组织形式的研究，开展教学观摩、岗位练兵等活动，形成了一批精彩教案、精彩课件、精彩微课、精彩案例。5门思政课中稳步开展“自学自讲师生同上一堂课”教学改革，每学期在开设的每门思政课程中安排2学时开展自学自讲，激发了大学生学习思想政治理论课的主动性、积极性和创造性，提升了大学生学习思政课的获得感。深入推动习近平新时代中国特色社会主义思想进教材、进课堂、进头脑，高质量开设“学习筑梦”思政课选修课，各分院总支书记、副书记为大学生讲授“学习筑梦”思想政治理论课选修课。

深化课程思政教学改革，构建专业课程育人体系，通过教学、管理一体化，教务、学工一体化，思政课程、课程思政一体化，拓宽育人渠道，实现育人资源互补、育人优势叠加，凝聚“三全育人共同体”。从专业、实践、学术三个层面，发挥校内专业导师、企业实践导师、科研导师的榜样作用。做好各学科、专业资源中育人元素的统筹，分析文史哲类、经管法类、教育学类、理工类、农学类、医学类、艺术类7大类专业课程特点和建设目标，分类推进，特别强调数学、化学等自然科学专业对接科学精神、价值范式，生物工程、人工智能等技术科学专业对接技术伦理、工程伦理、工匠精神，教育、艺术、管理等哲学社会科学专业对接人文素养、道德情操、理想信念等。

深化课程思政教学改革，完成省校两级19门课程思政立项建设。以教育部教育科学规划课题“地方本科高校课程思政专业教材建设与实践”为引领，开展了课程思政教材建设工作，目前11部课程思政教材正在有条不紊地建设中，预计2024年底前将有5门左右课程思政专业教材公开出版。9门课程被确定为校级金课，4门课程获省级在线开放课程认定。

构建课程思政学科育人建设体系。落实学校《课程思政教学改革试点工作方案》，全面梳理各门专业课程所蕴含的思政教育育人元素，修订课程和实践教学大纲。以已完成的省级1门立项课程和校级18门立项课程为基础，继续推进其他课程立项建设。《高校专业课程思政的推进路径与教材建设研究》课题已获得全国教育科学规划课题立项，做好课题的研究与实践，带动校本“金课”建设，促进学校课程教学改革。与此同时，

聚焦做实思政课堂主渠道，狠抓思政课质量提升、课程思政改革、课堂教学改革，在提升教育教学质量上发力；搭建身心健康、诚信友善、价值塑造、创新能力、健康人格五大项目平台，将专业教育和实践教育有机结合，进而取得整体推进、叠加放大的育人效果。构建“易班”网络思政教育教学课程群，以“易班”平台为载体，以辅导员为主体，思政课、专业课教师和大学生群体共同参与。[1]

（二）加强科研育人，培养科学精神和科研作风

优化科研管理制度。修正并执行相关的管理规定，优化科研流程和步骤，让思想价值观在科学研究的全过程中起到引领作用，把思想政治表现视为建立科研团队的基本要求。完善科研教育激励机制，优化学校层面的教师评估指标体系。严格遵守校学术道德规范，推进学术诚信体系建设。加大力度，集中力量，持续推动职业教育研究。建立产学研合作机制，推进校地企合作，深化科研成果转化，不断提升学校服务国家、服务地方、服务职教的能力和水平。

进一步完善科研管理制度。制订《吉林工程技术师范学院科技成果转化管理办法》，修订《吉林工程技术师范学院科研经费管理办法》《吉林工程技术师范学院科研优秀成果奖评审办法》。进一步调动了广大教师的科研积极性，发挥科研对育人的促进作用。

建设高水平科研平台和创新团队。依托现有的1个省科技创新中心、1个省特色新型高校智库、3个省社科重点领域研究基地、2个省高校人文社科研究基地、3个省高校工程研究中心、5个省级高校重点实验室、16个校级研究机构，搭建师生科研交流互动平台；围绕新建立的三个交叉学科研究院，培育新的科研平台增长点；围绕四个校级创新团队建设，培育新的科研队伍增长点。引导师生积极参与科研工作，培养集体攻关、联合攻坚的团队精神和协作意识，提高科研育人质量，提升学校原始创新能力和竞争实力。

进一步加强科研平台和创新团队建设。制订科研平台和创新团队建设的目标任务，加强对平台和团队建设的过程管理，加大对平台和团队建设的资金投入，进一步发挥科研平台和创新团队对育人的作用。学校获教育厅批准立项建设“服务机器人实验室吉林省校企联合技术创新实验室”；学校工商管理学院智库基地被吉林省科学技术协会批准为吉林省科协科技创新智库基地；学校吉林省量子信息技术工程实验室通过省发展和改革委审核评价；学校成立乡村发展研究院；遴选校级科研创新团队16个。

（三）加强实践育人，重视理论教育和实践养成

构建“工匠之师”实践育人体系，培育思政工作精品项目，学校被吉林省教育厅批

---

[1] 郭凤臣，陈景翊，郑岩，等．构建“五爱”教育为载体的大学生实践育人体系——吉林工程技术师范学院“五爱”教育工程［J］．吉林工程技术师范学院学报，2021，37（6）：5.

准为吉林省高校思想政治工作创新发展中心（实践育人）。坚守职业师范教育初心，秉持“笃学、敬业、求是、创新”校训精神和“精益求精、崇师尚学”精神，传承“工匠精神”，塑造“工匠之师”，创新“工匠教育”，坚持用“工匠精神”培养“工匠之师”。将“立德强能”的办学理念作为实践育人的重要思想基础，将“行胜于言”的历史传承作为实践育人的鲜明特色，将“创新创业”的平台建设作为实践育人的强大优势。建立“三位一体”的全员育人机制，“辅导员—专业导师—人生导师”协同育人，形成“学校—家庭—社会”三位一体实践育人；设计“贯穿内外”的实践育人模式，开展贯穿四年教学全过程的专业技能、教师技能和基本素养的训练和展示，创立素养学分第二成绩单，探索二三课堂实践育人模式。

学校注重大学生实践能力的培养与训练，以“校企校联盟”为基础，与347家企业合作，推进产学育人。建立“吉报数字传媒创意学院”“吉通工程师学院”“机器人产业学院”“圣菲亚特学院”等产业学院，形成了一系列具有转型特质的校企协同人才培养模式。双创工作实现教育、实训、孵化全链条全方位的省级平台认证，学校被吉林省发改委授予“吉林省大众创业万众创新示范基地”，被吉林省科技厅授予“省级众创空间”，被吉林省教育厅授予“创新创业教育改革示范基地”，被吉林省工信厅授予“创业孵化基地”，被吉林省人社厅授予“创业创新实训基地”。

“两个维度”做好大学生“三下乡”暑期社会实践活动。一方面，围绕转型发展，结合所学专业，聚焦经济、教育、文化等领域开展专项社会实践；另一方面，组织青马学员、大学生骨干，开展红色筑梦之旅、教育帮扶、文化宣传等实践活动，共计30余支校级重点团队、800余个自由组队的实践小组奔赴各地开展实践学习等相关活动。2019年学校被团中央授予社会实践“全国优秀单位”称号。

加强对志愿者组织的指导，推进校内各级志愿服务组织管理的规范化，扎实落实志愿服务注册和认证制度。校外扎实开展“阳光课堂”“星星课堂”等志愿服务100余次。尤其在与上台新区社区开展的对25名特殊儿童的融合教育中发挥了很好的作用，受到了社区及孩子家长的极大赞誉。在“长春市火车站地区综合管理青年志愿服务项目”中被评为优秀组织单位。

社会实践长效机制。秉持“实用性、教育性和研究性”的三位一体的教育理念，我们致力于提升职业技术教育的师资水平并培育高质量的专业技能人员。同时，我们也积极执行学校的相关政策以增强实际操作训练的重要性。为了满足吉林省当地经济的需求，我们将与公司及学院建立密切联系，实现课程内容的学习、职场经验积累和职业教育环境中的互动相结合。采用基于项目的教学方法，强调理论知识与实践操作的一体化，鼓励大学生动手实践，从而形成一种灵活且多元的教育教学体系。

加强创新创业教育。在学校的人才培育计划中融入创新创业教育的元素，建立起多元化且立体的创新创业教学框架，向所有在校生提供涵盖创业基本知识、个人品质提升、职业规划、企业运营管理及专业技术创新的必修和选修课程。我们大力推广“教员共同创造”理念，激励老师通过技术成果的外部转移、合资转换、股权持有或独立创业等方式将其科研成果转化为商业产品，同时引导大学生参与到科技创新创业的过程中来，从而加快产学研用的融合以及科技成果转化的实施。利用学校的“大众创新中心”做示范，各学院的“小型创新中心”作主体，强调综合性和专业的平衡，创建出广泛而富有的“1+N”群体式的创新创业平台。

精品项目建设。推进“一二三课堂”立体设计的实践育人模式，人才培养方案设定“素质教育”模块，将第二课堂的校园文化活动和第三课堂的社会实践活动纳入。精心打造创梦工场大学生创新创业实训中心，集创教中心（实训教学）、创客中心（思想交流）、创研中心（资本对接）、创富中心（创业孵化）于一体的创新创业实训平台。深入开展大学生暑期“三下乡”社会实践、“志愿服务西部计划”项目，打造大学生社会实践服务的名片。

（四）加强文化育人，坚持涵育品行和引领风尚

推进社会主义核心价值观教育。采用“融媒体”手段开展社会主义核心价值观宣传教育，有效利用主题教育、实践活动等形式推进社会主义先进文化教育。通过设置思想政治工作专项研究课题，培育、选树优秀教师和优秀教师团队，宣传表彰“十佳大学生”等工作强化教育成效。深入开展“礼敬中华优秀传统文化”等活动，建好中国职业教育博物馆、编辑出版文献陈列室，办好五四表彰、成人礼、社团活动巡展、诗会音乐节、传统手工艺制作等活动。通过官微推送名家说、原文原音等微视频，增强大学生对中华优秀传统文化的自信和认同。

注重弘扬中华优秀传统文化。在五门思政课中融入中华优秀传统文化，开设“中华优秀传统文化讲座”等多门传统文化公共选修课，组建大学生中华优秀传统文化学习实践社团，出版中华优秀传统文化教材，不断繁荣校园文化。起草学校文化建设纲要，建立校园文化建设长效机制。学校需要加强教育观念，发扬工师的精神，提升学校的声誉，健全管理体系，确保教职员和大学生的举止符合规定，改善学习环境，以期建立一种反映了社会主义核心理念、继承了学院传统的、包含了学院特点、凸显出其优点并让全体师生都感到满意的高等院校文化。借助教师节的活动来纪念这一节日，举办如开学仪式、毕业典礼、庆祝建校周年等各类活动，可以有效地提高全校师生对工师文化的认可度、归属感和荣誉感。

繁荣校园文化建设。制订学校文化建设实施纲要，建立校园文化建设长效机制；推动学校文化传承创新，进行历史文献整理与研究，续写校史，建设校史馆，编印画册，制作宣传片。加强美丽校园建设，规划学校景观和标识设计，实施绿化、亮化、美化工程，建设有学习生活功能、有校园文化特点、有育人氛围的美丽校园。与长春市教育局

共建国家级职业教育文化传播基地，共同培育4个重点文化活动品牌。在文化建设上形成了职教文化、教师文化、工匠文化和创新创业文化共振互补、融为一体的格局。

（五）加强网络育人，倡导空间净化和网络文明

以制度建设为依托，完善网络教育机制。提升校园网络的安全管理、网站信息发布以及新媒体管理方法，从而增强建设和运营网络的能力。完善网络基础设施、云计算数据中心、数据交换共享平台建设。建成模块化数据中心、网络运维管理中心，其安全保障级别和智能化管理水平居省内高校前列；引入社会资本改造校区信息化基础设施和计算机实践教学中心，实现了校内主要业务系统单点登录、统一身份认证以及基础数据的集成、共享和流转；积极拓展校园卡承载业务，实现校内关键区域的出入管理，与全国交通一卡通数据交换中心互联互通，实现了生活消费、多媒体设备使用、公共交通出行、图书借阅等多业务一卡融合；抓实网络与信息安全工作，完成三个关键业务与数据平台的信息安全等级保护工作，达到省属高校等保测评的最高等级。

强化网络文化建设，丰富正面舆论供给。构建学校微信、团委微信、工师学工在线等微信公众平台，以此作为大学生思想政治教育的主要渠道，传播大学生工作的最新信息和动态，以及大学生日常管理服务的参考。依托易班网积极探索网络思政育人的新途径，建设易班网络平台，以“平台化+项目化+品牌化+服务化”为工作思路，采取“线上+线下”相结合的教育形式，“价值+引领”相结合的教育内容，不断拓宽思政空间、拓展教育功能，切实增强思政教育的时代性和实效性。搭建起“大学生思政教育、校园网络文化建设、专业知识和校园服务获取”三个平台；实施“育人常态化、力量骨干化、社区情景化、活动体验化”四项工程；构建了“校—院—班”三级组织管理体系，形成了协同管理的工作格局和上下联动的工作机制。举办“学习筑梦·易起讲”“青春榜样”“习语青思”等主题活动，推进线上线下相融合，增强大学生的参与程度。融合学校网络平台资源，推进网络社区情景化，注重网络活动体验化，提高师生参与的积极性和主动性，形成了校园网络文化繁荣发展的良好局面。开展“学习筑梦·易起讲”等多项线上专题思想教育活动，切实提升网络育人的功能和效果。

聚焦遵循大学生成长规律，强化协同联动效应。我们需要在课堂、课外和网络环境中，全方位推动大学生的全面成长。高校需要建立一个师生共同参与的网络教育平台，围绕大学思想政治教育、管理和服务的各种主题，培养优秀的团队，注重品牌建设，培养优质项目，进行学术研究，以大学生为中心，关心他们，提供服务。“三化”成果助力育人品牌打造，“三化”既“系列化成果”“可视化成果”“理论化成果”，通过打造“朋辈爱己”系列化品牌活动；录制微课、拍摄微电影、出品情景剧、发表论文、出版专著、出版教材、获立项目等打造育人品牌。

（六）加强心理育人，同步育心与育德

完善基础设施，加强队伍建设。心理咨询中心设有心理咨询室、团体活动室、沙盘室、催眠放松室及配套基础设施，为进一步做好心理健康服务工作提供坚实保障。加强心理健康教育队伍建设，每年定期开展辅导员心理健康案例交流会，加大培训力度，通过线上、线下相结合的形式组织专兼职心理咨询师、大学生工作干部、大学生心理委员进行心理健康教育、心理危机识别与干预等方面的培训活动。

规范制度建设，优化干预体系。构建了包括辅导员心理健康教育指南、心理委员的职责指南、心理危机干预的执行方式以及心理危机事件的紧急处置流程等一系列的规章制度，以改善心理健康教育的工作过程，建立起一个持久的心理健康教育工作体系，致力于塑造大学生的理智冷静、乐观向上的健康心态，推动大学生的心理健康水平与思想道德水平、科学文化水平的均衡发展。分别明确辅导员、心理咨询师及大学生心理委员的工作职责，建立健全预防、预警、心理危机干预的“三预”机制，构建“校、院、年级、班级、寝室”五级心理防护网。每年定期开展大学生心理健康普查工作，全面把握大学生整体心理状况，对存在心理健康问题的大学生建档立卷、跟踪管理。与长春市心理医院建立心理危机联动机制和常态化的转介诊疗平台，优化心理健康教育及危机联动工作流程，形成心理健康教育工作长效机制。

拓展教育载体，丰富活动形式。充分利用“工师心理驿站”微信公众平台，开设心知分享、趣味心理小故事、心理测试小游戏等专题栏目。以“5·25心理健康活动月”为契机，在每年原有经典活动的基础上，推出一系列促进大学生心理健康的教育活动，例如“5·25”现场心理咨询、关爱谈心帮扶活动、心理短视频征集活动、线上心理团体小组活动、校园心理情景剧大赛等活动。如今，这些活动已成为5月校园里一道靓丽的风景线，其中校园心理情景剧大赛活动，连续举办了十届，并已打造成了深受大学生欢迎、参与积极性最高、教育意义最深刻的品牌性活动。开发《大学生心理健康》等在线课程，建设“心理驿站”微信公众号，实现心理健康教育全覆盖。与此同时，稳步推进“五艺”特色心理实践育人活动助力项目，通过“文艺”“茶艺”“画艺”“厨艺”“体艺”等“五艺”深化活动品牌，创新活动形式，拓展活动内容，吸引大学生参与，让大学生在活动中得以“修身”“养性”“静心”“赋能”“强心”，提高大学生的心理健康意识，提升大学生的心理素质，营积极向上的校园氛围。目前，越来越多的活动已引起了同学们的关注，通过这些活动达到了活跃校园文化，陶冶情操、提升境界、净化心灵、关注心理健康的目的。

完善基础设施，加强队伍建设。加强心理咨询中心建设，在原有的基础上，增设四间个体咨询室、一间沙盘室和音乐放松室，购置了大学生心理危机干预系统软件、沙盘、音乐放松治疗椅、团体辅导活动箱、团体心理辅导桌椅；加强教师队伍建设，设专职教师3人，兼职教师11人，均为国家二级心理咨询师，选派多名教师参加上级心理咨

询相关培训。

（七）加强管理育人，力求治理有方和管理到位

加强制度体系建设，实现制度文件规范。以育人为中心，加强依法治校，完善制度体系。研究学校制度体系，调整、修订和完善创新各项规章制度，实现管理育人相关制度文件规范化管理，构建育人为本、适应转型发展需要的制度保障体系，促进学校实现整体转型。明确岗位责任分工，强化责任规范流程。进一步明确部门和岗位职责，增强部门分工协作，强化岗位责任，梳理规范具体工作流程，提高管理服务能力，持续推进学校管理和发展。

建立师德建设长效机制，规范管理考核标准。把师德表现作为教师年度考核、岗位聘任（用）、职称评审、评优奖励的首要标准，把思想政治表现和育人实际效果作为首要标准。进行“三全”育人评比表彰。加大了新入职教师的培养培训力度，对所有新入职教师实行了导师制，从教学、科研两个方向对新入职教师进行职业生涯规划。完善学校各级各类人员评聘考核体系，在年度考核、职务（职称）评聘、评优奖励中，把思想政治表现和育人实际效果作为首要标准。

强化“四自”能力培养，突出“养成教育”实效。建设良好学风。构筑一个包含“自我管理、自我服务、自我教育、自我监督”的教育框架，通过设立大学生会、大学生自我管理委员会和大学生预备连，鼓励大学生参与学校管理、社区服务、社团活动以及党的建设等，充分激发大学生的自我管理积极性，实现自我约束、自我管理，使得大学生在获取知识的同时进行自我教育，持续提高自身的全面能力。将品格教育视为道德教育的关键部分，以塑造大学生优秀的生活、学习、文明行为和卫生习惯为基础，进行“禁烟”教育、“出勤”评估、早操管理、“违规大学生”专题教育等活动，坚决执行，严谨监督，通过品格教育推动学术风气，通过品格教育推进学校风气，打造具有独特性和显著效果的品格教育新环境。

（八）加强服务育人，注重靶向服务和供给保障

开展教风、学风、作风专项检查，落实服务育人责任。强化育人要求，畅通服务大学生信息渠道。建立后勤服务保障群，为大学生学习生活提供优质服务。选树服务育人典型，进行先进人物评选及表彰。表彰了敬业奉献奖、教学质量奖和“三全”育人先进集体和先进个人，把服务质量和育人效果作为评价服务岗位效能的依据和标准，提升服务人员素质，改进工作作风，提高服务保障能力。

抓好安全教育。有针对性地做好大学生思想政治教育、法治教育、安全教育工作，丰富教育内容，创新教育手段，完善工作机制。组织开展了“金融知识讲座”，防范和抵御不良网贷专项整治活动月，军训期间开展消防知识讲座和消防演练等活动，持续性

开展安全专项治理和专项教育，有效推进平安校园建设。

落实服务育人责任。梳理各类服务岗位所承载的育人功能，强化育人要求，明确育人职能，畅通服务大学生信息渠道，修订服务单位工作职责，为大学生学习生活提供优质服务。

开通“绿色通道”。学校每年在迎新期间都为新生开设“绿色通道”，帮助新生顺利入学。学校将“绿色通道”相关事项随录取通知书送达到各新生手中，并在入学季提前开通“绿色通道”咨询热线，由专人解答贫困生入学咨询以及到校后的帮困问题。在迎新当天专门设置了“绿色通道”贫困大学生接待、国家助学贷款咨询站，为家庭经济困难的新生提供便捷服务，做到让家长放心、让大学生安心。

完善“勤工助学”体系。为规范学校大学生勤工助学工作，促进勤工助学活动健康、有序开展，保障大学生合法权益，帮助大学生顺利完成学业，发挥勤工助学育人功能，出台了《吉林工程技术师范大学生勤工助学管理办法》，通过培养大学生自立自强、创新创业精神，增强大学生社会实践能力不断完善勤工助学体系。校内勤工助学岗位设置以校内教学助理、科研助理、辅导员助理、行政管理助理和学校公共服务等为主，注重劳育与智育相结合，突出大学生专业特点与动手能力，提高学校应用型人才培养质量和服务地方经济发展能力。

选树服务育人典型。培育服务育人示范岗，进行先进人物评选及表彰。弘扬服务精神，加强监督考核，落实目标责任，把服务质量和育人效果作为评价服务岗位效能的依据和标准，提升服务人员素质，改进工作作风，提高服务保障能力。

（九）加强资助育人，着力扶困和扶志

秉承“践行资助育人理念，促进大学生全面发展”的工作理念，不断完善规章制度，拓展资助渠道，强化服务理念，深化励志教育，促进资助育人与思想政治教育相结合，与各类教育教学活动相结合，培养大学生树立社会主义核心价值观，培育大学生的创新精神和实践能力，做到物质上帮助大学生、精神上培养大学生、能力上锻炼大学生，达到资助育人的目的。

加强教育提升资助育人成效。对家庭经济困难大学生实施“发展性资助”，将勤工助学与资助育人工作相结合，提高受助大学生的综合能力素质和社会生存能力。

强化勤工助学岗位育人功能。健全完善勤工助学育人体系，梳理设岗单位对大学生的培养路径和育人成效，提升勤工助学岗位育人功能。转变勤工助学考核理念，由主要考核大学生在岗工作情况，变为主要考核设岗单位对大学生成长发展教育引导质量。

抓诚信教育。每个学期都会举办“诚信教育主题活动”，这些活动以“诚信考试”“诚信贷款”“诚信学术”为主题，致力于在全校范围内塑造一种“诚信荣耀”的校园文化环境，让大学生在各种诚信教育活动中接受无形的教育，从而推动大学生的诚信

意识持续提升。

抓感恩教育。学校以“五爱”教育为载体，以传统节日和纪念日为契机，通过致父母一封信、“珍爱生命”主题活动月、“庆祝建校60周年”主题教育活动、“国家资助、助我成长”主题征文活动等形式，对家庭经济困难大学生进行感恩教育，营造了知恩感恩的良好氛围。

抓励志教育。学校注重加强对大学生进行励志成才教育，通过“励志之星评比”、优秀大学生表彰大会、“优秀励志大学生巡讲”、优秀大学生事迹风采展、优秀退伍大学生报告会等多种形式，大力开展典型示范教育活动。广大同学在活动中锻造自我、提升自我，涌现出一大批优秀大学生。

抓技能培训。学校以省“双困生”培训和国家开发银行助学贷款毕业生专场招聘会为依托，注重加强技能培训，提升职业能力，通过邀请企业人力专家、校内就业指导专家开展就业讲座、技能培训等活动，分析就业形势，传授求职技能，提高职业能力，转变就业观念，实现成功就业。

（十）加强组织育人，突出组织建设与教育引领

坚决执行“教师党支部书记双带头人”职责，主动推动基层党的“争先创优”的发展策略。推动共青团的变革策略，打造以层次和种类为主导的思维导向的工作架构。对于基层团的运营情况进行全面的研究和探索，并制定分级标准的设计，加大“智能团的建立”系统的建立力度。首次将共青团的主要任务通过项目方式提交给基层团委，使得学校与教育机构之间的团队信息沟通更加科学、高效且均衡，从而提升了团队的活跃度。积极推动共青团的改革，打造出一个分层次、分类别的思维导向的工作框架，并且深度执行“青马计划”和“追梦之旅”的相关任务，确保在选拔、培养、毕业等环节的顺利完成，同时也举行“每月一主题”“每个学院一特色”“每个社团一品牌”的系列活动。落实了“书记第一课”“校长第一课”，将思想政治教育、学业专业教育、素质能力教育等贯穿融入新生教育全过程。深化实施“青年马克思主义者培养工程”和“学习筑梦班”,“五爱”教育工程体现了鲜明的时代特征，注重培养大学生具有高尚的道德情操，优秀的思想品质，学校的思想政治教育必须实现由封闭单一的内向型向开放、多项的网状型转变。学校充分假期、实训、实习等机会，组织大学生开展“三下乡”、支边支教、脱贫攻坚等服务，到农村、工厂去，在实践中检验所学的知识，磨炼他们的意志品质，把“五爱”教育延伸到校外大课堂，形成“五爱”教育的良好氛围，真正让年轻学子受益，得到成长。

学校应以“立德树人”为导向，精心策划并组织各类主题活动，特别是在我国的传统节日和重要纪念活动中，将“五爱”教育融入各类活动中，让大学生在不知不觉中接受教育，从而提升思想境界。同时，塑造学校内外的学习典范，尤其是大学生周围和生活中的优秀模范，将抽象的教导转化为具体可感知的形象，使得大学生能够直观地理解

和学习，这样的教育效果会更好。

“五爱”的理念不仅是一种情感，一种精神，更是一种标准。优质的“五爱”教育需要将大学生的“五爱”理念融入他们的日常行为准则和礼节习惯。通过组织成为一名文明的大学生，努力建立一个文明的班级，让大学生从细微的事物开始，从个人的角度出发，坚持不懈，一定能够获得巨大的成果。

“五爱”教育工程是在习近平新时代中国特色社会主义思想的指导下，在高校思想政治教育方面的新探索，将不断总结经验，加强内涵建设，提高活动质量设计，调动大学生的参与积极性，发挥更大的育人功效和社会价值。

第五章
大学生“五爱”教育的方法体系

这部分是大学生“五爱”教育的方法体系，包括创设“五育”载体，打造思想政治教育平台、营造“五创”氛围，打造学术科技育人平台、建立“五化”机制，打造社会实践育人平台、坚持“四向”精神，打造文化艺术育人平台和创建“四新”活动，构建社团育人平台。

以习近平新时代中国特色社会主义思想为指导，紧紧围绕立德树人根本任务，以“三全”育人为主线，以“五爱”教育工程建设为着力点，以“五个聚焦”夯实思想政治工作。一是聚焦做实课堂主渠道，狠抓思政课质量提升、课程思政改革、课堂教学改革，在提升教育教学质量上发力；二是聚焦遵循大学生成长规律，强化课上课下、校内校外、网上网下联动，在促进大学生全面发展上发力；三是聚焦加强教师队伍建设，充分发挥教师的积极性、主动性、创造性，坚持育人先育己，在提高育人意识和能力上发力；四是聚焦潜移默化的隐性教育，推进管理育人、服务育人、文化育人，在构建全员全过程全方位育人上发力；五是聚焦“五爱”教育，深化“爱己、爱家、爱校、爱党、爱国”的主题教育工程，搭建起身心健康、诚信友善、价值塑造、创新能力、健康人格五大项目平台，将专业教育和实践教育有机结合，进而取得整体推进、叠加放大的育人效果。[1]

---

[1] 郭凤臣，陈景翊，郑岩，等．构建“五爱”教育为载体的大学生实践育人体系——吉林工程技术师范学院“五爱”教育工程［J］．吉林工程技术师范学院学报，2021（6）：5.

第一节 创设“五育”载体，打造“五爱”思想政治教育平台

高校致力于打造“五爱”理念的教育体系，构建了包括“理论学习”“实时资讯”“专题讨论”“实际操作”及“团队协作”的五个部分，并通过每月的双学活动与重要节日来推动各种主题活动的实施，充分利用社交媒体如微博等方式，以多种形式和深度展开各项教学活动，持续优化“五爱”教育的内部结构，从而提升大学生的思想道德水平。

一、“五育”融合视野下大学生“五爱”教育课程平台建设

“五育融合”是指“五育并举、融合育人”，旨在贯彻国家立德树人的根本任务。它倡导教育要培养完整的人，认为教育活动过程和人的成长是全面的，育人价值要指向人综合素养的充分发展。所有教育活动的育人价值要跨越“五育”边界，走向“五育融合”发展。全面贯通“五育”时，在“一育”中发现“五育”、渗透“五育”、落实“五育”，在“五育”中认识“一育”、把握“一育”、实现“一育”，达成“五育”的全面渗透、全面贯通，培养全面发展的时代新人。

“五育融合”的教育观念指导下的教学体系构建，是以学校的“和美”文化为基础，对现有教育内容进行了重新整合与创新，这包括了培养大学生综合素质的目标设定，教育的具体实施手段，学习环境的设计优化，大学生价值观塑造，教育教学方法的选择及评估标准制定等多个方面。整合国家的教育理念和学校的特殊教学方法，培养出全面发展且适应时代的大学生这一总体目标是教育的核心任务，这引导了高校设计并执行各种课程。将“五个领域”（德智体美劳）有效地结合起来，打破各自领域的限制，实现了对教育载体的统一性和教育环境的空间性的整合，创建了一个具有独特校园风格的教育系统，从而达到了“和谐共生”的目标。通过改革授课流程，深化高校在教育价值观、教学策略及评估标准方面的理解，以此来达到整体教育目标，即追求“美”在育人。

二、构建“五育”融合视野下大学生“五爱”教育“立体化”教学体系

在理论教育框架下：作为一名教师，主要工作任务是在教室进行教学活动，展现教师的身份特点。教学目标是遵循大学生的成长规律，培养出全面发展的人才，包括具备道德、智慧、身体素质和审美能力，为大学生的人生发展提供有意义的指导。针对每个学年的教学内容制定了相应的规划，旨在解答特定的思维问题，并满足相应的教学标准。此外，还包含了一些特定主题，如生命价值观、国家忠诚感、集体意识、情感因素

以及核心理念等方面的内容。

高校需要通过实际操作的方式建立以下几点：首先，教育者的主要特征在于其实践能力，这有助于展示教育的成果。其次，高校的教学目标是为了引导大学生的价值观。再次，涵盖了如何迎接新生、如何创建大学生团体、如何安排社会活动、如何营造宿舍氛围、如何有效沟通、讨论的话题选择及家庭访问等方面。最后，确保所有这些环节的设计都能够满足教学标准并适应大学生的发展需求。同时，辅导员的教学实践要紧紧地围绕提高大学生成才这个方向，在多个层面上展开立体化实践教育教学。

借助网络科技的力量，创建了包括德育微课程、创新者项目、翻转式教室、MOOC和文化展示等多种形式的全方位道德教育系统。这个系统的应用在学校道德教育的领域具有巨大的潜力，教师们可以使用智能设备如智能手机、平板电脑和无线上网工具来开展基于微课程的学习，并采用移动、远距离和在线学习的模式向大学生提供全面的德育教育。

高校需要建立起一套完整的教学流程来涵盖各个阶段、不同层次的大学生与老师之间的互动关系。这个流程应该包括从大学一年级开始的基础知识学习一直延伸至毕业后的实际操作技能训练；它也应包含从基础学科向高级专业的过渡，并进一步强调了如何通过引导大学生的思维方式去发掘他们的潜能以达到个人价值观的提升。这种特殊的学习经历不仅反映出教育的深层内涵，同时也揭示了当前的教育现实状况。

三、构建辅导员德育“立体化”载体体系

在符合教育大背景的前提下，创新辅导员立体化德育载体体系，采取小说、电影（微电影）、戏剧、微信公众号、APP端手机数据库后台、辅导员网站、特色校园文化、辅导员周记、辅导员随笔等手段来实现对大学生的立体化教育和多元化教育。

载体体系：一是大学生愿意阅读的小说体系；二是大学生喜欢的插图漫画式体系；三是辅导员工作案例的批注式体系；四是微信公众平台式体系。

载体体系的特点：一是大学生愿意接受这种方式；二是内容广泛形式多样；三是栏目设置灵活；四是传播迅速；五是收视阅读率高，能够交流；六是具有形式独特的视频资料等；七是储存信息量大；八是与大学生专业紧密衔接；九是内容具有教育意义；十是辅导员之间可以借鉴和提高；十一是可以相互学习；十二是内容覆盖面广；十三是师生之间可以互动；十四是大学生可以补充完成。❶

❶ 郭凤臣，古小琪. 高校辅导员立体化德育体系构建研究［J］. 吉林工程技术师范学院学报，2019（7）：3.

第二节
营造“五创”氛围，打造“五爱”学术科技育人平台

构建以“五爱”为核心的教育环境，积极推动创意、创作、创新及创业的发展，并通过利用专业的扩展平台、学术演讲、挑战杯比赛和其他各种科学竞技来实现这一目标。高校需要关注项目申请、竞争参与度、气氛建设以及协同工作，以此创建一种全新的学术与科技创新的教育模式。此外，高校也应提供相应的经济支持，优化激励制度等方法，从而形成一套健全的学术与科技创新培育体系，助力大学生的创新能力和实际操作技能的提升。

高校对上位规划进行了改进并提炼出了独特的“五创+”概念来推动其以创造力为中心的教育改革工作。这个策略包括了“创智群体+竞赛育人”；“新颖技术开发与研究培育”；“实验工作室及实际操作训练”；“企业家孵化器及其生态环境建设”和关于如何通过协作提高大学生的自主学习能力的方案——这就是“五创+”理论体系（图5-1）。这些不同的但互相关联的部分构成了整个框架的基础部分，它可以弥补现有的不足之处并且提供必要的支持系统，从而全方位地激发大学生们的科技探索热情、增强他们参与到各种项目中的能力和意愿度。

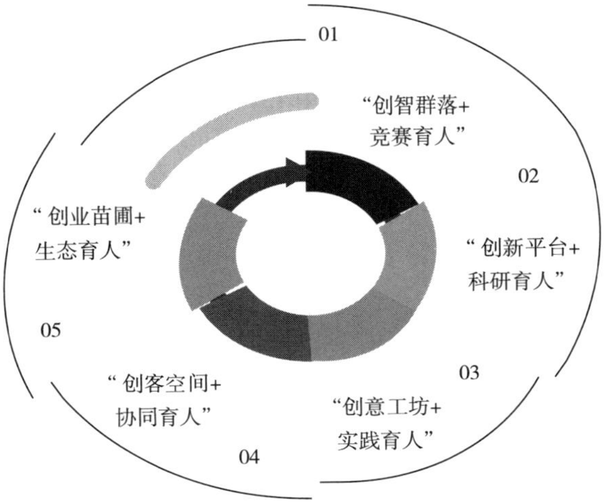

图5-1 “五爱”学术科技育人“五创+”平台示意图

一、“创智群落+竞赛育人”

打造品牌，培植大学生学术科技创新活动土壤，强调以大学生为主体，为大学生提供科技创新和实践平台。通过举办各种类型的科技竞赛、学术科技社团活动等方式进行

科技创新的实践，从而培育出适合大学生开展学术科技创新活动的良好环境。

根据“互联网+”“创造者之星”“挑战奖章”等各种形式的技术比赛的要求，技术大赛的支持及投资程度被进一步扩大了；同时也在寻找更多的专业性导师来引导这些项目的发展方向并激励更多的年轻人去参加这样的赛事以促进其在学校内部建立起一种活跃且富有竞争力的环境。此外，学校将各学科领域的研究工作进行了有效整合，使钱学森纪念碑成为集中展示大学生科技创新成果的场所，为学校相关领域的发展奠定了坚实基础。另外，学校还积极组织参加了ACM、iGEM和Robocup等国际高校研究型工作大赛，并取得了优异的成绩和宝贵的经验教训。在此过程中，学校注重让负责该领域的专业教师深入参与并提供必要的指导，同时加强了各部门间的协作关系，以便高效准确地选拔出最优秀的选手，为他们今后的成功之路奠定基础。

二、“创新平台+科研育人”

为了培养大学生严谨的学习态度，务实的工作作风，制定循序渐进的培养方案，在不同阶段讲授相应的知识和进行相应的能力训练，并根据培训进度布置设计制作任务，要求大学生在一定的时间内独立自主或协作互助地完成任务。大学生在完成任务过程中必然会遇到各种难题，理论上遇到的问题可能既有未接触的需要自学知识的，也有学过但未掌握的需要温故知识的；实践上遇到的问题可能会更多，如测量方法、测量仪器的使用、机械装配、电子技术工艺等多种工程实际问题。随着培训过程中一个又一个问题的解决，一个任务又一个任务的完成，培训大学生的治学态度必然更加严谨，工作作风必然更加务实，工作方法必然更加科学、高效。这个实践的过程也必将使大学生的人生理想由此得到升华，从而使大学生树立起勇于实践的求学态度、求真务实的工作作风、科技兴国的远大抱负。

三、“创意工坊+实践育人”

“大学生创新创业训练计划”这一项目是培养新型人才的重要举措，同时也是这一时期全面素质教育发展的体现。“微创意工坊”在为社会提供专业服务、输出创新型人才的同时提高了大学生的综合能力，成了大学生在学校和社会之间过渡的重要桥梁，是素质教育的实践体现。

深度开发大学生的创新思维，根据企业所设定的技术规范，把这些想法变成实际的商品，直接进行制造和销售。这对公司来说，在某种程度上弥补了他们产品创新不足的问题。在校企协同合作中，多次出现了大学生的创新作品被客户选择购买的情况，直接推动了公司的经济收益的提升。此外，学校的实践教学基地为该企业的电子商务平台创建了一个网络销售平台，实现了从设计到推广、再到销售的“一站式”实践模式，进一步增强了企业的产品销售额。在学校和公司的合作协议里，明确了企业对设计成果的使用流程和支付标准，并且明确了双方的责任和义务，以此来保证双方的合作的积极性和有效性。明确的职责分工，促进了校企之间的良好合作，达到了双赢的效果。

四、“创客空间+协同育人”

实施“大学生创新实验室”的项目计划，建立并完善了“大学生创新实验室”，基本上实现了所有重要领域研究的全面覆盖。该工作上面向全体教职工及研究者开放申请，需要他们在现有的设施、人力、设备和技术支持的基础上设立专门的大学生科学俱乐部或者选择一些国际顶级的科技创新比赛队伍作为辅导目标。学校会对这些申请人（团体）的情况进行审查，然后举行评审会议，从中选出优秀的候选人给予建制资格。此外，将为所有的科技创新工作室提供一致性的标志，并且定期地对其进行评价，每年的优秀创新成果都会在网络平台被集中地展示出来。当三个年度的创立期限结束后，对于表现优异的大学生科技创新工作室及其导师将会得到奖励与表扬，同时也有机会参与到如校长奖、“全面教育”杰出人物、“职业道德典范”、大学生管理工作特殊贡献奖等奖项的评比中去，以此起到模范带头作用，并构建持久有效的制度体系。

五、“创业苗圃+生态育人”

作为社交网络时代的新型创业方式，创业苗圃通过融合初始创业者的各种创业元素，构建了一个集共同工作空间、人际互动、科技传播、商业推广和项目连接等多功能于一体的创新创业孵化中心，同时还与相关的社会关系网紧密联结。

（一）营造人文环境，提升人文素养

人文的重要性不仅在于其与科学的互动，亦在于其关系到国家的兴衰。“天时不如地利，地利不如人和”，一个国家的民族团结力量是其兴衰的核心。而这种团结力量的大小，主要取决于人们对人类文明的理解和接纳。学校主张以一种弘扬人文精神的方式，推动对中国传统文化的理解，以此来培养国家栋梁。“国家的兴衰，每个人都有责任”，学校不仅协助大学生正确理解他们在实现中华民族伟大复兴的历史使命中的角色，也激励他们融入社会，亲身体验生活，并积极安排他们参加各种社会活动，以提升他们的公民意识和社会责任感。“只要能为国家的生存而奋斗，又何必去逃避灾祸呢？”林则徐的这句名言已经深深地植入了人们的内心。

（二）构建交流平台，锻炼鉴别能力

实施开放性教学，构建交流基础平台，成立交流小组，构建横向交流渠道，定期召

开例会，构建纵向交流渠道，建立网站，构建网络交流渠道。

构建多维度的互动空间，不仅为不同个性、各种层次和各学科领域的大学生提供了学习交互的机会，更为关键的是，他们在讨论问题时不可避免地会对社会的多样化情况展开探讨，包括他们对学业的疑虑，生活经验的反思，职业选择的影响，工作前景的期待与担忧，甚至是对创新事业的渴望等。这样的开放式对话无疑能够提升他们的思考深度，并无形中提高他们的辨析技巧。

（三）提供实践机会，培养团队精神

创建开放性学习环境，建立实验室协作网络，组织大学生参加学科竞赛，利用社会资源共建双赢。在长期的培训过程中，大学生逐渐认识到团队合作的重要性，感悟到团队合作的魅力，学会了沟通、学会了妥协、学会了分工，学会了正确评价合作伙伴的作用、正确看待合作对象的优点与不足。总之，通过多个集体项目的实施培训大学生学会与他人合作。

（四）提倡自主学习，坚定人生信念

高校致力于引导大学生树立独立学习的良好习惯、探索未知的精神及构建自身理解能力的方式，因此强调“学与做”的重要性，同时激励他们在实践中学习，并在学习过程中付诸行动。“边做边学，学而后行”的教导模式，不仅扩大了他们的知识领域，提升了他们的探索性学习能力，也使他们深入体验到了成就的快乐，进一步刺激他们积极运用“以实践为导向，以实践为推进”的学习手段。关键的一点是，通过“实践与学习”的互动，从基础理论到深入研究、从挫折走向胜利，在这个过程中大学生们逐步认识到“只有持之以恒，才能达成目标”的工作精神，从而体验到“只有付出，才能获得成就”的生活智慧，并因此建构起一种坚定、积极、乐观的人生信仰。

（五）引入嵌入式管理，发挥导航作用

嵌入式管理即管理者是大学生的组织者、指导者、帮助者、促进者或者是大学生学习的高级伙伴，具体而言就是扮演好大学生的“引路人”“贴心人”和“服务员”的角色，将具体的管理嵌入为大学生服务之中、与大学生平等交流之中、关注大学生的思想动态及精神状态之中。[1]

---

[1] 尹仕，肖看，刘志强．大学生科技创新基地育人模式的探索［J］．实验技术与管理，2008（4）：4.

第三节 建立“五化”机制，打造“五爱”实践育人平台

建立创业见习基地化、素质拓展专业化、志愿服务社会化、实践活动课题化和大赛制度化的“五化”机制，从活动运作、经费保障、教师指导、基地建设、成果深化等方面确保各项实践活动的可持续发展。❶

一、实践育人工作思路

针对以上问题，高校实践育人应紧扣“高校思想政治工作”的主旋律和“立德树人”的根本任务，整合各方资源，创新开发实践内容，注重学思结合、知行统一。高校要通过实施一批实践育人工程，搭建一系列实践育人平台，切实优化推行制度，确保大学生在实践中不断成长及能力获得提升。

（一）实践“铸魂”育人

高校要通过抓好“青马工程”品牌建设，走好传承红色基因的“初心之路”和中华民族的“复兴之路”；上好专题党课、示范党课、微型党课、实境党课、在线党课的“五型”党课，“团味、趣味、土味、辣味、回味”的“五味”团课，“劳动+四育”五育并举育人的劳动课三类课，培养用马克思主义中国化最新成果武装思想、坚定在中国共产党的领导下走中国特色社会主义道路的理想信念的大学生，提升大学生的政治素养。❷

（二）实践“强技”育人

高校应进一步推动理论与实际操作相结合的教育方式，对初始教育系统进行调整以提高实践教育的比例，并针对各个学科设定不同的教导规范，强调课程中的道德观念。通过利用“第二课堂成绩单”这个工具，激励大学生积极参与各种实操活动及职业技能比赛，最大化地发挥政府、企业和学校的联合培育功能，推行“1+X”认证计划，深度实行现代学徒制的培训方法，以此来增强他们的职业素养。

（三）实践“双擎”育人

“双擎”教育理念指的是学校内的实训教学体系和外部的实习培训系统。首先，高校应利用名家工作坊、领域领袖、专门研究部门等途径来建立校园内部的专业实践训练

❶ 许力，郭钟群. 新时期高校共青团工作模式创新探究［J］. 学理论，2014（5）：2.
❷ 甄伟丹.“三全”育人视野下高职院校实践育人路径探索［J］. 科技风，2022（23）：158-160.

中心，并新设一系列实际操作性质的大学生组织，开发出一连串有影响力的实战项目，从而构建起学校的实践教育核心。其次，高校应当充分运用各行业的优秀资产，根据大学生的学习要求及企业的职业发展需求，设立一些具有明显专业特征的社会实践场所，形成一种由公司、机构、学院共同参与的外部实践育人引擎。

（四）实践“双创”育人

高校需要利用学校内外的“双创”中心来强化大学生的“双创”思维与技能，建立一种以学院特有的教育驱动、比赛激发、训练推进、实际操作引导、研究引领、政策促进为核心的“六维互动”创新创业人才培育系统。此外，高校还应专注于塑造一组“双创”指导团队，资助一些有影响力的“双创”俱乐部，并提供一系列专门针对特定专业的“双创”孵化器。与此同时，职业高等教育机构需大力推广“双创”理念，打造积极向上的校园“双创”环境，从而显著提升教职工及大学生参加重要科学研究任务和关键“双创”活动的比例。

（五）实践“奉献”育人

高校应根据自身的专长领域来构建具有独特专业特色的实践小组，以充分利用其专业优势并全面提供实践支持。职业学院则需整合各种资源，特别关注贫困救助、教学援助、跨国互动和重大比赛的志愿者活动，以此推动学员们在实际操作中学有所得、增长技能并且做出奉献。

二、高校“实践育人”路径探索

（一）实践育人顶层制度规划

整合“政府—企业—学校”四个方面的力量，创建一个高等教育实践培养专家小组，目的是扩大对实践教育的全面视角，强化其宏观引导作用。在这个专家组的基础上，制定一份关于高等职业学院实践培训项目的执行大纲，并将此视为“实践教学”活动计划的标准文本，科学地安排每年及每个阶段大学生们的实践训练任务，同时也加大力度推动实践教学设施与场所的发展，以确保实际效果得到显著提高。

（二）打造实践育人五大平台

按照“铸魂”“强技”“践行”“双创”“奉献”的五个教育理念，构建五个实践教育的平台，旨在有效提高大学生们的政治意识、技术技能、实际操作水平、创新与创业精神和志愿服务的精神品质。

1. 思想引领平台创建

（1）开展“青马工程”培训班。学校从众多年轻的大学生群体里挑选出优秀的共青团和大学生会成员来参加“青马”培训班。这个过程包括了理论课程的学习、实际操作的经历、经验交流与分享、技能提升的活动等，以此来增强他们的思维能力、政治意识，并调整他们的工作能力和品质，从而培育一支拥有坚定信仰的共青团及学生会的核心团队。

（2）重走习近平总书记“初心之路”。组织大学生重走习近平总书记为国家事业奋进的“初心之路”，探索他的青春岁月，并将其与本地的发展现实相结合，对革命老区的建设状况进行了调查研究，同时深入理解习近平总书记在不同地区考察时所发表的观点和理念，让学生亲身经历“一带一路”倡议的新进展和新的成果，从而让教师和大学生们通过实际行动获得深远的教诲。

（3）开展红色革命实践教育。通过组织师生参观红色教育基地、听党课、听团课、重温入党和入团誓词等活动，向广大师生展示了凝聚着红色基因和优秀传统文化，历经革命战争年代一代代中国共产党人、各族人民和爱国人士缔造的中国特色先进文化，让师生身临其境地接受红色文化的洗礼。

2. 技能竞赛与实习管理平台创建

（1）完善技能培训和竞赛指导体系。学校努力营造一种尊重和赞扬技艺、推崇工艺大师的精神环境，并激励各个学院和学科积极组织各类技能竞赛活动，以此来促进大学生的自我学习进步，增强他们对自己所学领域的认可感和自豪感，同时提高他们的实践操作能力和团队协作意识，从而激发他们对专业知识的学习兴趣和研究技术的动力。

（2）优化顶岗实习期间的政府、企业和学校共同教育方式。借助现代化学徒制度的发展，利用“学校—企业—行业”联合培育模式来实现全面的教育理念和实际操作方式，把思政教学贯穿顶岗实习期间大学生的全部训练过程中，优化实习生培训、评估及考评系统的顶岗学习方案，致力于提升大学生的工作能力和技术水平。

3. 社会实践平台创建

（1）创建社区活动中心。学校根据大学生的个人发展情况和职业特性制定符合学校专业的课程体系，旨在让同学们能够更好地理解社会的运作方式并培养他们的责任感与回报精神。同时，为了确保活动长期有效和稳定运行，在系统中加入了一个完善且高效的长久支持框架，激励更多的同学走出校门，投身于志愿服务工作或对行业的调查研究等任务之中；通过这些亲身体验的机会使他们在实际行动中学会如何自我学习提高能力，并且做出贡献的同时也能塑造正确的价值观和生活态度，从而增强其对于整个社群的责任感和认同度。

（2）教育扶贫夏令营双向育人平台。学校致力于把践行社会主义核心价值观念与国家的脱贫计划紧密结合起来，从教育的角度出发，利用暑期夏令营来助力贫困大学生们拓宽视野，激发他们追求进步的热情，提高他们的自信心，让他们相信自己有能力和机会去学习新知，增长才能。同时，也激励这些孩子勇敢地面对困难，坚定信念，勇攀高峰。学校的志愿团队全身心地投入活动的筹划、执行及管理中，在这个过程中不断培养自己的无私奉献精神和对社会的责任感，使这个夏季训练营能够让学生切实地实现社会主义核心价值观的目标，从而强化其对国家和民族的历史责任感和担当意识。

（3）品牌社团建设。大学生热衷于参与各类课外文化活动，因此他们可以积极推进对专业社团的支持和建设，以提升社团的品牌影响力、吸引力和凝聚力。这样做旨在为我校大学生打造一个建立自我管理体系的专业知识学术交流实践平台。

4. 志愿者服务平台创建

首先，学校对志愿者的服务进行了全面的计划和实施，通过多种方式来强化志愿服务基地的建设，确保了其“七大要素”：具有明确标志、设有办公室、拥有专门的团队、提供稳定的服务内容、制定相关规则、记录详细的工作情况及留下有效的联系信息。此外，学校也致力于使志愿者的服务成为一种常态化的行为。学校将各种资源结合起来，扩大服务的范围，创建了一个能够满足需求和服务供应的有效平台，使大学生可以方便地参与到附近的志愿服务中去，从而保证了志愿者活动能完全覆盖所有可能的目标群体。

5. 特色创新创业平台创建

年轻的大学生对新颖的事物有着强烈的好奇心，他们具备勇敢探究与大胆创新的能力，这使他们在培育创新创业观念方面有很大的潜力。需要充分利用学校内外的创业资源，提升教师团队的专业素质，调整“双创”课程的设计以提高其质量，并创建一系列拥有独特专业领域知识及地区特点的创新创业孵化中心。同时，要积极促进大学与当地政府部门、社区组织以及企业之间的协作关系，通过广泛征求意见来激发大学生的创新创业精神。

第四节
坚持“四向”精神，打造“五爱”文化艺术育人平台

“四向”的精神理念——即追求进步、真实、善良和美好，被用于指导学校的教育实践中，并通过充分运用“两个讲坛”（艺术讲坛与学术讲坛）及举办各类活动，如阅读节、文化艺术节、体育文化节和女生节等途径实现其价值。同时还积极参与到“三个赛事”之中，这些赛事涵盖了青春杯辩论赛、红歌大合唱比赛以及专业特长竞赛等，旨在打造丰富多样的校园文化平台，从而提高大学生的综合人文艺术修养。

构建独具一格的教育体系，致力于提升教育的深度和广度。依据全校的发展愿景，优化校园文化是推动教育进步的关键环节。学校将秉持“以人为本”的原则，聚焦于生命的价值，通过各种多姿多彩的活动来展现学校的理念：从校园建筑的美观设计到绿植

的环境改善，再到名人的作品展示，最后到人们之间的友好互动，都体现了对美好事物的共同追求。学校在设施建设上不仅强调硬实力，同时也看重软实力的培养；同时，也注重内在素质与外部形象的平衡。学校要努力创造出一种绿化、美化、净化、艺术化、教育化的人文环境；塑造一种充满友善、团结、进取精神的学习氛围；树立起关爱他人、尊重平等、严肃认真、协作共赢的工作态度；培育大学生热爱学习、积极主动、生动活泼、奋发向上的求知欲望。这样才能使学校成为一个人文荟萃的地方，让读书之风盛行，激发师生们的热情和动力，从而实现学校活力校园、智慧课堂、幸福人生的内涵式发展。

首先，需要妥善处理好校园文化建设与特色学校建设的关系，以塑造出独一无二的校园风貌和环境，从而推动学校的深度发展。其次，针对学校文化的进步，需要深度探讨其实际状况，并作出适当的调整。最后，为了使学校的特色更加鲜明，要充分展示学校的教学理念，提炼出学校的社会主义核心价值观，从而打造新的闪光点。

一、强化常规管理，开展德育活动

根据学校的成长环境，设计了关于校园文化的构建计划并组建了一个专门负责执行此任务的管理团队。与此同时，也鼓励教职员工及大学生积极参与到这一过程中来，通过集体智慧共同塑造出独具一格的校园文化和氛围。例如，利用现有的教学素材，将其与“以人为本”“重视生活”和“全面发展”的社会主义核心价值观相结合，充分挖掘老师和大学生的专长，从而开设诸如英文爱好班、文学欣赏课堂等独特的课程设置，同时也研发出了像《校园礼仪》《综合实践》这样的校内教材。此外，为了加强日常管理的力度，特别强调对良好行为习惯的培育，以此提升大学生的学习品质和生活的质量；还把爱国精神作为教育的核心理念，引导他们理解“五爱”和践行社会主义荣辱观的精神内涵；借助各种重大节庆或纪念日的时机，举办丰富多彩且富有深度的道德教育活动，使他们在这些场合中得到启发；另外，学校会定期举行德育活动的公开展示，搭建起师生之间交流互学的平台；最后，要重点关注大学生的心理健康问题，营造浓郁的读书氛围，助力他们的身体和心灵共同实现进步。

二、抓好特色教学，打造和谐的智慧课堂

学校致力于优化教学质量，重视改革和创新，打造独特的教学风格，塑造品牌形象，追求卓越。通过科研推动发展，建立校园特色文化（例如宣传栏、特色展厅、教室特色板块等），构建一个快乐和谐的智慧课堂，形成学校独有的书法与阅读相结合的特色教学方式。全校师生都在阅读优秀的文章并背诵经典，每周一节书法课，激发出与书为友、阅读优秀文章、学习书法的热情。学校不仅进行了语言文字规范化的有效训练，还举办了书写比赛，加大了检查和考核力度，以实现诵读经典和学习书法的目标。

三、扎实校本科研，走出教师幸福人生之路

通过实施个性化且科学的研究策略，借助国家及省级项目作为龙头来推动个人的自我反省、伙伴间的互相支持、专家指导、跨界合作、学习借鉴经验、参加外部培训等方式，从而实现全方位、多元化、多主题、多维度、多样性的教育研究活动。同时，鼓励所有教职员工积极参与到课程设计、讲授与评价等教育教学的基本技能竞赛中去，以此建立新的高效教学体系，并更加全面地展现研究成果。此外，还建立了学校的自主教育网络，以便老师们可以在这个平台上相互交流讨论，让他们的研究工作更加深入而有成效。最后，努力培育一批具有高度职业操守、卓越教育技能、高等学历背景、深厚理论知识的优秀教师团队。

四、丰富课外活动，打造活力校园

丰富大学生的课余生活，成为学校文化校园的另一特色。创新艺术教育实践，开展校园美育系列活动。学校设立了大学生的艺术团队，如文化艺术中心与大学生艺术团，并设有专门的手风琴音乐队。同时，建立了包括舞蹈团、戏剧俱乐部及歌唱小组等多种形式的大学生艺术组织。为了打造高校的文化形象并且突显教育特点，积极推进“四节三进”的活动计划，即每年的百余场文化节、艺术节、科学技术节和运动会。此外，定期举办艺术文化进校园、知名学者演讲进入学校以及优质影片放映进入学校的活动，共计六十多次。

五、加强文化建设，打造人文校园

在学校内，致力于构建丰富的校园文化环境，涵盖各个方面，如教室、走廊、办公区域和运动场地等。教学空间宽敞且光线充足，同时保持清洁卫生的环境。此外，也重视校园内的标志物，它们代表并反映出整个学校的运作情况；精美的标语牌则传达出了学校的前瞻思维观念；而师生们的优秀作品也得到了展示的机会；所有人在校园中都能够遵循秩序进行，避免出现争吵或奔跑的情况，也不会听到粗俗的话语；校园始终保持洁净无瑕的状态，井然有序地运行，充满了浓郁的教育改革氛围和人文精神。

第五节
创建“四新”活动，构建社团育人平台

加强和改进大学生社团工作，是高校深入贯彻党的教育方针和贯彻落实“立德树

人”工程的重要组成部分。大学生社团做到活动内容新、活动形式新、活动载体新和活动效果好，加强宣传，发挥品牌的引领示范的作用，提升大学生社团的整体吸引力和影响力，进一步发挥好大学生社团实践育人的功效。[1]

一、大学生社团活动的育人价值

通过举办大学生社团活动来实现道德教育的核心目标，是其中一种重要的教育方式。与其他的道德教育方法相比，大学生社团活动在道德教育方面具有独特的价值。

（一）塑造大学生的健康人格

构建大学生优秀的精神特质，帮助他们塑造积极健康的个性，是大学生社团活动的关键教育价值和作用。

通过参与各种丰富多样的大学生团体活动，在活动过程中，能够正确理解并处理人际关系和自然环境。这有助于塑造他们良好的心理素质，培养他们正确的认知、坚定的决心以及完善的性格。同学们可以互相分享技巧并从中受益，这有助于他们各自技能的发展与提升，同时也加强了他们的互动沟通。这种方式不但为大学生的课余生活增添了色彩，也加深了他们之间的友情。此外，大学生们参加这些团队活动还有利于塑造一种积极的自我认知，能够适度地认可别人，懂得如何应对现实问题并且对生活充满热情，从而养成健康的人格。

（二）提升大学生的核心素养

在提升大学生核心素养，促进大学生全面发展方面，不同类型的大学生社团活动的育人价值和功能各有所侧重。科技类大学生社团主要专注于利用各种科学知识传播的方式来教授大学生如何获取新的知识，同时培育他们的科学思维及创新意识；而艺术类大学生社团则更注重以文艺的形式去激发大学生对美好事物的感知力，从而积累他们的人文修养，强化他们的文化认同感和自豪感；运动类学生社团则是通过举办各种体育赛事来塑造大学生的强健身体，进而促使他们在生理和心理上得到更好的发育；生态环保型校园团体的主要任务是推广关于环境保护的教育项目，以此来启发大学生尊重大自然、适应大自然并且爱护自然的观念，同时也鼓励他们养成健康且文明的生活习惯；志愿者服务型校园团体则致力于安排大学生参与到各项志愿活动中，以便让他们感受到自身的社会职责，进一步开发他们的创新能力和实际操作技巧。

对各类大学生社团的活动教育效果进行全面评估，实现统一标准和分类指导，充分

---

[1] 郭凤臣，陈景翊，郑岩，等．构建“五爱”教育为载体的大学生实践育人体系——吉林工程技术师范学院“五爱”教育工程［J］．吉林工程技术师范学院学报，2021（6）：5.

利用各种大学生社团活动的优点和长处，形成互补优势，这样就能从多个角度提升大学生的核心素质，助力大学生全方位发展。

（三）提升大学生的自治能力和协作能力

自我管理和教育的能力被称为自治能力，而学习合作共处则是21世纪教育的四大关键要素之一。提升大学生的自治能力并让他们掌握如何协同工作，是大学生社团活动中另一个重要的人才培养目标。

依据杜威的教育思想，“自治力应由经验习得”，这意味着我们需要在行动与实践中学会并增强我们的自治力，并在实际操作过程中积累自治的体验。以组织的进步为导向，大学生团体是一种旨在推动其成员个人发展的“自我组织”，这种方式有别于那些致力于外部群体的目标的“他组织”的大学生团体。大学生的社团目标是在自由参与社团活动的背景下实现他们的个人成长。在老师的引导和协助下，大学生们按照社团的规定独立展开各种活动。因此，他们可以通过这些活动和对社团的管理来培养自己的自我教育及自我管理的技能，从而提高自身的自治力。

协作相处的能力主要来源于个体在各类行动中的成长，特别是与人互动的过程中。在学校社团环境下，大学生们有机会在一个公平和自主的环境中参与集体活动，从而习得如何与其他人和谐相处。部分学校社团更进一步地突破了年龄层级或班组的限制，这有助于让大学生有更多的机会去累积社交技巧。通过参加社团活动，大学生不仅能学到如何与拥有相似才能和爱好的人群一起工作，也能掌握如何与来自不同年段的大学生、有着迥异个性特征的人士及持相反意见者和平共事的方法。学会协同相处能让大学生从另一视角来审视问题，这对他们的积极性和创新思维能力的提升都有益，同时也对提升他们的人际沟通技能有所帮助。

二、大学生社团活动的育人模式

（一）发挥社团的育人功能

将大学生社团的育人功能提升到人才培养的战略高度，社团工作紧紧围绕学院人才培育方案，在构建社团育人模式、建立社团可持续性发展长效机制等方面做了大量研究探索性工作，取得了丰硕的成果。

（二）建立大学生社团可持续性的长效机制

重视社团引导，大力扶持、强化管理、创造品牌，因此社团发展经历了从无到有、从小到大、从弱到强、创造特色、树立品牌的成长过程。学校正在对大学生的团体活动进行观念上的改革，并逐渐形成“四制三化”的长期制度，包括社团建设制度、社团指导制度、课程选择制度以及社团综合评价等级评定制度。同时，我们也致力于推动其运营方式的市场化、依赖社会的增强和社会工作的网络化等来促进社团文化的丰富与持续的发展。

（三）构建“主体中心——总线并行，模块融合”育人新模式，拓展大学生综合素质

将社团作为素质教育主导载体之一，根据团中央素质拓展计划的六大项，建立六大类社团集群素质训练模块体系，并与学校素质教育模块对应，各能力素质教育模块融合，社团紧紧围绕学校人才培养中心工作，形成一条素质拓展总线，与学校人才培养素质拓展总线并行，这样各主导载体多重交叉，多轮并驱，纵横沟通，完善大学生智能结构，全面拓展大学生综合素质。

第六节 构建“五爱”育人全要素一体化教育实践模式

在科学调研的基础上，优化“五爱”教育的内容供给，提升教育的效果。“五爱”教育的实施是全员、全过程、全方位育人的重要活动载体，它涵盖了所有领域的教学、管理和服务，旨在强化并实践社会主义核心价值观念，从而实现教育的全面发展。通过组织领导制度、日常运行制度、协同推进制度等构建全过程管理制度保障体系。

一、绘制“点线面”递进“五爱”育人目标，实现“五爱”育人目标一体化

“五爱”教育工程以育人活动为切入点、以中华优秀传统文化传播为主线、以“三全”育人机制为辐射面，形成以价值引领为导向，以思想理论课为主体，以日常思想政治教育、心理健康教育、网络思想政治教育、创新创业教育、社会实践和志愿服务为延展的师范类院校大学生思想政治教育体系。构建五个主要的项目平台以培育大学生的“身体健康、诚实守信、价值观形成、创新技能和健全的人格”，这有助于推动他们的全方位地健康成长，并达成“五爱”教育立体化同步发展的目标。

二、构建“四层面”互补的“五爱”内容，实现“五爱”育人内容一体化

开展“五爱”教育使大学生的“五爱”之情落实到课堂上、生活中，从育人内容的活动、路径、载体、网络四个层面真正融入大学生。育人活动层面，学校近年来围绕“五爱”教育为核心内容创建开展主题活动100余项，出版相关课程思政系列教材10

余部。育人载体层面，拓宽了“一体两翼”育人载体，坚持全方位育人。通过多角度、多载体、多形式来全面推进“五爱”育人工作，结合职业院校实际和特色，以“X+X”（线上线下+校内校外）、“S+H”（思政+活动）为两翼，全方位协同，聚力新职业人才培养。育人路径层面，融通了“入学—学习—离校”育人路径，做到全程育人。从扣好入学第一粒“扣子”到最后的就业工作，扎实推进构建“知、情、意、行”的养成教育体系，将“五爱”全过程贯穿，建立递进式育人链条。育人网络层面，构建“校院两级”一体化网络实践育人体系，形成学校、年级、班级、寝室全员辐射的“线上+线下”工作矩阵，教育形式上“求新求活”，打通“五爱”育人的“最后一公里”。

三、筑牢家庭、学校、社会“三阵地”协同，实现“五爱”育人空间一体化

“五爱”育人价值理念是“个人—家庭—学校—社会—国家”层层递进不断深入的教育体系，通过“家校社”三个阵地协同育人，实现大学生全方位培养打造。发挥家庭作用，打牢和夯实“五爱”育人思想根基；发挥学校主导作用，优化“五爱”育人阵地路径；发挥社会依托作用，烘托和营造“五爱”育人良好氛围，同频共振，构建“五爱”育人共同体。构建了“七位一体”（校院两级党政领导、教师、辅导员、大学生骨干、家长、企业人员）协同育人队伍。

四、凝练“两化（活动项目化、内容微课化）并举”的特色品牌活动，实现“五爱”育人活动一体化

通过项目和微课两个品牌达到“价值塑造+知识传授+能力培养”“三位一体”培育时代新人，创新大学生思想政治教育教学工作新模式。项目活动立体化建设，围绕“五爱”育人理论研究，组建辅导员工作网络微课化建设、辅导员心理健康教育和大学生“五爱”教育辅导员工作室，共同开展相关课题研究，录制辅导员微课，以丰富的活动内容增强新时代爱国主义教育实效性。

这种创新的教育模式，将大学生的思想政治教育与实际操作相结合，将理论与实际紧密结合，使教育更加具有针对性和实效性。项目活动和微课内容的紧密结合，不仅增强了学生的学习热情，还提升了他们的实践能力和创新思维。同时，辅导员工作网络微课化建设和心理健康教育也为大学生提供了更加全面和深入的教育服务，有助于培养大学生的健康心态和积极向上的生活态度。

五、打造“六融合”同步育人方法，实现“五爱”育人方法一体化

在现代教育中，我们要充分发挥“五爱”育人的作用，将其与各个方面相结合，使

之更加深入人心，为培养合格的社会主义建设者和接班人贡献力量。

首先，要将“五爱”育人与课程思政融合。通过课程思政，可以让学生在学习过程中，深入了解我国的历史、文化、制度和发展道路，从而增强他们的爱国情怀，坚定他们对社会主义的信念。其次，将“五爱”育人与优秀文化融合。通过传承和弘扬优秀文化，可以让学生从中汲取智慧，丰富他们的精神世界，进一步提升他们的道德素养。再次，将“五爱”育人与党团建设融合。通过党团活动，可以培养学生的组织纪律观念，提高他们的政治觉悟，使他们更好地了解和热爱党的事业。此外，要将“五爱”育人与多种媒体融合。利用报纸、电视、网络等多种媒体，传播“五爱”育人的理念和精神，让学生在日常生活和学习中，时刻感受到“五爱”教育的存在，从而内化为自己的行为准则。还将“五爱”育人与实践活动融合。通过参与实践活动，学生可以将“五爱”教育的理念付诸实践，从而加深对“五爱”教育的理解。同时，要将“五爱”育人与科学研究融合。通过开展科学研究，可以引导学生运用“五爱”教育的理念，解决实际问题，为社会发展贡献力量。最后，要将“五爱”育人与重要时间节点融合。在重要时间节点，如国庆、建党节、“五四运动”纪念日等，要举行丰富多彩的活动，让学生深入了解我国的历史和文化，激发他们的爱国情怀。

总之，将“五爱”育人融入各个领域，旨在培养学生全面发展，使他们成为具有坚定理想信念、良好道德品质、扎实知识基础和较强实践能力的新时代青年。我们要不断创新“五爱”教育的方式和方法，为培养合格的社会主义建设者和接班人而努力奋斗。

六、建立“双重”（服务+管理）保障育人制度，实现“五爱”育人制度一体化

为了更好地实现育人目标，需要构建一套完善的“双重”保障育人制度，即服务与管理体系。这套制度旨在推动“五爱”育人理念的全面贯彻，让每一位学生都能在充满爱的环境中成长。在此基础上，还需建立全过程管理制度保障体系，以确保育人工作的有序进行。

首先，要建立健全组织领导制度。明确组织架构，统筹协调各部门之间的工作，确保育人工作的高效开展。同时，各级领导要高度重视育人工作，将其纳入日常工作的重要议程，为实施“五爱”育人提供有力保障。其次，日常运行制度也是不可或缺的。这包括制订详细的工作计划，明确各部门、各岗位的职责，确保各项育人工作落到实处。此外，还要注重定期评估与反馈，以便及时发现问题、改进工作，为学生的成长提供优质服务。最后，协同推进制度对于整合各方资源、形成育人合力至关重要。通过加强部门间的沟通与协作，打破“孤岛现象”，实现信息共享、优势互补，从而提高育人工作的整体效益。与此同时，还要建立全过程服务制度保障体系，以确保学生在各个阶段都

能得到全方位的关注与支持。

总之，通过建立“双重”保障育人制度，实现“五爱”育人制度一体化，我们有信心为每一位学生提供优质、全面的教育服务，培养他们成为有爱心、有责任心、有创新精神的社会主义建设者和接班人。

第六章
大学生“五爱”教育的保障体系

这部分是大学生“五爱”教育的保障体系。校园人群包含了稳定且持续变化的大学生群体与教职员工团队。健全的管理体系可以构建坚实的防御屏障及支持力量，以确保教育的顺利实施。“五爱”的教育理念不仅依赖于教学指导，也需要有实际可行的管理机制作为保证。此外，高校还必须适应教育现代化的发展步伐，通过优化或升级“五爱”教育的方法手段来实现有效实践。

面对这样的情况，高校需要在各个任务领域保持同步发展、个性化教学、积极创新并持续更新，这是至关重要的。尤其是当高校推行“五爱教育”制度的时候，这显得尤为关键，因此必须建立一套有效的支持系统来确保其有效运行。

“五爱”教育的发展需要建立健全有效的体制机制来保证其理论与实际行动的一致性和可行度。首当其冲的是打造稳固的管理体系以解决“三全”育人的落地问题。成立由校级、院级部门一把手牵头负责的“五爱”教育工作领导小组是必要的组织保障。一体化的工作领导机制可以有效推动科学合理的顶层设计、及时精准的政策制定。学校要在《高校思想政治工作质量提升工程实施纲要》《关于切实加强新时代高等学校美育工作的意见》等政策文件指导下，制定符合本单位实际的“五爱”教育工作推进的制度。领导小组根据工作实际和教职工的职责边界，制定分层分类的育人规划，既有责任清单，也有统一认识，通过工作的定期沟通和动态反馈机制，确保分工清楚、合作有力。[1]

---

[1] 刘彬. 构建高校“三全”育人工作体系的策略［J］. 党政论坛，2020（8）：3.

第一节
领导集体和主体队伍建设

健全完整的领导集体，建立一套具有基础性质、稳固特性、标准化特质及持久特性的制度是关键的。高校实施的是由党委主导的管理模式，其中包括对“五爱”教育的支持与管理，这涉及了党政部门、工会组织和共青团等组织的共同参与。然而，高校党委的角色在于指导、引领和推动整个过程，因此必须坚持党的领导来培养辅导员老师，同时要求辅导员紧密跟随党的步伐，使党组织高度重视辅导员队伍的发展，并且要依赖于党组织的支持。我们应加强对于以党建为核心的辅导员发展计划的实施力度，确保各级领导干部都承担相应的职责，从上至下逐级推进，直至基层执行到位。打造一支具备高度职业精神和责任感的优秀领导团队，是高校的核心使命之一，只有党委班子的质量得到提升时，才能保证人才培育的工作真正落地生根。

优化团队建设，打造“五爱”教育者群体。大学的职责在于培养有品行的人才，而政治教育的责任则是在于引导大学生的精神成长。我们需要加强对政治教师的教育训练，提升他们的知识素养和人文修养，并建立一套严谨的管理评估体系。学校党委必须抓好主体队伍建设。高等教育的职责在于培养有道德的人才，尽管“五爱”教育涵盖了全过程、全体人员及全方位的教育，但是其核心与优势仍然存在，那就是必须建立一支至关重要的教育团队：

首先，需要的是一群具备高品质且构成合理的优秀教职员工，这是实施“五爱”教育的关键。其次，落实立德树人根本任务，把辅导员队伍建设作为教师队伍和管理队伍建设的重要内容，加强整体规划、统筹安排，在业务培训、交流互鉴、研修深造、考核激励、职业发展等方面加大支持和保障，不断提升辅导员业务能力和水平，着力打造一支高素质专业化职业化辅导员队伍。一是完善培训体系，增强业务本领。强化辅导员的培训工作，提高辅导员思想道德素质和业务水平持续优化，新上岗辅导员培训课程体系，设置辅导员工作要求与职责、深度辅导沟通技能、大学生管理与资助、大学生党建和共青团工作、就业与创业指导、大学生心理识别与干预等重点模块，配套专家讲座辅导、模拟场景演练、经典案例讨论、问题剖析分解等多种方式，帮助新上岗辅导员较好地掌握基础技能，快速进入角色工作；多渠道强化辅导员日常理论学习，定期组织开展校级政治理论专题培训，各学院每月固定时间开展辅导员集中理论学习；充分利用新媒体平台，为辅导员开展线上学习创造条件，多措并举夯实辅导员队伍理论基础，加强知识储备；整合校内外资源，通过理论学习、专题研讨、业务培训等，健全多级培训网络，着力构建“线上—线下”“校内—校外”立体化辅导员培训体系。二是搭建交流平台，促进互学互鉴。组织开展形式多样的辅导员活动，打造开放型、探索型、展示型交流分享平台；举办“辅导员队伍建设年”活动，开展辅导员工作价值大讨论，强化责任担当；重温入党誓词和高校辅导员誓词，增强职业认同；组织新老辅导员专题交流活动，促进经验分享，定期开展辅导员沙龙，立足大学生工作实际，结合理论与实践，围绕美育浸润、网络思政、职业规划等主题，交流分享典型经验和做法，共同探索有效工作方法，不断提高工作水平；创新网络育人模式，分享辅导员在开展大学生工作过程中的经验思考，不断拓展思政育人阵地；开展辅导员素质能力大赛，以赛代练、以练促学、以学促行，展示辅导员队伍良好的专业素质和昂扬的精神面貌。三是优化考评激励，加强示范带动。我们已经建立了一个由大学生工作部门主导，并涉及其他部门、学院党派及大学生的评估系统，以便审查辅导员的政治素养、道德品质、履行职责的能力以及实际效果等方面。这些评价的结果将会影响到他们的职位聘用、奖励或晋升等事项。同时，我们也优化了关于辅导员表彰的标准，强化了对于模范人物的选择和推广，以此来激发他们作为榜样所带来的影响力。此外，我们会举办一场针对全体辅导员的专业技能比赛，鼓励优秀的辅导员去参选各种级别相关的活动或者竞赛。

最后，我们要关注辅导员的工作生涯规划和进步，把他们列入学校的教师团队和管理层的发展计划中，并且专门拨出一笔资金用于提升辅导员的教育水平、社交经验和社会科学的研究方面。

第二节
“五爱”教育工作载体和工作平台

“五爱”教育制度构建需要兼顾通用性和独特性的平台。例如，近些年吉林工程技术师范学院所推行的“三全”育人大学生工作体系构建及“四化”素质能力提升项目创建，已经成功地打造了有效的工作载体。正在实施的“大学生培养千日成长工程”更是叫得响、做得实的有效载体。

高校需要牢牢把握住思政教育的核心途径。“五爱”教育涉及的时间跨度广阔，涵盖的空间范围也相当大，每个个体的需求各异且活动的种类丰富多彩，然而确保主要战场和关键路径的重要性不容忽视。尤其是中共中央办公厅和国务院办公厅多次提及的马列主义理论教学和思想道德修养与法治教育这两门基础学科，它们对于塑造年轻人的价值观和生活态度至关重要，因此有必要高度重视并加以强化。

高校需要策划并组织各类精彩纷呈的学校活动。“五爱”教育的推行并不只是枯燥无味的灌输，而应该针对青年的特点加以执行，并将其教学引导渗透到各种场合乃至俱乐部的健身项目里，比如让课堂变得更加社区化就是一个有效的手段；此外，类似于“每日锻炼一小时，保持身体健康五十载，享受快乐人生”等宣导活动的深远影响也不容小觑；最后，那些包含了“数百名毕业生参与讲授，数百名校友交流心得，百万大学生访问学长学姐”等元素的活动无疑是极富感染力与号召力的。

搭建工作平台，加强活动的顶层设计。将“校级活动品牌化、项目化，院级活动专业化、特色化，社团活动个性化、大众化”作为整体工作思路，通过“一月一主题”“一院一特色”“一社一品牌”，整合活动资源，精简活动数量，提升活动品位，让大学生拥有更多选择权。

“三个平台”构建了“大德育”的多维度环境。在制度育人方面，制度的构建是实现学校道德教育目标的保障体系和保持学校正常运行的保障机制。制度能够对大学生的日常行为进行规范和塑造，管理、调整、统一。人文精神是大学文化价值的中心，除了建筑物等实体文化，大学还需要精神文化环境。在校园环境建设中，高校必须始终以大学生为核心，积极推动“五爱”教育的实施，营造出优质的校园文化氛围。在实践育人方面，将理论知识与实际操作相结合，是道德教育工作的一个重要原则。社会实践能够将大学生的价值观与社会生活紧密相连，有助于他们更好地理解社会，熟悉生活。高等教育机构应该加大对大学生道德教育实践的探索力度，推动道德实践的制度化和常规化。

“五进工程”拓展“大德育”实现途径在系统进教材方面：一是在学校内部课程中引入系统思维方式。二是基于学校的特色以及个人技能需求，编写独特的价值观教科书——该教科书应包含党的最新政策理念并融入中华传统美学元素，以增强时代感和理性思考能力。三是通过提问式学习法或主题研讨会等方式，使授课更加活泼有趣且富有深度。四是在住宿区内推广学习党的基本理论知识宣传材料，了解实际情况并提供指导和建议。五是积极推动各类校园组织的建立，以此提升同学们的综合素质能力并使其受益。六是通过各种社交媒体平台（如微信公众号或微信群等）加强师生互动联系，达到信息共享的目的，并且能够有效地掌握同学们的情况变化，进而调整相应的教育教学策略。总而言之，“全校参与教育、贯穿整个学习过程的教育、多角度教育的”德育体系的实行能够有效地利用学校的教学环境、家庭的监督作用和社会的支持来促进大学生的学习与成长。这也有助于提高他们的整体能力和多元化技能的发展。然而，高校需要持续深化对策略和技巧的研究，并在实际操作中积累经验并加以改进。

第三节 建设一套高效健全的保障机制

很多高校的思政工作缺乏交流沟通机制，造成各院校闭门造车，甚至不研究新形势、新特点，工作中仍然沿用多年以来的老经验、老办法，思政工作活力不足、效果不佳。建立一个在教育部统一领导下的思政联系机制和思政专职教师定期进修轮训制度，有助于提升思政工作者的综合素质和各院校实现互通有无、经验共享、相互学习促进。

（一）必须加强改革的推动力，建立有效的教育保障体系

这是确保大学生的各项工作富有活力和生命力的关键因素。在这个全媒体时代里，仅依赖从上至下的管理架构并通过行政指令推动工作的方法已不再适用于当前的工作需求。为了实现“培养有品行的人才”这一基本目标，思想政治教育者们需执行相关的实践项目，这需要包括资金、设施及场所等各种实物资源的支持。

（二）应构建一套完善的服务教育资源支持系统

持续增加对服务教育的财政投资，以改善环境并提升工作质量。进一步提升教师及工作人员的生活水平，尤其是那些直接参与到服务教育中的初级员工。创建一种激励制度，让优秀的团队和个人获得适当且及时的精神与物质双重的奖励，以此来鼓励优秀的行为，惩戒不良行为，表扬杰出者，激发落后者的积极性。此外，大学辅导员在执行“培养品格”的核心使命时，必须提供相关的实践项目，这需要充足的资金、设施和教育场所等作为支撑。

（三）良好的组织运行机制是高校辅导员工作充满生机与活力的根本保证

在当下的教育教学过程中，仅依赖上级指示来推动辅导员工作的方式已经无法满足现实需求。为了推动“五爱”教育机制建设，学校必须建立健全、必要的考核和奖惩机制，并采取必要的措施来落实和推动“五爱”教育工作的开展。例如，刚入职的教师需要先担任一年到两年的辅导员工作，以保证他们的双重角色，实施双向提升策略。规定所有的教师在新一轮的专业职称评定前都须完成一届班主任工作，并且成绩达到合格及以上等级。这也是推动发展的举措之一。近年来，学校举办了许多面向全体师生的互动活动，如“零距离倾听，零距离对话，零距离沟通”等活动，尤其是5月23日“爱生节”主题活动和每年的“教书育人、管理育人、服务育人”三十佳评选表彰活动，更加反响强烈、影响广泛。

第四节 全面评价考核机制

精确的评估体系对检测“五爱”教育效果至关重要，高校需要把“立德树人”作为

全体员工评估的核心标准，引导教育主体将教育理念融入工作的每一个环节。以提高大学的思想政治工作质量为目标，制订一些相关的评分标准和新的评估方式。针对那些在教师道德和教学风格上存在瑕疵，无法胜任教育职责的部分教师，将在相关的评估中实行“一票否决制”。接下来，需要建立一套能够推动“五爱”教育落地的教育人才培养体系。一方面，需要建立一个有利于队伍建设的各种平台，不断强化队伍的教育基本功；另一方面，需要通过有效的方法使教育道德成果可以量化，并将其与年度评估、职称评定、优秀奖励等相结合，以此来促进队伍的建设。持续提高教育科学化的水平。领导团队坚决严格把控“入口”、加强“培训”、执行“考核”，致力于建立一支专业性强、素质高、纪律严明的教育团队。最终，构建一个可持续的协同教育机制。协作机制的作用在于整合各种分散的教育资源，使得各个领域和各个层次的教育元素能够相互促进和融合。在大学中，各个教学单位、大学生处、团委、教务管理部门等，应该打破原有的“各自为政”的机械化职责划分，互相“搭台补台”，形成以教育目标为导向的“你中有我，我中有你”的多元化、协作型思想政治工作模式。

（一）建立学校、家庭、社会协同育人机制

强调家庭与学校的互动，提升父母和大学生的认知度和关注度，确保思想政治教育有针对性；重视学校与企业的合作，建立产学研协同平台，依托社会资源来培育大学生的实践技能、志愿奉献精神以及责任心。

建立学校、家庭、社会协同育人机制，不仅是提高教育质量、促进学生全面发展的关键，也是现代社会对教育体系提出的新要求。在这样的机制下，家庭、学校和社会将各自发挥其独特的作用，形成有机整体，共同为培养有理想、有道德、有文化、有纪律的社会主义建设者和接班人贡献力量。

建立学校、家庭、社会协同育人机制是一项系统工程，需要各方共同努力、密切配合。只有这样，我们才能培养出既具备扎实知识技能又具有良好品德的优秀人才，为社会的繁荣和发展做出更大的贡献。

（二）建立实施和管理监督制度

结合“十大育人”具体要求，制订部门单位具体实施计划，采取可行有效的措施，保障组织实施和管理到位。

根据“十大育人”的具体要求，学校各部门应制订详细的实施计划，明确工作目标、任务分工和时间节点，确保各项措施落实到位。同时，完善相关政策措施，为实施“十大育人”提供有力的政策支持；建立健全“十大育人”工作协调机制，明确责任主体，形成上下联动、校院协同、全社会共同参与的工作格局；建立健全“十大育人”工作督查制度，对工作任务完成情况进行定期检查，确保各项工作有序推进、落到实处。

各级领导要深入基层，及时了解工作进展，研究解决存在的问题，确保“十大育人”工作的顺利实施；研究制定“十大育人”工作考核评价办法，明确考核指标体系，对工作任务完成情况进行全面评估。将考核结果作为评价领导班子和领导干部工作实绩的重要依据，激发工作积极性、主动性和创造性。

（三）建立内涵建设聚焦育人机制

根据“十大育人”工作要求，将育人专项建设贯穿党建团建、德育教育、课堂教育、网络教育、社会实践、创业就业等全过程，共同探索合力育人的新途径、新方法、新机制。

建立内涵建设、聚焦育人机制，是推动高等教育内涵式发展的重要举措。为了实现这一目标，必须深入贯彻落实“十大育人”工作要求，将育人专项建设贯穿党建团建、德育教育、课堂教育、网络教育、社会实践、创业就业等全过程，共同探索合力育人的新途径、新方法、新机制。建立内涵建设、聚焦育人机制是一项系统工程，需要全校师生共同参与、共同努力。我们要以“十大育人”工作要求为指导，不断探索和实践育人新途径、新方法、新机制，为培养德智体美劳全面发展的社会主义建设者和接班人贡献力量。

（四）建立健全师生、大学生结对制度

学校师生之间要开展形式多样的结对活动，建立《校级领导干部联系大学生制度》《中层干部联系班级制度》和《学团干部联系大学生寝室制度》，教工党支部与大学生党支部、大学生班级、大学生宿舍、大学生社团及大学生个体结对。大学生党员与入党积极分子、大学生结对，高年级大学生与低年级大学生结对等，不断拓展结对内涵和形式，全面履行育人职能。

通过这些结对制度的实施，学校可以进一步促进师生之间的交流与合作，实现资源共享、优势互补，共同推动教育事业的发展。在结对活动中，校级领导干部、中层干部和学团干部要深入学生群体，了解他们的学习、生活、思想等方面的情况，积极为他们排忧解难，提供必要的帮助和支持。同时，结对制度还能够促进大学生之间的交流与合作，增强他们的团队合作精神和集体荣誉感，为他们的全面发展创造更加良好的条件。在实施结对制度的过程中，学校要注重发挥党员的模范带头作用。大学生党员要与入党积极分子、其他大学生结对，通过自身的实际行动，影响和带动周围同学，共同营造积极向上的学习氛围。高年级大学生也要与低年级大学生结对，通过传授学习经验、生活技能等方面的知识，帮助他们更好地适应大学生活，提高综合素质。

总之，建立健全师生、大学生结对制度是学校育人工作的重要举措之一。通过实施这一制度，可以促进师生之间的交流与合作，提高大学生的综合素质和社会责任感，推

动学校教育事业的不断发展。

（五）建立专题调研沟通协调机制

组织育人工作开展情况调研，发掘典型、总结经验、解决问题；召开专题会，研究分析育人情况，协调实施育人措施；召开辅导员、班主任、相关专业教师、教辅人员及大学生干部专题会，研究教风学风情况，落实整改措施；召开专题会议，沟通情况、协调研究、确保育人工作落到实处。

为了更好地实现这一目标，需要与相关部门、学校、企业和社会团体建立紧密合作关系，以促进育人工作的协同创新。首先，应与相关部门携手合作，共同制定教育政策，明确人才培养目标，确保各项教育工作有序推进。与学校间的合作则应着重于课程改革、教学方法改进等方面，以提高育人质量。与企业和社会团体的合作则可促进产学研结合，为学生们提供更多实践机会，增强其动手能力和创新精神。为了加强合作关系可以通过定期召开协同创新研讨会，邀请相关部门、学校、企业和社会团体共同参与。在研讨会上，各方可以分享经验、交流心得，共同探讨教育改革和人才培养的策略。同时，还需搭建线上线下交流平台，让参与者能够在平时保持联系，随时分享信息和资源。最后，加强与校友会的联系，发挥其在人才培养、就业指导和创新创业方面的积极作用，助力教育事业蓬勃发展。

（六）建立交流互动评选表彰机制

召开不同层面的党建论坛会和经验交流会，推进育人工作的开展；结合创先争优活动开展，评选表彰育人先进和优秀案例；结合师德师风和学风建设，评选师德标兵和育人先进。通过这些交流互动评选表彰机制，可以进一步激发广大党员和教育工作者的积极性和创造力，推动育人工作的深入开展。

首先，通过召开不同层面的党建论坛会和经验交流会，可以汇聚各方面的智慧和力量，共同探讨育人工作的新思路、新方法和新途径。这样的交流不仅有助于拓宽视野，还能够促进经验共享和资源共享，为育人工作提供更多的支持和帮助。其次，结合创先争优活动开展，评选表彰育人先进和优秀案例，可以进一步激发广大党员和教育工作者的工作热情和创造力。通过评选表彰，可以让更多的人看到育人工作的成果和价值，增强工作信心和动力，同时也能够激励其他人积极参与育人工作，形成良好的工作氛围和激励机制。最后，结合师德师风和学风建设，评选师德标兵和育人先进，可以进一步推动师德师风和学风建设的深入开展。通过评选表彰，可以树立一批师德高尚、育人有方的先进典型，让更多的人看到师德师风和学风建设的重要性和意义，同时也能够激励广大教育工作者不断提升自己的师德师风和育人水平，为学生的全面发展和成长做出更大的贡献。

（七）建立内外结合评价考核机制

将育人工作成效纳入人才培养评价体系；把育人要求纳入年度部门、个人考核体系和制度，探索校内外相结合的评价考核机制；建立循序渐进不断深化的机制，在育人实施过程中跟踪调研，不断总结，及时修正，不断提高学校育人工作的效果。建立内外结合评价考核机制，将育人工作成效纳入人才培养评价体系，是对我国教育事业发展的重要推动。将育人要求纳入年度部门、个人考核体系和制度，是深化教育改革，提高教育质量的必然要求。探索校内外相结合的评价考核机制，可以更好地激发学校、教师和学生的积极性、主动性和创造性。

为了更好地实施育人工作，需要建立一个循序渐进、不断深化的机制。在育人实施过程中，通过跟踪调研，及时了解学生的成长状况，掌握教育工作的第一手资料。在调研的基础上，进行不断总结，提炼教育经验，为下一步的工作提供指导。同时，及时发现存在的问题，及时进行修正，以提高学校育人工作的效果。此外，还需要注重评价考核机制的动态调整，使之更加科学、合理、有效。这需要不断学习先进的教育理念，借鉴国内外的成功经验，结合我国实际情况，不断完善评价考核体系。通过评价考核机制的优化，推动育人工作的深入开展。

参考文献

[1] 郭凤臣，陈景翊，郑岩，等. 构建“五爱”教育为载体的大学生实践育人体系——吉林工程技术师范学院“五爱”教育工程［J］. 吉林工程技术师范学院学报，2021（6）：10.

[2] 王殿卿. 传承中华美德与培育公民道德［J］. 思想·理论·教育，2005（6）：4-7.

[3] 玄凌. 黑龙江省农林高校资助育人研究［D］. 哈尔滨：东北林业大学，2023.

[4] 周强. 新时代大学生心理健康教育的缺失与完善［J］. 高校辅导员学刊，2018（4）：88-92.

[5] 陈景翊，张东，郑鑫，等.“三全”育人视阈下“五爱”教育实践路径［J］. 吉林教育，2021（17）：4.

[6] 郗望. 高校精准资助工作的困境及分析［J］. 决策探索，2018（14）：55.

[7] 徐丽云. 主旋律影片的大学生思想政治教育功能及其实现研究［D］. 石河子：石河子大学，2020.

[8] 马瑞彬. 青年大学生历史使命培育研究［D］. 天津：天津工业大学，2021.

[9] 王艳平. 高校“三全”育人的特征及其实施路径［J］. 思想理论教育，2019（9）：103-106.

[10] 赵德虎. 普通高校“十大育人”体系实施有效性思考［J］. 科教文汇（中旬刊），2020（26）：35-36.

[11] 张霞. 高校“家文化”思想政治教育的功能及实践路径［J］. 科教导刊，2020（24）：2.

[12] 白梅. 大学生爱国主义教育现状、问题及对策研究［D］. 西安：西安建筑科技大学［2023-10-21］.

[13] 冯刚，王莹. 时代新人家国情怀的培育路径探析［J］. 南华大学学报（社会科学版），2022（5）：16-22.

[14] 郭凤臣，张雷.“立德树人”视域下高校共青团创新工作载体策略研究［J］. 吉林工程技术师范学院学报，2018（5）：3.

[15] 严帅，任雅才. 新时代高校大学生组织育人的功能内涵与实施路径［J］. 学校党建与思想教育，2019（9）：4.

[16] 安静. 内涵式发展视域下高校思想政治理论课教学质量提升研究［D］. 桂林：桂林理工大学，2020.

[17] 张霞."家文化"融入日常思想政治教育的实践探索——以江苏科技大学外国语学院为例[J].开封文化艺术职业学院学报，2020.
[18] 侯博君."四史"教育：高校大学生党员教育培养的新动力[J].公关世界，2020（19）：68–69.
[19] 郭凤臣，古小琪.高校辅导员立体化德育体系构建研究[J].吉林工程技术师范学院学报，2019（7）：3.
[20] 尹仕，肖看，刘志强.大学生科技创新基地育人模式的探索[J].实验技术与管理，2008（4）：4.
[21] 许力，郭钟群.新时期高校共青团工作模式创新探究[J].学理论，2014（5）：2.
[22] 甄伟丹."三全"育人视野下高职院校实践育人路径探索[J].科技风，2022（23）：158–160.
[23] 刘彬.构建高校"三全"育人工作体系的策略[J].党政论坛，2020（8）：3.
[24] 张基斌.高职院校创新"第二课堂成绩单"制度促进大学生思想政治教育质量提升路径研究[J].教育现代化，2019.

附录

关于大学生“五爱”教育调查问卷

同学好！十分感谢你接受我们的调查，大学生“五爱”教育是指开展“爱己、爱家、爱校、爱党、爱国”的教育，对我校大学生的关爱教育工作的强化有着重大意义。为了理解当前情况，提升教学效果，我们制定了这份调查问卷。此次研究是出于学术探索的目标，没有正确与错误之分，请按照你自身的实际状态和真实感受如实回答！

1. 你来自哪里？（单选题）

A. 城市　　B. 城镇　　C. 农村

2. 你的年级是？（单选题）

A. 大一　　B. 大二　　C. 大三　　D. 大四

3. 你会自己安排学习生活的时间吗？（单选题）

A. 完全自己计划并执行　　B. 有计划，但不能坚持执行多久

C. 没想过，也没有计划过

4. 如果你遇到了心中不愉快的事你会怎样做？（多选题）

A. 找朋友或父母老师倾诉　　B. 找他人发泄

C. 自我调节　　D. 闷在心里

5. 给你无限可能，大学毕业后你想做什么？（单选题）

A. 继续读研深造　　B. 找份稳定的工作

C. 目标模糊　　D. 从未想过

6. 你怎么看待那些为人民利益而牺牲的英雄英勇行为？（多选题）

A. 非常尊敬和崇拜他们

B. 牺牲固然伟大，但生命更为重要

C. 如果面临这样的问题我也会这样做

D. 他们很傻，我才不会这样做

7. 如果假期允许你参加任何活动，你会参加怎样的活动？（多选题）

A. 兼职　　B. 志愿者　　C. 旅游　　D. 其他

8. 你在家中是？（单选题）

A. 独生子女　　B. 有一个兄弟姐妹

C. 有两个兄弟姐妹　　D. 有两个以上兄弟姐妹

9. 如果你的同学有一件你非常喜欢的东西，但是超出了你的家庭承受范围，你会执意让父母给你买吗？（单选题）

A. 会　　B. 不会

10. 你和父母会有矛盾与争吵吗？（单选题）

A. 几乎没有　　B. 偶尔会有　　C. 经常会有

11. 你多久和父母联系一次，联系的时候表达过爱意吗？（多选题）

A. 一周2~5次　　B. 一周一次　　C. 二至三周一次

D. 三周以上　　E. 表达过　　F. 没表达过

12. 你对家庭付出过什么？（多选题）

A. 主动做家务　　B. 主动减轻父母的负担

C. 从未做过

13. 你对现在所处的学校满意吗？（单选题）

A. 非常满意　　B. 满意　　C. 一般　　D. 不满意

14. 当看见有人破坏公共财物时，你的态度是什么？（单选题）

A. 阻止　　B. 抱怨　　C. 视而不见

15. 对于他人对学校不足之处的指责，你会与之争执吗？（单选题）

A. 会　　B. 不会

16. 你了解学校的校风、校训、校史吗？（单选题）

A. 非常清楚　　B. 大概知道　　C. 不知道

17. 如果你毕业了，你会选择什么样的方式去关心母校的发展？（多选题）

A. 经常回学校看看　　B. 当功成名就时为母校捐赠财物

C. 多与老师联系　　D. 如果学弟学妹需要帮助，我会及时伸出援手

18. 在你看来，大学生加入中国共产党的动机是什么？（多选题）

A. 为国家做贡献，为社会奉献自己的力量

B. 面子上好看

C. 随大流，别人入党我也入党

D. 注重现实利益，方便以后找工作

E. 长辈的期望与要求

19. 你对于党的本质、目标、斗争理想和基本路径有多少了解？（单选题）

A. 很熟悉，很全面　　B. 有所了解

C. 不太全面，比较模糊　　D. 完全不了解

20. 你觉得现在部分人不积极入党或对党存在抵触情绪的原因有什么？（多选题）

A. 入党程序过于烦琐

B. 觉得自身能力不足，思想觉悟低

C. 注意到一些党员的不良状况以及党内的贪腐行为

D. 觉得党员受约束

21. 平时是否主动了解中国共产党的进程？（多选题）

A. 经常观看影片　　B. 参观党史纪念馆

C. 经常去图书馆查阅资料　　D. 从未了解过

22. 大学生怎样起到模范带头作用？（多选题）

A. 积极帮助老师同学　　B. 主动打扫卫生

C. 兼顾好学习与工作的关系　　D. 大学就是放松的时候自己开心就好

E. 没必要起到模范带头作用，随波逐流

23. 你觉得如何培育自己的家国情感呢？（多选题）

A. 在课堂上与老师多交流学习　　B. 多参加社会实践活动

C. 做一个爱家、爱国的新一代大学生　　D. 通过网络平台进行了解

24. 在如今这个快速发展的社会里，作为大学生，你认为拥有良好的爱国情怀对我们有何用处？（多选题）

A. 能让我们常去对待人和事

B. 能感觉到自己有认同感

C. 会让自己更加主动地去接受现实，然后努力学习提升自己

D. 用处不大没有什么用

25. 对于“天下兴亡，匹夫有责”这一著名格言的理解是什么？（单选题）

A. 在当前的社会环境中，经济增长是最关键的因素，国家观念可以被淡化

B. 作为中华儿女，我们应该始终坚守对祖国的热爱，这是基本的道德标准。无论在何时何地，我们都应该深深地热爱我们的国家

C. 这是个人自由，无须强求

26. 作为新时代的大学生，你觉得大学生可以为国家做哪些贡献？（多选题）

A. 学好自身专业的知识来为科技强国做好准备

B. 强化自身的文化修养，做一名有修养的当代大学生

C. 努力强化自己的专业技能，置身于祖国建设美好未来事业中

D. 积极参加服务大西北以及欠发达地区的基层建设工作

27. 你对当前大学生的爱国主义精神教育有什么建议？（多选题）

A. 主流媒体发挥导向作用　　B. 学校多组织爱国主义教育活动

C. 自主学习爱国知识　　D. 其他方式

28. 你清楚“大学生‘五爱’教育”的活动内容，活动形式和活动价值吗？（单选题）

A. 非常清楚　　B. 只知道部分

C. 不是很清楚　　D. 不清楚

29. 你认为“大学生‘五爱’教育”有利于促进哪些方面的发展？（多选题）

A. 同伴交往	B. 情感体验	C. 语言表达
D. 协商合作	E. 社会体验	F. 自主自信
G. 情绪控制	H. 探索能力	I. 认知水平

30. 请你对今后开展“大学生‘五爱’教育”提出建议与设想。

衷心地感谢你的积极配合和协助！